信托登记论

Trust Registration Theory

孟强 著

中国法制出版社
CHINA LEGAL PUBLISHING HOUSE

自序 ◎ 信托登记是信托制度本土化之锚

对于大陆法系而言，信托无疑是舶来品，是来自英美法系的产物。在漫长的历史发展过程中，罗马法和盎格鲁萨克逊法分别发展成为大陆法系和英美法系，两者从理念到制度均有巨大的差异。大陆法系以立法为中心，尤其偏好法典化的立法，注重法律的体系性、科学性和逻辑性，擅长构建概念的金字塔体系，其财产权体系以物权和债权的二分法著称。英美法系以司法为中心，尤其看重在先判例的约束力，更强调法律制度的实用性，对于体系性和逻辑性则并不太重视，其权利概念较为零碎杂乱，尤其以英国衡平法与普通法的分野而闻名。

例如，英美法系的对物诉讼制度，便是为了解决问题而极具实用性的制度，可以将一艘船舶作为拟制的被告而发起诉讼请求赔偿，只要船舶具有财产价值，那么这一诉讼就是有用的，因为能够解决原告方的赔偿诉求。这种将物作为诉讼主体的做法在大陆法系是难以被接受的，但由于英美法系在全球航运界的影响力以及这一制度的实用性，使得大陆法系的海商法也引入了船舶优先权的制度。我国亦是如此。

相似地，信托制度起源于英国法，在得到了衡平法对受益人的保护之后开始发展壮大，天生带有普通法与衡平法的双重属性，并且深深打上了衡平法的烙印。“信托源于自然需求，却可能落实于法律约束。”[①] 信托法甚至不能离开衡平法来进行解释，“这是因为只有把信托理解为立基于衡平的哲学构造之上，而且衡平又建立在确保受托人按照良心而行事的基础之上，信托才可以被理解为一个体系严密的、同时覆盖明示信托和法定信托（trust implied by law）的整体”[②]。

对于信托这样一个带有浓郁英美法特色的制度，本来与大陆法系的财产权体系是互不相关的。但由于在世界范围内，英美法系国家大多为发达国家，在国际贸易、航运、金融、投资等各方面具有巨大的影响力，并且世界的一些核心金融城市大多属于英美法系，再加上信托制度本身具有巨大的灵活性且非常实用，这就导致在20世纪信托制度开始在全球范围内逐渐得到推广，“经济、金融发展的深化及所呈现的复杂性，使信托制度在民法系国家的发展空间增大”[③]。信托制度也逐渐进入了大陆法系国家的法律体系之中，为不少大陆法系国家的立法引入。

然而，没有衡平法的背景，如何才能将信托制度用好用活，便成为大陆法系国家普遍面临的问题。一些国家虽然引入了信托制度，但是将其限制在非常有限的范围内，如法国；还有一些国家

① 蒲坚、张继胜等：《论信托》，中信出版社2014年版，厉以宁“序”，第Ⅷ页。

② ［英］阿拉斯泰尔·哈德逊：《衡平法与信托的重大争论》，沈朝晖译，法律出版社2020年版，第1页。

③ 马丽娟主编：《信托与租赁》，东北财经大学出版社2012年版，第5页。

则逐步完善了信托的各项制度，使之逐渐生根发芽，如日本。我国虽然早在2001年就颁布了《信托法》，但配套制度的建设较为缓慢，导致信托制度的发展十分受限。

由于信托“名实不符”的特性，以及其异常丰富的表现形态和极大的灵活性，导致其在逻辑清晰的大陆法系财产权体系中显得格格不入，而且颇难把握。因此，有人认为离开衡平法的背景，是很难发展信托制度的。这确实有其道理，但是，也不能过分夸大衡平法的作用。

在笔者看来，衡平法无非依靠法官个人的良心和品行来突破普通法上的限制，以实现案件中的实质正义。

在信托早期发展阶段，信托财产过户到了受托人名下，受益人的权利在普通法上很难得到保障，所以需要法官的介入，在衡平法上通过“良心”来保障受益人的权利。“衡平法因此是一种‘对法律正义的更正’：它存在，以更正法律的不正义，实现公平和正义；它填补法律的缝隙，减轻僵硬适用法律所致的严苛或不公平。因此，衡平法是法律的一部分，并且在法律内部起作用。它可以被理解为一种自由裁量权，提供给那些应用法律之人来发展法律，以涵盖法律制定者没有预见到的新情况，或者减轻法律僵硬适用所致的严苛，因为这种严苛同样可能会导致法律制定者无法预见或者不希望发生的不正义。”①

① ［英］斯蒂芬·加拉赫：《衡平法与信托法：数世纪的结晶》，冷霞译，汪其昌校，法律出版社2020年版，第7—8页。

但是，这种强调实质正义的做法必然有利有弊，因为法律本来就强调法律行为的形式，保护权利呈现出来的外观，在诉讼中也依赖举证证明的情况，并且还要借助举证责任的分配来进行审判，这些都可能与真实的情况相悖，却是无法避免的。因为发现真相、维护实质正义是成本高昂、费时费力的，甚至会完全依赖法官个人的内心判断和自由心证，而这不免会带有一定的“人治”色彩。

正如学者所言，“原本英国在设置衡平法院时，最为强调的是，‘你现在在主张法律上没有规定的问题，但是尽管如此你的良心也不会受到谴责吗’，即强调了伦理性的特征和倾向。衡平法院实际上将伦理主张超越了法律，在相关案件中寻找最合适的解决方法和救济手段上下足了工夫。并非适用统一无情的规定，而是像文字所表达的一样，通过十分自由、不受拘束的裁夺来探求正义”①。因此，衡平法也存在被滥用的风险。可见，在任何国家的司法体系中，如何权衡形式正义与实质正义，如何兼顾权利人保护与交易安全维护，都是一个永恒的难题。

其实，在我国的司法实践中，向来重视法律效果与社会效果相统一，强调“让人民群众在每一个司法案件中都感受到公平正义”，强调商事案件审判中“穿透式思维”的运用，这些都是为突破形式主义的不当限制从而实现实质正义做出的努力。正如最高

---

① ［日］樋口范雄:《信托与信托法》，朱大明译，法律出版社2017年版，第178页。

人民法院2019年发布的《全国法院民商事审判工作会议纪要》中指出的："注意处理好民商事审判与行政监管的关系，通过穿透式审判思维，查明当事人的真实意思，探求真实法律关系；特别注意外观主义系民商法上的学理概括，并非现行法律规定的原则……从现行法律规则看，外观主义是为保护交易安全设置的例外规定，一般适用于因合理信赖权利外观或意思表示外观的交易行为。实际权利人与名义权利人的关系，应注重财产的实质归属，而不单纯地取决于公示外观。总之，审判实务中要准确把握外观主义的适用边界，避免泛化和滥用。"

因此，没有衡平法的背景并非不能引进信托制度的原因，通过我国法官的认真裁判也同样能够起到实现实质正义的作用。但为了避免衡平法的固有缺陷，我们没有必要走一条同样的老路。信托制度最为核心的部分，就是对受益人的保护。那么要想在我国的传统法律背景下成功引入信托制度，最重要的就是切实做好对受益人权益的保护。而在诸多措施中，最为关键的就是建立起信托登记制度，让信托财产之上的权利义务能够经过登记机构的记载而进行公示，从而既可以保护受益人的利益，又可以维护交易第三人的安全。正如学者所言，"信托登记也是大陆法系国家信托公示的基础性方法，在信托制度中具有基础性地位。可以说，信托登记制度是在大陆法系下保障信托制度整体优势及安全的一块基石"①。

---

① 徐刚:《信托登记制度研究》，法律出版社2018年版，第190页。

大陆法系国家向来重视物权的公示与公信，这是区分物权与债权的关键，也是物权对世效力的依据。而且伴随着社会经济和科技的发展，越来越多的财产类型可以纳入登记的范围，以至于动产和不动产的区分标准迟早将会被可登记财产与不可登记财产的区分标准所取代。在这样的背景下，依托既有的财产权登记系统建立起信托登记制度，让不同类型的财产权成为信托财产时，也能够进行信托登记，在传统的权利移转登记、抵押登记等登记类型上，增加信托登记的类型，这并非难事，但可以让信托财产取得公示的方式，让受托人的权利和受益人的权利得到公示并取得公信力，让信托制度得以在传统大陆法系财产权体系中取得一席之地，让各方当事人的权利得到稳固的保障。

可以说，信托登记是信托制度本土化之锚，由于锚迟迟未能放下，导致信托制度这艘大船虽然泊入我国法制的港口，但不够稳固，随风浪漂移摇晃。在《信托法》颁布即将20年之际，我国应当尽快修改《信托法》，修改完善信托登记规范，建立信托登记制度，让信托制度能够牢固泊定，在我国稳稳扎根，实现本土化的顺利成长。

目录

第一章 信托的概念

第二章 信托起源论

附　录

01

第一章　信托的概念

CHAPTER

第一节 信托的基本概念

一、信托的概念

信托，是指委托人基于信任而将一定的财产权转让或设定给受托人，使受托人为了受益人的利益或特定的目的而对此财产权进行管理和处分。因此，简言之，信托“是一种财产移转及管理的设计”①。在这个关于信托的概念中，财产权包括物权、债权和其他一切能够转让和利用的有价值的权利，而这一财产权所依附的财产即为信托财产；转让，即财产权的转让，如动产的交付、不动产的变更登记；设定，是在自己的财产权上为他人创设一项他物权，如在自己的土地上为他人创设地役权；管理，是对信托财产进行占有、使用、收益等方式的利用；处分，即对信托财产的权属进行处置。

我国制定于2001年的《信托法》第2条对信托做出的定义是：“本法所称信托，是指委托人基于对受托人的信任，将其财产权委托给受托人，由受托人按委托人的意愿以自己的名义，为受益人的利益或者特定目的，进行管理或者处分的行为。”我国2016

① 方嘉麟:《信托法之理论与实务》，中国政法大学出版社2004年版，第2页。

年颁布的《慈善法》第44条对慈善信托也作出了定义，即“本法所称慈善信托属于公益信托，是指委托人基于慈善目的，依法将其财产委托给受托人，由受托人按照委托人意愿以受托人名义进行管理和处分，开展慈善活动的行为”。这两部法律对于信托的核心定义均是委托人将其财产委托给受托人进行管理和处分的行为。此处的“委托给受托人”，在实质上就是将信托财产移转或设定给受托人的行为。

从比较法上来看，美国《信托法重述》(第三版)中，除了结果信托和法定信托以外，一般的信托是指当事人一方以明示的意思表示在财产之上创设的一种信任关系，使受托人为了慈善目的或受益人的利益而拥有该财产所有权并进行处分。[①]海牙信托公约对于信托概念的界定是：信托是委托人将其财产权移转到受托人名义下或代表受托人之第三人名义下，使受托人为了受益人之利益或为特定目的而管理、使用或处分。[②]日本信托法关于信托的定义虽然在2006年修法时进行了修改，但其核心概念仍是特定人将财产权移转或为其他处分，使他人按照一定的目的而为实现财产的管理或处分所从事的必要行为。[③]我国台湾地区“信托法”对信托

---

① The American Law Institute, *Restatement of the Law, Third, Trusts*, Vol 1: 2.

② See *Convention on the Law Applicable to Trusts and on their Recognition* , Article 2, Hague Convention, July 1, 1985.

③ 参见[日]中野正俊:《信托法判例研究》，张军建译，中国方正出版社2006年版，第1页；张军建:《信托法基础理论研究》，中国财政经济出版社2009年版，附录五《日本信托法》第1条。

的定义是：信托者，谓委托人将财产权移转或为其他处分，使受托人依信托本旨，为受益人之利益或为特定之目的，管理或处分信托财产之关系。

二、信托的构成要件

虽然不同国家或地区对信托的定义在具体表述上有所不同，但从中可以看出，信托在一般情况下应具备以下构成要件。

（一）信任关系的存在

从字面意思上看，信托制度是一种基于信任而对他人的托付，此种托付是将自己的财产权移转给受托人，由受托人进行管理和处分，其目的是使受益人受益或为实现特定的目的。用中国传统的话语，也可以将信托形容为“得人之信，受人之托，代人理财，履人之嘱”[①]。

信托制度在英国起源时，最初主要是遗嘱人通过信托的方式将财产托付给亲朋好友，请这些人为了自己的后代而管理处分遗产，以免自己的后代在成长过程中因为年幼无法理财而失去物质保障。后来在战争中出征的战士也将自己的地产托付给自己的亲朋好友代为打理，以免被敌方征收，待自己凯旋之后，再由受托人将财产权归还给自己。可见在信托制度发轫之初，委托人和受托人之间一般是较为亲密和熟悉的关系，彼此之间存在信任关系，

---

① 卞耀武主编：《中华人民共和国信托法释义》，法律出版社 2002 年版，第 3 页。

正是基于对受托人人格和品行的信任关系，委托人才敢于将财产权移转到受托人名下。因此，信托制度自发展之始，便脱离不了信任关系的存在。甚至可以说，“在英国法上，‘诚实’与‘信赖’作为衡平之要求由衡平法院对其给予保护。这种基本思想是英美信托法的血与肉”[①]。至今，民事信托中的信任关系、信赖关系还主要存在于亲朋好友、故交知己之中，如家庭成员之间、夫妻之间、亲戚之间、朋友之间、律师与当事人之间等。

但是到了现代社会，随着信托业的发展，信托制度在商业上的运用范围得到了极大的扩展。民事信托中固然还可以存在委托人和受托人之间的熟悉、信任关系，但在信托业中，委托人与职业的受托人之间传统的信任关系也逐渐淡化，因为在此类信托中，委托人投资于信托业，只是为了获取利益的回报，其看重的乃是受托人的注册资本、职业化程度等因素。因此，在现代社会中，信托中的信任关系依然存在，但已经从传统的对受托人人格品行的信任逐渐转化到对受托人履行受托义务能力的信任之上，这也是信任关系从主观化走向客观化的一种体现。但无论如何，“信托之信，内在为信任，外在则为信用。信用使信任度得以传递并对外彰显，最终形成信托的核心竞争力”[②]。

由此，信托中信任关系的存在，便使得受托人须对委托人负

① ［日］能久善见:《现代信托法》，赵廉慧译，姜雪莲、高庆凯校，中国法制出版社 2011 年版，第 4 页。

② 蒲坚、张继胜等:《论信托》，中信出版社 2014 年版，第 35 页。

起一定的义务，以免使委托人的信任落空，此种义务便是受托人的忠实义务和注意义务，也被统称为信义义务。“就信托而论，这义务的核心在于‘良心’二字；要诠释良心的义务，除‘处理他人事务，应与处理自己事务为同一之注意’一语外，更难有较为确切之词——换句话讲，信托即为这‘玉律’（golden rule）的适用呢。”[①]忠实义务和注意义务的内容，除了信托文件中可以作出明确的约定以外，还可以根据信托的目的来加以判断。此外，信托法律中对于受托人法定义务的规定，也属于受托人信义义务的内容。当然，在具体信托关系中，对于受托人忠实义务和注意义务的程度的判断，则要根据信托的类型和具体内容来判断。

一般而言，民事信托中，受托人应当对信托财产负起与管理处分自己财产同等的注意程度才符合注意义务的要求，而且对于信托财产的处分则必须遵守信托目的和信托文件的约定才符合忠实义务的要求；而在商事信托中，受托人的忠实义务和注意义务则应当达到其所从事的行业中从业者的平均水平和程度，因为商事信托往往具有一定的专业性，受托人一般是金融行业的从业者，受过专业的训练，具备专业的知识。

但无论如何，委托人对受托人的信任，仍然是信托制度建立的基础，难以想象两个完全没有信任关系的人，其中一人如何放心地将自己的财产交给另一人进行管理和处分。而这种信任关系在缺少

① ［英］靳克斯：《英国法》，张季忻译，陈融勘校，中国政法大学出版社2007年版，第290页。

衡平法保护的大陆法系更为重要，所以在信托法已经颁行百年的日本，学者仍然感慨："在日本建立起一个真正可以完全信任他人或专家的体制与今后的信托和日本信托法的命运有极大的关联。"①

（二）财产权的移转或其他处分

我国《信托法》第 2 条采取了委托人将其财产权"委托"给受托人的表述，而没有采纳学理上通说的移转或为其他处分的表述方式，从而导致信托制度与委托制度在表述上的混淆，并引发了理论和实践中的极大争议。然而，"就此异议，王连洲教授作了说明：截至信托法最后定稿的审议会上都是'转移'，在最后通过时被改为了'委托'"②。查阅立法资料，《信托法》第一次审议稿中确实采取的是"转移"的表述方式，该审议稿中的第 3 条规定："本法所称信托，是指委托人基于对受托人的信任，将其财产权转移给受托人，受托人按委托人的意愿以自己的名义，为受益人的利益或特定目的，管理或处分财产的行为。"③这表明立法者对于信托制度的理论认识在当时还不够深入，因此对于信托的概念界定出现了用语上的摇摆现象。

---

① ［日］樋口范雄：《信托与信托法》，朱大明译，法律出版社 2017 年版，第 204 页。

② 张军建、张雁辉：《第二届中国（长沙）信托国际论坛综述》，载《河南省政法管理干部学院学报》2006 年第 6 期。

③ 卞耀武主编：《中华人民共和国信托法释义》，法律出版社 2002 年版，第 196 页。

信托的设立离不开信托财产的存在，因为整个信托制度就是围绕信托财产的管理和处分以及受益而展开的，信托财产是信托制度的核心。正如布朗－威尔克逊爵士所言：“为了设立信托，必须有确定的信托财产。”[①] 无论我国《信托法》采取何种表述方式，信托的有效设立都必须伴随着财产权的移转或设立，即委托人将自己的财产权移转给受托人，或者在自己的财产权之上为受托人创设某种财产权。只有基于财产权的移转或创设，受托人才能对这些财产权进行管理处分，才能将由此产生的收益交给受益人。只有委托人将自己的财产权移转或创设给受托人，才能形成独立的信托财产，信托才具有成立的基础。如果委托人并未为受托人提供独立的信托财产，或者未完成信托财产的移转或设定，那么缺乏独立信托财产的信托就无法有效成立，只能构成其他法律关系。例如，在“深圳市 X 投资发展有限公司、王某某信托纠纷”一案中，最高人民法院就指出：“尽管《协议书》按照信托合同的思路界定 X 公司和 M 公司、王某某、H 公司之间的权利义务关系，约定 X 公司受 M 公司、王某某、H 公司委托投资并取得股份，投资款及其形成的股权作为 X 公司管理和运用的信托财产，但《协议书》所称的财产并没有作为独立的信托财产，并与受托人 X 公司的固有财产相区别，因而缺乏信托财产独立性这一信托关系的核心要素……故《协议书》性质为委托代持股合同或称隐名持股

---

① 《最新不列颠法律袖珍读本：信托法》，文杰译，武汉大学出版社 2003 年版，第 5 页。

协议。原审判决将本案案由认定为信托纠纷有误，本院予以纠正，本案案由应为合同纠纷。”[①]

财产权的移转，就是委托人将自己的某项财产权转让给受托人，此种转让必须完成财产权利的公示程序，即不动产要进行登记，动产要完成占有的交付。而财产权的其他处分，则是指除了移转之外的处分行为，因为转移是对财产所有权的转让，而财产权的利用方式除了转让之外，还可以在财产之上设定其他的权利。就具体的方式而言，“所谓其他处分，系谓基于某种财产权成立限制该财产权之其他财产权，如地上权，永佃权，典权，质权，抵押权等之设定，是也”[②]。

（三）财产的管理和处分

信托是将委托人的财产移转或设定给受托人，由受托人按照信托文件的约定或信托目的对信托财产进行管理和处分。委托人的财产交由受托人管理处分，并由受益人从中受益，是信托制度的基本特征。“当事人本来目的并不在发生信托财产移转之效果，不过以移转财产作为其达成目的之手段而已。”[③]因此委托人设立信托并转让财产权利，并不像买卖关系一样并不关心财产在转让之后的处理，而是要求受托人对信托财产进行管理和处分并使受益

① 最高人民法院（2018）最高法民终364号民事判决书。

② 史尚宽：《信托法论》，台北“商务印书馆”股份有限公司1972年版，第8页。

③ 杨崇森：《信托之基本观念——信托法研究之一》，载《中兴法学》第8期。

人从中受益。

受托人对于信托财产的管理，首先，应当依照信托财产本身的性质来进行，例如对于机动车辆或船舶的管理，应注意加以维修和养护，使其机械性能处于良好的状况。其次，受托人应当遵守信托文件的约定，根据信托目的的要求来进行，如果信托文件或信托目的对于受托人应当对信托财产从事的保存、改良、利用等管理行为有特别的要求，则应遵循此种要求。最后，如果委托人在设立信托时对于受托人的管理行为没有特别的约定，则受托人对于信托财产的管理行为除了应依照财产本身的性质进行以外，还可以按照民法上管理行为的范围来进行解释，例如对信托财产所作出的符合信托本旨的有益改良行为等。

受托人对信托财产的处分，包括事实上的处分和法律上的处分两种。事实上的处分是使信托财产在物理上发生形状的变化、毁损等，例如将作为信托财产的房屋进行扩建等。法律上的处分是受托人使信托财产发生权利上的变动或消灭，例如将信托财产出租、设定担保物权、出售等处分行为。

（四）受益人的受益

在信托制度中，受托人在名义上拥有信托财产并有权对其进行管理和处分，但其一般并不能直接享有信托财产上的利益，因为“凡享受此财产上之利益者，为受益人”[①]。而信托制度中的受益

① 朱斯煌：《信托总论》，中华书局有限公司1941年版，第11页。

人作为重要的一方当事人是必须存在的。所以，在典型的信托关系中，受益人一般是委托人和受托人之外的第三人。我国《信托法》第43条第1款规定："受益人是在信托中享有信托受益权的人。受益人可以是自然人、法人或者依法成立的其他组织。"

当然，由于信托制度的灵活性和多样性，受益人也可以是委托人自己，对此，《信托法》第43条第2款规定："委托人可以是受益人，也可以是同一信托的唯一受益人。"甚至受托人也可以成为复数受益人中的一个，但其不能成为唯一受益人，否则就发生受托人身份与受益人身份的完全等同，这将会使信托的设定失去意义。对此，《信托法》第43条第3款规定："受托人可以是受益人，但不得是同一信托的唯一受益人。"例如，在"汤某某与深圳市某资产管理有限公司、重庆国际信托股份有限公司合同纠纷"一案中，法院就指出："《信托法》并不禁止受托人作为信托受益人，只要受托人不是唯一受益人即可。本案中，国际信托公司虽然是受益人，但不是唯一受益人，不违反信托法第二十六条、第二十八条的规定。既然《信托法》并不禁止受托人作为非唯一受益人，双方合同也明确约定国际信托公司作为优先级受益人、汤某某作为次级受益人，但并未明确约定国际信托公司分配信托财产必须征得汤某某的同意，则国际信托公司分配信托财产符合合同约定和法律规定，故本院对汤某某的该诉称意见不予支持。"[①]

在公益信托中，具体的受益人是不确定的，只能按照信托目

① 重庆市第五中级人民法院（2018）渝05民初3943号民事判决书。

的而指定可能受益人的范围。例如，我国《信托法》第60条规定：“为了下列公共利益目的之一而设立的信托，属于公益信托：（一）救济贫困；（二）救助灾民；（三）扶助残疾人；（四）发展教育、科技、文化、艺术、体育事业；（五）发展医疗卫生事业；（六）发展环境保护事业，维护生态环境；（七）发展其他社会公益事业。”这就表明只要列明信托的目的就可以成立公益信托。

三、信托的本质与信托上的权利束

（一）信托的本质

信托作为一种英国衡平法上发展起来并具有世界范围内巨大影响的法律制度，在偏向抽象思维和定性思维的大陆法系学术界，一直受到学者的关注、思考和质疑。其中，关于信托的本质，就存在诸如物权说、合同说、商事组织说、制度说等多种观点。

信托的本质是说信托在法律上的性质是什么。大陆法系对于法律关系的思考，一般会从主体、客体、内容三个方面去分析。如果着眼于信托中某一方当事人的权利，尤其是信托中最重要的主体受托人的权利，则最为接近的无疑是大陆法系的物权制度。因此，不少学者将信托视为一种物权。我国《民法典》第114条第2款就对物权做出了一个经典的大陆法系式的定义：“物权是权利人依法对特定的物享有直接支配和排他的权利，包括所有权、用益物权和担保物权。”然而，信托之上存在多方主体的权利，不同主体的权利差异较大，难以用物权进行归纳。而且围绕着信托财产，至少存在受托人和受益人的权利，在我国《信托法》上，委托人也存在较大的权利。所以即便是受托人对信托财产的权利，也并不似典型大陆法系的物权那样具有排他性，当然，如果将此种排他性理解为针对信托关系之外的其他第三人，则可以说受托人的权利具有直接支配性和排他性。但无论如何，将信托这样一种多个主体间的复杂法律关系界定为物权，显然是缺乏针对性的，也是失之过简的归纳方法。对此，有学者指出：

“今天信托物权论的响应者却越来越少。究其原因，物权总体是一种比较静态的权利，权能相对比较单一，在现代信托制度中尤为重要的受托人的信义义务机制的构建问题在物权法中找不到好的答案。物权论在以传统赠与信托为信托业重心的时代可能具有更大合理性，但不能适应商业化时代新型信托实践的需要。”①

如果将信托理解为一种合同，也存在类似的问题。因为在大陆法系国家，信托的成立主要是依据信托合同，但信托制度并不等于信托合同，信托合同只是设立信托的开始，此后信托制度还将围绕信托财产的管理和处分持续运行，并且受到国家公共权力机关的监管和司法介入。这就相当于不能够把公司理解为发起人设立公司的合同，也不能够把合伙企业理解为合伙人

① 朱圆：《论信托的性质与我国信托法的属性定位》，载《中外法学》2015 年第 5 期。

设立合同的合同。

商事组织说将信托视为一种商事组织，这对于解释营业信托来说具有较强说服力，但对于民事信托来说，说服力则有所欠缺，因为大部分民事信托并未通过商事组织的形式来运行。这就类似于不能将合伙等同于合伙企业，因为还有不少合伙关系并未形成合伙企业，而仅仅是在自然人之间以合伙约定的形式存在。

基于信托来自英美法系且来自衡平法的异质性，其难以在传统大陆法系中找到既有的定位。因此，也只能以制度说来对信托的本质进行解释，即信托是在不同主体之间围绕信托财产而形成的一种综合制度，在设立信托时既可以通过合同来设立，也可以通过单方法律行为来设立，甚至还可以通过司法的事后推定等多种形式来设立；信托在运行中既可以通过商事组织来进行，也可以在自然人之间不以任何特定形式来进行；围绕信托财产之上存在多个主体不同的权利，委托人、受托人、受益人和交易第三人对于信托财产均具有不同的权利，而这些权利需要依据信托合同、信托目的和信托法律的规定等进行确定。在大陆法系背景下，不同主体对于信托财产所享有的权利既可能更类似于物权，也可能更类似于债权，不能简单地一概而论。

（二）“双重所有权”辨驳

在信托制度中，存在受托人—受益人双方的权利，受托人在名义上是信托财产的所有者，但受益人才是信托财产中的获益者。这种围绕信托财产“双子星”式的主体构造，如何解释每个主体对信托财产所享有的权利类型，是长期困扰大陆法系学界的一个问题。有学者甚至认为，“欧洲大陆民法法系国家拒绝引入信托法，一个重要原因就是：在信托中，存在双重所有权——受托人所有权和受益人所有权，它与民法法系所有权概念格格不入”[①]。

其实在信托制度所发轫的英国法上，对于信托制度中受托人与受益人各自所享有的权利，亦素有双重所有权之说，即受托人对信托财产享有普通法上的所有权，而受益人对信托财产享有衡平法上的所有权。“对信托背后的基本原则的简单解释是，它是一种衡平法设计，使任何财产的所有权都被分为普通法所有权和衡平法所有权两个部分。因此，当财产的普通法所有权和衡平法所有权被分给普通法所有人（受托人）与衡平法所有人（受益人）之时，信托发生了。”[②] 关于信托双重所有权的说法，美国《信托法重述》（第三次）报告人爱德华教授的表述颇具代表性：“‘信托’是指在特定财产上建立的信义关系，该信义关系中受托人为一个或多个受益人之财产权益，对该特定财产享有（通常至少享有）普通法上的所有权，受益人享有衡平法上的所有权。因此，在相同的财产上，可同时存在两种形式的所有权，即普通法上的所有权和衡

① 王涌：《论信托法与物权法的关系——信托法在民法法系中的问题》，载《北京大学学报（哲学社会科学版）》2008 年第 6 期。

② ［英］斯蒂芬·加拉赫：《衡平法与信托法：数世纪的结晶》，冷霞译，汪其昌校，法律出版社 2020 年版，第 99 页。

平法上的所有权。”[1]

在英美法系上的普通法所有权和衡平法所有权可以并行不悖，但在失去衡平法保护的大陆法系国家，则成为一个无法解释适用的难题。因此，在大陆法系的语境下，在解释信托中受托人权利和受益人权利时，学者们要么将前者解释为物权、后者解释为债权，要么把前者解释为信托财产的名义所有权、把后者解释为信托财产的实质所有权。当然，在概念用语上，不同的学者可能采用不同的表述方式，例如名义所有权和实质所有权、法律所有权和事实所有权、法定所有权和受益所有权，等等。例如，有学者就认为，“信托的本质特征即在于两权分离（双重所有权），受托人为受益人利益以信托方式而持有，享有法定所有权，受益人则享有受益所有权。如果没有明确的受益人，无法发生两权分离，信托不能成立”[2]。

但是这种双重的所有权说法，无疑与大陆法系物权法基本原则中的“一物一权”严重冲突，而学者们创造出来的这些所有权上的新概念，又与大陆法系物权法基本原则中的“物权法定”相违背。因此，“双重所有权说”也极易成为被批判的对象。

“一物一权”是指在一个物权的客体仅为一个物，一物之上只能有一个所有权，一物的某一部分不能成立单个的所有权，当然，

---

① ［美］爱德华·C. 哈尔巴赫：《吉尔伯特信托法》，张雪梅译，法律出版社2017年版，第2页。

② 陈雪萍：《论我国〈信托法〉对信托有效要件规定之完善——以英美信托法信托有效设立的“三个确定性”要件为借鉴》，载《政治与法律》2018年第8期。

一物之上可以存在两个或两个以上内容不相矛盾的物权。由于所有权的效力及于物的全部，是效力最为强大的物权，所以一物之上存在双重所有权，是“一物一权”原则万万不能容忍的。

“物权法定”原则在我国则直接写入了《民法典》的总则编，《民法典》第116条规定：“物权的种类和内容，由法律规定。”由此，物权法定既包括物权的种类法定，民事主体不能创设法律所不认可的新类型的物权，又包括物权的内容法定，即物权的基本权能必须由法律规定而不能由民事主体自由创设。

在“一物一权”和“物权法定”两大原则的约束下，如果认为同一个信托财产之上同时存在着两项相冲突的权利，或者出现了既有法律体系下未加以规定的权利，自然就违反了传统大陆法系物权法的理念。因此，如何用传统大陆法的理论解释信托财产上的权利，确实颇为费力，对此有学者指出：

“基于一物一权，信托财产上的两项权利不可能都是物权。如果说受托人持有所有权，那么受益人的权利为何？如果是合同权利，则无法实现对世要求；那么是物权吗？何种物权呢？反之，如果是受益人持有所有权，那么受托人的权利为何？用益物权吗？那如何解释受托人可以处分信托财产这一事实？为了解释清楚这个问题，学者们提出了若干思路，但实际并不成功。”[①]

---

① 张凇纶：《民法典时代信托融入的路径选择》，载《交大法学》2019年第2期。

在这样的背景下，如何在大陆法系传统的背景下看待信托财产之上的权利，学者们在观点上产生了分歧，有的排斥信托制度，但更多的试图用传统大陆法系的财产权观念来改造英美法的信托制度，认为“双重所有权并非不可逾越的鸿沟，其在大陆法单一所有权框架下是可以改造的：‘普通法所有权’可以本土化为单一所有权，‘衡平法所有权’可以本土化为债权”①。

以德国为代表的大陆法系国家，将财产权分为物权和债权两大类，这种分类方法固然简洁明了，但也存在挂一漏万、与现实脱节的问题。同时，在物权法领域，大陆法系国家以有体物为模型，还奉行物权法定、一物一权等基本原则，这些原则同样明晰但僵化。如果陷入此种财产权的类型化思维窠臼而无法自拔，就难以接纳信托之上的权利类型。对此，笔者认为，任何理论均必须服务于现实，法律必须以社会生活的良好运行为宗旨，理论应当去解释现实，而不能反过来要求现实去解释理论。正如学者所警示的，关于大陆法系的物权和债权的概念，“现代民法学者对待它们的态度应当是反思与理解，乃至必要的警惕，以免我们的民法思维被它们钳制，成为它们的奴隶而失去创造的能力”②。

信托制度在全世界范围内具有广泛的影响力，即便是缺乏衡平法传统的大陆法系国家，也难以抗拒信托制度在商业领域的巨

---

① 于海涌：《英美信托财产双重所有权在中国的本土化》，中国政法大学出版社2011年版，第257页。

② 王涌：《私权的分析与建构：民法的分析法学基础》，北京大学出版社2020年版，第288页。

大作用和便利而不得不相继引入信托法制，那么大陆法系的财产权理论就应当主动进行自我更新改造，将信托制度解释得圆融自洽，而非一味敌视排斥，或者消极地用传统理论进行蹩脚的解释。对于“双重所有权”的问题，笔者认为可以做如下理解。

第一，信托财产上的“双重所有权”是指信托财产上存在普通法上的所有权和衡平法上的所有权，既然大陆法系不存在普通法和衡平法的传统，就不必在大陆法系的语境下照搬“双重所有权”的概念，而应当将其留在比较法的背景下进行介绍，否则只会徒增烦恼。这就像西餐的餐具主要是刀叉，但非要用刀叉来解释中餐的餐具筷子究竟属于刀还是叉一样，是永远无法解释妥当的。

第二，将“双重所有权”理解为受托人和受益人各自享有的所有权也是不必要的，甚至是有害的。一方面，“双重所有权”的提法必然会与“一物一权”的物权法基本原则相冲突，提出这样一种概念并试图融入大陆法系的物权法体系，自然是不可行的，或者说是有意树敌的。如果要大陆法系的物权法承认双重所有权，则无异于彻底摧毁大陆法系的物权法基础，这自然是不可能实现的。另一方面，受托人的权利和受益人的权利并非都要理解为所有权才能解释得通，即便是运用既有的大陆法系财产权类型，也不一定非得将两者都解释为所有权，进而制造权利之间的冲突。

第三，大陆法系的物权概念是建立在有体物基础上、以所有权为模型的一种理论，是一种理想化的学说，在现实中的解释力十分有限，故不可将之奉为圭臬，更不可将与其不符者视为异端。直接支配性和排他性是大陆法系物权的核心特征。因此，大陆法系物权的概念是指权利人依法对特定的物享有直接支配和排他的权利。但即便这一物权的概念，在物权的内部类型中，也不能够解释所有的物权种类。例如，直接支配性是指物权权利人只需依照自己的意思而无需借助于他人的意思或行为，即可对特定的标的物进行管领和控制，而担保物权就不具有直接支配性，只能在债权得不到清偿时请求对担保物优先受偿，在权利存续期间并不能直接支配担保物，甚至根本不占有担保物。因为在抵押权中，抵押人无需转移财产的占有给抵押权人，而在质押中，质权人也只能占有质物而不能使用收益，我国《民法典》第 431 条就规定："质权人在质权存续期间，未经出质人同意，擅自使用、处分质押财产，造成出质人损害的，应当承担赔偿责任。"

对于排他性的理解同样如此，其一，如果将排他性理解为排除其他同类权利的并存，那么只有所有权具有排斥所有权的排他性，所有权之上还可以存在其他类型的物权，这也是他物权存在的基础；而用益物权与用益物权之间、担保物权与担保物权之间，用益物权和担保物权之间，并不能互相排斥，例如设立了建设用地的土地，还可以设立地役权，而设立了一项抵押权的财产，在其价值范围内还可以多次进行抵押，我国《民法典》第 414 条就规定了同一财产向两个以上债权人抵押时的清偿顺序。可见此种意义上的排他性仅能涵盖非常狭窄的领域。其二，如果将排他性理解为排除权利主体之外一切人的干扰，则即便是所有权也无法实现排他性，除非所有权之上不再为他人设定任何担保物权或者用益物权；如果将排他性理解为所有权利人和利害关系人之外的其他第三人的干涉，那么所有权利都具有此种排他性，无论是物权、债权、人格权还是继承权，都得以不受他人非法干涉，并且都有权在受到非法干涉时寻求法律的救济和保护。其三，如果将排他性理解为权利主体对于财产的收益不受任何他人实质性的干涉，则同样不存在这种理想化的、真空式的排他性，因为任何财产都要受到国家税收的管制，权利人基于财产的获取或者收益都需要缴纳相关的税赋，而且基于权利人对他人如父母、子女、债权人等主体所负有的法律和道德的义务，也都会将财产上的收益对外进行支付。所以认为受托人不能从信托财产中获取收益而不属于典型的所有权的观念，是一种片面的观念，因为受托人能够从信托财产中获取收益，只不过需要依据信托文件的约定而将收益转付给受益人。大陆法系的所有权也并没有要求所有权人必须只能自己保有从财产中的全部获益而不能转付给他人。

总之，大陆法系的物权观念过于注重提取公因式的理论抽象，而概念越抽象，其与现实的距离就难免越大。相对于偏好抽象思维的大陆法系，英美法系则更注重实用性。正如学者观察两大法系的财产权概念之后所发现的：

“罗马的所有权可以被想象成为一个写着‘所有权’的盒子，拥有这个盒子的人就是‘所有人’。就完全的、不受限制的所有权而言，这个盒子装着一些特定的权利，包括使用权、占有权、收益权，以及转让权。而且，所有人可以打开这个盒子并且拿出一种或者多种这样的权利并将它们移转给别人。但是只要他持有这个盒子，他就仍然拥有所有权，即使这个盒子是空的。与之形成对照的是，英美的财产法很简单，它们没有盒子，它们只有许多种法律利益。谁拥有所有权，谁就当然绝对拥有最大可能的一束此类法律利益，当他将这些利益的一种或多种转移给他人时，他也就失去了他的一束权利中的一部分。”[①]

如果脱离了普通法和衡平法并存的法系背景，而将“双重所有权”的概念从英美法系硬搬到大陆法系，并以此来解释信托之上的财产权，其结局必然是始终无法解释得通。大陆法系和英美法系固有的、长久存在的差异，导致两大法系必然存在各自所独有的一些概念和制度，期待在大陆法系引入“双重所有权”的概念也是不现实的，其制度成本太高，“一个法域没有必要为了保护信托资产的独立而认可双重所有权”[②]。而要想引入信托制度，也并非必须同时引入“双重所有权”的概念。即便是使用大陆法系既有的财产权的诸概念来解释信托上的权利类型，也胜于在大陆法系中生硬地制造一个“双重所有权”的概念更为现实可行。

---

① Alastair Hudson, *New Perspectives on Property Law, Obligations and Restitution*, London, Cavendish Publishing Limited, p.118.

② 何锦璇、李颖芝主编:《亚洲大陆法系国家和地区中的信托法》，查松译，法律出版社 2020 年版，第 261 页。

（三）信托上的权利束

正如前文所讨论的，信托是一项综合的制度，并非一项单一的权利，在信托财产之上，存在着多方主体，各方主体对信托财产的权利各不相同。因此，在讨论信托上的权利时，必须厘清究竟是何方主体的权利，不能泛泛而论，谓之“信托权利”或“信托权”。要设立一项典型的信托，一般会存在委托人、受托人、受益人三方主体，这三方主体对信托财产的权利各不相同，同时，为了确保信托财产依照信托目的得到妥善的管理运用，委托人和受益人对受托人也享有不同的权利；此外，受托人对委托人和受益人也享有一定的权利。因此，在信托之上，存在着一个权利束，而非单一的权利类型。

1. 委托人的权利

就委托人而言，其是信托的设立人，负有将自己的财产移转给受托人作为信托财产的义务，同时，其作为信托合同的一方当事人，也依照合同对受托人享有一定的权利义务，其中的权利，主要是监督受托人按照约定管理和处分信托财产的权利，而其义务一般是根据合同约定而对受托人负有支付报酬的义务。就其本质而言，信托的核心当事人其实是受托人和受益人双方，因为委托人移交财产设立信托之后，就应当从信托关系中淡出。但由于委托人毕竟是信托合同的当事人，也是信托的设立人，所以其根据信托合同的约定往往享有一定的合同权利。我国《信托法》更是对委托人规定了较多的法定权利。我国《信托法》第 4 章“信托当事人”的第1节即为“委托人”，其中规定了委托人的多项权利。

第一，知情权。即委托人对于受托人管理和运用信托财产的情况，有权进行了解、查阅、复制，并有权要求受托人进行说明。《信托法》第20条规定：“委托人有权了解其信托财产的管理运用、处分及收支情况，并有权要求受托人作出说明。委托人有权查阅、抄录或者复制与其信托财产有关的信托账目以及处理信托事务的其他文件。”

第二，要求受托人调整财产管理方法的权利。这是指信托合同约定的财产管理方法不再适宜时，委托人有权请求受托人适当调整，以免造成信托财产不合理的损耗、价值贬损及经营亏损。对此，《信托法》第21条规定：“因设立信托时未能预见的特别事由，致使信托财产的管理方法不利于实现信托目的或者不符合受益人的利益时，委托人有权要求受托人调整该信托财产的管理方法。”

第三，撤销权。即特定情形下委托人有权请求法院撤销受托人不当处分信托财产的行为，使信托财产恢复原状或请求受托人进行赔偿。这是为了防止受托人违反信义义务、造成信托财产不必要的损失，而赋予委托人的权利。此项撤销权对于受托人的监督功能较为突出，在一些国家的信托法中，仅有受益人享有对受托人不当处分行为的撤销权，但我国信托法也赋予了委托人此种撤销权，以此强化对受托人的监督。《信托法》第22条第1款规定：“受托人违反信托目的处分信托财产或者因违背管理职责、处理信托事务不当致使信托财产受到损失的，委托人有权申请人民法院撤销该处分行为，并有权要求受托人恢复信托财产的原状或者予以赔偿；该信托财产的受让人明知是违反信托目的而接受该财产的，应当予以返还或者予以赔偿。”此种撤销权的时效期间，《信托法》第22条第2款规定为“自委托人知道或者应当知道撤销原因之日起一年内不行使的，归于消灭”。根据《民法典》第199条的规定，撤销权为除斥期间，其不适用有关诉讼时效中止、中断和延长的规定，存续期间届满，撤销权消灭。

第四，解任权。即受托人严重违反信义义务时，委托人有权解除对受托人的选任。《信托法》第23条规定：“受托人违反信托目的处分信托财产或者管理运用、处分信托财产有重大过失的，委托人有权依照信托文件的规定解任受托人，或者申请人民法院解任受托人。”委托人解任权的行使，意味着原受托人被解除，将会造成信托的重大变更，因此必须谨慎行事，根据该条规定，委托人的解任权仅限于受托人存在重大过失时才能行使。根据民法的过错理论，受托人的重大过失意味着受托人对于信托财产的管理运用和处分，违反了与其相同地位和资质的人在处理类似事项时所应当遵循的基本操作规范，没有尽到基本的注意义务。

2. 受托人的权利

受托人是整个信托制度运行的重心之所在，因此在《信托法》第4章“信托当事人”中，相对于委托人和受益人，立法对于受托人权利义务的规定也更为详尽细致。当然，受托人作为负责信托财产管理和运用的主体，其负有的义务更为明显。例如，受托人必须遵守信托文件的约定和信托目的的限制，为受益人的最大利益处理信托事务，在管理运用信托财产时必须尽到信义义务，履行诚实、信用、谨慎、有效管理的义务，并且必须确保信托财产的独立性，不得从信托财产中为自己谋取私利。此外，受托人还负有以信托财产为限向受益人承担支付信托利益的义务，并且需要负担记录、说明信托财产的管理情况等义务，在违反相关义务时还负有相应的赔偿责任，如此等等。相对如此繁多的义务性规定，受托人的权利主要体现在如下四个方面。

第一，受托人有权成为信托财产的所有权人，保有信托财产，并按照约定对信托财产进行管理处分。设立信托时，委托人必须将自己的财产移转或设定给受托人，否则信托不能成立。信托设立后，受托人就成为信托财产的所有权人，如果信托财产是不动产，委托人就应当将之登记在受托人名下；如果信托财产是动产或其他财产权益，委托人就应当将之交付给受托人。受托人依法保有这些信托财产，按照约定对其进行占有使用收益和处分。受托人有权依照信托合同的约定，对信托财产展开丰富多样的管理和使用乃至处分。例如，中国银行业监督管理委员会（现为中国银行保险监督管理委员会）2007 年制定的《信托公司管理办法》第 19 条就规定了受托人对信托财产的典型管理处分方式和禁止的管理处分方式："信托公司管理运用或处分信托财产时，可以依照信托文件的约定，采取投资、出售、存放同业、买入返售、租赁、贷款等方式进行。中国银行业监督管理委员会另有规定的，从其规定。信托公司不得以卖出回购方式管理运用信托财产。"

第二，受托人依约享有报酬请求权。在英国信托制度起源时期，信托一般是无偿的，因为是出于亲朋好友之间互相帮助的目的，或者出于宗教捐赠的目的，受托人是一种荣誉，也是一种行善的形式，所以委托人和受托人之间一般不约定报酬事项。但随着信托制度的发展，其运用的范围越来越广，在商事领域运用信托，受托人往往是商业机构，必然要求营利，因此信托报酬的约定成为必要条款。此外，在民事信托中，委托人为受托人约定一定的报酬，也有利于激励受托人更好地履行信义义务。因此，当委托人和受托人在信托合同中约定了报酬事项时，受托人便有权依照约定向委托人请求支付报酬，或者有权从信托财产的收益中为自己支取约定数额或比例的报酬。当然，基于权利义务相一致原则，《信托法》第 36 条规定："受托人违反信托目的处分信托财产或者因违背管理职责、处理信托事务不当致使信托财产受到损失的，在未恢复信托财产的原状或者未予赔偿前，不得请求给付报酬。"

第三，优先受偿权。这里的受托人优先受偿权，是指当受托人以自己的个人财产代为清偿了信托财产之上的债务后，对信托财产享有的优先受偿的权利。对此，《信托法》第 37 条第 1 款规定："受托人因处理信托事务所支出的费用、对第三人所负债务，以信托财产承担。受托人以其固有财产先行支付的，对信托财产享有优先受偿的权利。"从性质上来看，此种优先受偿权仍然是一种债权，其对应的债务类似于破产管理人在破产财产上的共益债务。但由于担保物权种类的限制，此种优先受偿权不属于担保物权。在我国当前的《企业破产法》上，此种优先受偿权在企业破产时也无法享有破产别除权，只能作为普通债权来受偿。在《海商法》上，类似的权利一般作为船舶优先权来处理，在破产清算时享有优先受偿的顺位。但《信托法》上的这一受托人优先受偿权，在我国的物权法和破产法中，尚难以找到妥当的定位，也缺乏相应的制度来保障其优先受偿的实现。这也体现了信托这一英美法系的制度在引入我国法律体系多年之后，仍需要在相关法律和配套制度上予以“松绑”和配合，否则难以充分发挥其全部优势。

第四，辞任权。民事主体担任受托人，是一种意思自治的私法行为，而非公法上的义务、缺乏个人自主选择的空间。因此，当受托人决定辞去受托人职务时，其有权请求辞任。当然，相对于《民法典》第933条对委托合同所规定的受托人可以随时解除委托合同，《信托法》对于信托受托人的辞任权有一定的限制，其不能随时、任意请求辞任。《信托法》第38条规定：“设立信托后，经委托人和受益人同意，受托人可以辞任。本法对公益信托的受托人辞任另有规定的，从其规定。受托人辞任的，在新受托人选出前仍应履行管理信托事务的职责。”如果是公益信托，《信托法》第66条更是要求：“公益信托的受托人未经公益事业管理机构批准，不得辞任。”

3. 受益人的权利

受益人作为信托财产的实质获益者，其最主要、最核心的权利便是信托受益权。《信托法》关于受益人权利义务的规定，也主要是围绕信托受益权来进行。例如，《信托法》第44条就规定：“受益人自信托生效之日起享有信托受益权。信托文件另有规定的，从其规定。”受益权作为一种财产性权利，自然可以被放弃，因此受益人可以放弃信托受益权。同时，信托受益权可以用于清偿受益人的个人债务，而且可以被受益人依法转让和继承。

为了保护受益人的受益权得到实现，《信托法》规定，受益人对于委托人所享有的监督权限，也一并享有。因此，受益人对于受托人管理和运用信托财产的情况，也同样享有知情权、要求受托人调整财产管理方法的权利、撤销权和解任权。如果在行使这些权利时，受益人和委托人出现了意见分歧，《信托法》第 49 条并没有规定应当优先采纳何方主体的意见，而是要求意见分歧的双方“可以申请人民法院作出裁定”。

从上述受益人的权利来看，其与大陆法系语境下的债权属性是完全契合的，因为大陆法系中的债权也并非消极受偿的授权，债权人同样对债务人享有撤销权和代位权。甚至在英美法系中，抛开普通法和衡平法的体系，单从权利本身来说，学者也认为受益人的受益权就是一种债权，而非物权，“在英国法的权利体系中，信托受益权一直就是作为一种债权而非物权存在，这可以通过对信托受益权的权利性质以及其在英国法历史传统中的演化的考察来加以说明，透过这一考察，我们认识到在英国信托制度中没有分割所有权、双重所有权理论存在的空间”[①]。因此，在我国法治背景下，将信托受益人的权利解释为物权或“事实物权”“实质物权”之类的做法，并无实益。可以说，“如果法律已经规定了受益权的

① 吴至诚:《英国法传统中信托受益权的性质》，载《北方法学》2015 年第 5 期。

内容、规定了取得和行使受益权的方法、建立了保护受益权的救济体系，那么，在理论上讨论受益权应归属物权还是债权，抑或其他性质的权利，就失去了实践上的必要性”[①]。

第二节　信托与相近概念的比较

“几乎所有的国家都有为他人（如未成年人、无行为能力人、死者）的利益管理财产的制度，但由普通法中发展起来的信托制度对于非信托国家来说无疑是最为灵活的制度。”[②]

一、信托与委托

委托是民法上的一项重要制度，是一方通过合同请求另一方为自己处理特定事务而产生的法律关系，在委托中，存在委托人和受托人双方主体。在我国《民法典》上，委托构成代理的权源之一，《民法典》第163条规定：“代理包括委托代理和法定代理。委托代理人按照被代理人的委托行使代理权。法定代理人依照法律的规定行使代理权。”在合同编中，《民法典》沿袭《合同法》的规定，对委托合同作为有名合同专章进行了规定，其第919条规定：“委

① 汤淑梅：《信托受益权研究：理论与实践》，法律出版社2009年版，第114页。

② 周玉华：《论国际信托公约中的几个法律问题》，载《武汉大学学报（哲学社会科学版）》1999年第1期。

托合同是委托人和受托人约定，由受托人处理委托人事务的合同。”

信托同样是一方请求另一方为自己指定的人的利益或特定的目的而管理处分财产所产生的法律关系，在信托中，同样存在委托人和受托人两方主体。可见，无论是信托还是委托，都具有借力他人来处理自己事务的相似本质属性，在我国法律中，两种制度的主体概念用语都是相同的，表明这两种制度有着紧密的联系。而我国《信托法》第 2 条关于信托的概念界定中，使用了委托人将其财产权“委托给”受托人的表述，虽然引起了持久的争议，但这也表明在立法者看来，信托与委托确实具有非常密切的关系。

从比较法来看，英格兰普通法上的信托源自中世纪时期的用益（Use），而这一概念则来自拉丁语中的 opus，其本意是为了他人的利益而行事。此即史尚宽先生所言：“Use 之实行，在 feoffor 即让与人（委托人）与 feoffee to uses 即受让人（受托人）之间，必须有信任、信赖之关系存在，故 Use 有时称为 Trust。此 Trust 渐次推行，发达为现今之信托制度。”[①] 可见，信托与委托在本源上的含义也是十分接近的，只不过随着时间的推移而逐渐发展成为两项互相对立的制度。虽然信托与委托存在着起源上的渊源以及一定的相似性但是两者作为不同的法律制度，彼此也存在着明显的差异，这主要体现在如下几个方面。

---

① 史尚宽：《信托法论》，台北“商务印书馆”股份有限公司 1972 年版，第 3 页。

（一）设立的目的不同

信托的设立，是为了实现对信托财产的管理运用和处分，因此，信托建立在财产的基础上。对此，《信托法》第 7 条强调："设立信托，必须有确定的信托财产，并且该信托财产必须是委托人合法所有的财产。本法所称财产包括合法的财产权利。"可见，设立信托的目的是管理和处分财产，其建立的基础在于财产。

而委托的设立，则是为了帮助委托人处理特定的事务，这些事务可能体现为财产的处理，但也可能不直接与财产有关，或者不直接体现财产的管理处分。《民法典》第 919 条即强调委托合同是由受托人处理委托人事务的合同。

因此，信托的设立是为了财产的管理处分；而委托的设立是为了处理事务。两者的目的存在区别，并且基于这一目的上的区别，会衍生出一系列制度上的区别。

（二）是否为要式行为不同

由于信托涉及财产的处理，而且一般信托财产的数额都比较大，所以必须慎重对待，故《信托法》对于信托的设立做要式行为的限制，要求信托必须采取书面形式设立，并且对其中的主要内容做出了列举。

委托虽然是基于委托合同而设立，但《民法典》对于委托合同并未做要式要求。因此，委托合同的成立，在形式上符合一般的合同形式即可，并不以书面为唯一形式。关于合同的形式，《民法典》第469条规定："当事人订立合同，可以采用书面形式、口头形式或者其他形式。书面形式是合同书、信件、电报、电传、传真等可以有形地表现所载内容的形式。以电子数据交换、电子邮件等方式能够有形地表现所载内容，并可以随时调取查用的数据电文，视为书面形式。"

实践中，双方当事人之间签订的合同名称和类型十分重要，因为对于合同的解释应当优先遵循当事人之间的意思表示，如果当事人之间的合同明确采用信托合同的名称，且内容也符合信托合同的要件，则该合同便属于信托合同。反之，如果当事人之间的合同名为委托合同，且内容符合委托合同的要件，则该合同便属于委托合同。我国法院一般不会主动去违反当事人之间的合同表述而去推定当事人之间构成信托关系，也就是说，我国法院不会根据当事人之间利益变动是否正当的情况而去主动创设一种推定信托。例如，在"某设计集团有限公司、某信托有限公司信托纠纷再审审查与审判监督"一案的民事裁定书中，最高人民法院就指出："信托法并未区分主动信托与被动信托。本案中，双方签订有书面的《信托合同》，合同明确约定受托人根据委托人指定管理并运用信托资金，按照信托目的持有、管理信托财产，直到信托终止。信托公司亦依照合同约定以自己名义与Z公司签订并履行《信托贷款合同》，双方交易符合信托法律关系的特点。一、二审判决认定案涉法律关系为信托关系，并无不当。某设计集团有限公司认为其与信托公司系'居间+委托代理'关系，而非信托关系，依据不足。”[①]

（三）是否进行财产权的移转不同

在信托中，设立信托时，委托人必须将属于自己的财产权移转给受托人，信托才能有效设立。因此，信托的设立必然伴随着财产权的移转。

但是在委托中，则并不要求委托人将财产移转给受托人，即便委托事务的处理需要支出一定的费用，这些费用既可以由委托人提前支付给受托人，也可以由受托人垫付之后向委托人追偿。《民法典》第 921 条规定：“委托人应当预付处理委托事务的费用。受托人为处理委托事务垫付的必要费用，委托人应当偿还该费用并支付利息。”如果委托人预付处理委托事务的费用给受托人，那么由于费用往往是货币，此时货币也归属于受托人，但这是基于货币移转占有即移转所有的普遍规则，并不是基于设立委托的特定要求。

（四）受托人对外交易的名义不同

信托中的受托人有权依照信托合同和信托目的的约定，以自己的名义对外缔结法律关系、管理和处分信托财产。更何况，信托财产已经移转给受托人，对于交易相对人而言，其就是信托财产的所有权人，因此信托受托人无需以委托人的名义对外进行交易，也无需以受益人的名义对外进行交易。

---

① 最高人民法院（2017）最高法民申 5004 号民事裁定书。

而委托中的受托人对外交易时，需以委托人的名义进行，一般不得以自己名义进行。因为委托的法律效果直接归属于委托人，受托人被视为委托人意思的延伸。当然，委托合同中也存在例外的规定，当受托人以自己名义对外交易时，往往会构成间接代理，交易第三方如果得知委托关系的存在，则可以直接要求委托人履行合同，在不知情时则享有履行对象的选择权。对此，《民法典》第 925 条规定："受托人以自己的名义，在委托人的授权范围内与第三人订立的合同，第三人在订立合同时知道受托人与委托人之间的代理关系的，该合同直接约束委托人和第三人；但是，有确切证据证明该合同只约束受托人和第三人的除外。"第 926 条第 2 款规定："受托人因委托人的原因对第三人不履行义务，受托人应当向第三人披露委托人，第三人因此可以选择受托人或者委托人作为相对人主张其权利，但是第三人不得变更选定的相对人。"

（五）受托人的决策权不同

信托中的受托人在管理、运用和处分信托财产时，享有自主决策权，只要其行为符合信托合同的约定和信托目的的范围，就可以自主做出决定。因此，信托受托人符合信义义务的前提下，享有具体事项的决策权，无需征求委托人或受益人的意见。

委托中的受托人是替委托人处理特定事务，其法律效果直接归属委托人享有。故受托人的决策权较小，在处理委托事务时需要征求委托人的意见，并且负有向委托人报告委托事务的处理情况的义务。对此，《民法典》第 922 条规定："受托人应当按照委托人的指示处理委托事务。需要变更委托人指示的，应当经委托人同意；因情况紧急，难以和委托人取得联系的，受托人应当妥善处理委托事务，但是事后应当将该情况及时报告委托人。”

（六）取得的财产归属不同

在信托中，受托人取得信托财产并进行管理处分，基于这些行为而获得的财产或收益，应当按照约定交付给信托受益人。即便是信托终止后还有剩余信托财产的，根据《信托法》第 54 条的规定，在信托文件没有约定时，也应当第一顺位地归属于受益人或者其继承人。可见，在信托中，受托人取得的收益及信托财产的最终归属，均是以受益人为主体，委托人并不能取得信托收益，在信托终止后也只能作为取得剩余财产的第二顺位人选。

但是在委托中，受托人取得的财产则应当归属于委托人。对此，《民法典》第 927 条规定：“受托人处理委托事务取得的财产，应当转交给委托人。”

（七）司法介入的程度不同

信托虽然是私法上的制度，但法院介入的程度相对较深，因为信托财产归属信托受托人之后，如何监督受托人履行信义义务、妥善管理处分信托财产，成为一大难题。因此，我国《信托法》多处规定了司法介入的情景，尤其是信托的委托人和受益人均对受托人享有撤销权和解任权，都以诉诸人民法院为解决途径。甚至在委托人和受益人之间出现意见分歧时，也以司法裁判结果为准。但是在委托中，司法介入的程度较弱，在《民法典》关于委托合同的规定中，也并未特别规定司法介入的情景，因此委托关系中的纠纷解决，只需适用《民法典》对于合同纠纷解决的一般规定即可，此即学者所言，“委托关系与其他一般契约关系是一样的，原则上不存在法院的干预”[①]。

二、信托与代理

代理是代理人以被代理人的名义从事法律行为，其法律后果归属于被代理人的制度。根据《民法典》第 161 条和第 162 条的规定，除依照法律规定、当事人约定或者民事法律行为的性质而必须由本人亲自实施的民事法律行为外，民事主体可以通过代理人实施民事法律行为，代理人在代理权限内，以被代理人名义实施的民事法律行为，对被代理人发生效力。在代理中，存在被代理人、代理人和交易相对人三方法律主体，代理人也是为了本人的利益依照约定或法律的规定而从事法律行为。因此，代理制度与信托制度存在一定的相似性，但两者仍是不同的法律制度，存在诸多差异。

（一）是否以一定的财产为设立要件不同

在代理中，代理的设立并不需要有一定财产的存在，代理人以被代理人的名义行事，也并不要求有财产的移转，涉及财产关

---

① ［日］新井诚：《信托法》（第 4 版），刘华译，中国政法大学出版社 2017 年版，第 89 页。

系的事项，代理人可以在代理结束后就代理活动的开支账目向被代理人进行报告并要求支付代理费用和报酬。

而在信托中，信托的有效设立必须以特定化的财产的存在为前提，因为作为一种财产上的制度，整个信托就是围绕信托财产而展开，在设立信托时就必须确定信托财产并将之移转或设定给受托人。《信托法》第 7 条第 1 款规定："设立信托，必须有确定的信托财产，并且该信托财产必须是委托人合法所有的财产。"

（二）是否为要式行为不同

根据法律行为的成立是否必须采用某种形式，可以将法律行为分为要式行为与非要式行为两类。一般而言，要式行为主要是采用书面形式，非要式行为则并不限定为书面形式。

关于代理的成立，法律并不要求为要式行为，委托代理的设立可以采用书面形式，也可以采用口头形式。《民法典》第 135 条规定："民事法律行为可以采用书面形式、口头形式或者其他形式；法律、行政法规规定或者当事人约定采用特定形式的，应当采用特定形式。"同时，《民法典》第 165 条还规定："委托代理授权采用书面形式的，授权委托书应当载明代理人的姓名或者名称、代理事项、权限和期限，并由被代理人签名或者盖章。"因此，民法典对于委托代理授权采用书面形式只是一种推荐性的态度，而并非将其作为必要形式。可见，代理并非要式行为。

而信托的成立则为要式行为。《信托法》第 8 条规定："设立信托，应当采取书面形式。书面形式包括信托合同、遗嘱或者法律、行政法规规定的其他书面文件等。采取信托合同形式设立信托的，信托合同签订时，信托成立。采取其他书面形式设立信托的，受托人承诺信托时，信托成立。”可见，信托的成立必须以书面形式做成，只不过书面形式不限于合同，还包括遗嘱等书面文件的形式。

（三）财产权属不同

信托的成立，必须有信托财产的存在，并且委托人必须将信托财产移转给受托人。因此，在信托法律关系存续期间，财产属于受托人，受托人是财产的所有权人。

而在代理中，“代理人代表其委托人，可能享有也可能并不享有所有权，但享有所有权并不是构成代理的要素”[①]。也就是说，在代理中，无论是用于处理代理事务的财产，还是基于代理行为而取得的财产，其权属一般都归被代理人所有。对此，《民法典》第921条就规定：“委托人应当预付处理委托事务的费用。受托人为处理委托事务垫付的必要费用，委托人应当偿还该费用并支付利息。”

（四）行为人对外行事的名义不同

在我国民法上，代理以直接代理为基本形态。因此，在代理中，代理人须以被代理人的名义行事，“代理人与第三人之间从事的行为，既可能是法律行为，如订立合同等，也可能是单纯做出意思

---

① ［美］爱德华·C. 哈尔巴赫：《吉尔伯特信托法》，张雪梅译，法律出版社2017年版，第20页。

表示或接受意思表示的行为，如发出要约或者接受要约。但无论实施何种行为，都应当以本人的名义进行”[①]。《民法典》第162条规定：“代理人在代理权限内，以被代理人名义实施的民事法律行为，对被代理人发生效力。”因此，代理人以被代理人的名义对外行事，甚至是被代理人承担相应法律后果的要件。

而在信托中，受托人已经取得了信托财产的移转，其就是信托财产的所有人，有权直接以自己的名义对信托财产从事管理和处分活动，与他人缔结合同、管理和处分信托财产，无需以委托人或受益人的名义行事。

（五）行为人的自主性程度不同

在代理中，代理人在从事代理活动时，必须按照被代理人的指示行事，自主性较小。根据《民法典》第163条第2款，“委托代理人按照被代理人的委托行使代理权。法定代理人依照法律的规定行使代理权”。所以在代理过程中，代理人往往需要随时听从被代理人的指示、命令和要求，代理人自行做主、进行决策的机会较少。

而在信托中，受托人对于信托财产的管理和处分除了遵守信托文件和信托目的的要求以外，其具体的行为并无限制，受托人享有较大的自由裁量权。根据《信托法》第25条的规定，受托人只需要在信托文件的规定范围内，为受益人的最大利益处理信

---

① 王利明:《民法总则研究》，中国人民大学出版社2003年版，第604页。

托事务、恪尽职守，履行诚实、信用、谨慎、有效管理的义务即可，无需听从委托人的具体指令。即“虽然说是基于委托人的意思所设立的信托，委托人也不能自由地加以变更。而且，即使是根据受托人的最初意图而设立的信托，也同样不能由受托人自由变更”[①]。例如，在“曹某、吉林省信托有限责任公司合同纠纷”一案中，委托人对受托人处理信托事务、处分信托财产的方式并不同意，但最高人民法院在判决书中指出：“曹某主张吉林信托公司存在不看好案涉信托项目情形下与建行山西分行共同违规设立案涉信托计划、尽职调查存在重大过错以及未评估案涉项目收益权等情形，但并未达到认定吉林信托公司存在恶意磋商订立案涉信托计划、故意隐瞒或者提供虚假情况的证明标准，故曹某提出的该项主张，本院不予支持……曹某还提出案涉信托计划交易结构设计存在错误。但案涉信托计划中，由信托公司与项目收益权转让方签订相关合同，是信托计划中附回购信托资产或者信托资产收益权的交易组成部分，是对受益人权益的一种保障措施。故本院对曹某的该项主张不予支持。”[②]

（六）法律效果的归属主体不同

在代理中，代理人对外从事法律活动的法律效果直接归属于

① ［日］能久善见：《现代信托法》，赵廉慧译，姜雪莲、高庆凯校，中国法制出版社2011年版，第13页。

② 最高人民法院（2019）最高法民终1594号民事判决书。

被代理人，由被代理人享有相应的权利、承担相应的义务。即便是间接代理，代理人虽然不直接以被代理人的名义行事，但其代理活动的法律后果仍然归属于被代理人。这也意味着代理人对外从事行为的责任同样归被代理人承担，“代理人在其权限范围内进行代理时通常不会承担个人责任；而委托人自己将对代理人前述的合同或引起的债务负责”[①]。

而在信托中，受托人所从事的法律活动，其效果直接归属于受托人，受托人为权利义务的主体。当然，受托人在进行信托财产的管理和处分等活动之后，必须按照信托文件的约定或信托目的的限定，将基于信托财产的收益交付给受益人。

（七）终止的原因不同

《民法典》第 173 条列出了委托代理终止的五种典型情形，包括：代理期限届满或者代理事务完成；被代理人取消委托或者代理人辞去委托；代理人丧失民事行为能力；代理人或者被代理人死亡；作为代理人或者被代理人的法人、非法人组织终止。因此，代理关系的存续由被代理人决定，被代理人可以随时终止代理关系。此外，根据民法典的这一规定，在被代理人或代理人任何一方死亡的情形下，代理关系一般都应当终止。

在信托中，委托人并不能随时终止信托关系，而需要取得受

① ［美］爱德华·C. 哈尔巴赫：《吉尔伯特信托法》，张雪梅译，法律出版社 2017 年版，第 11 页。

益人的同意。而且委托人的死亡对于信托的存续并无影响，受托人的死亡对于信托的存续也没有重大的影响，可以根据信托文件或信托目的而选任新的受托人，例如我国《信托法》第 52 条就规定："信托不因委托人或者受托人的死亡、丧失民事行为能力、依法解散、被依法撤销或者被宣告破产而终止，也不因受托人的辞任而终止。但本法或者信托文件另有规定的除外。"

正是由于两者之间存在诸多的差异，所以可以明确地说，"代理不是信托（An agency is not a trust）"①。信托制度较代理制度更为灵活，更适宜成为人们处置和管理财产的长期制度设计。

三、信托与赠与

《民法典》第 657 条规定："赠与合同是赠与人将自己的财产无偿给予受赠人，受赠人表示接受赠与的合同。"因此在我国法上，赠与是一种合同，而非单方法律行为。而信托制度与合同制度不同，"信托法通过其普通法中的技术规则具有合同法不能实现或者不能轻易实现的功能"②。

赠与是赠与人将自己的财产权无偿赠与受赠人的行为，除了经过公证或者依法不得撤销的具有救灾、扶贫、助残等公益、道德义务性质的赠与合同之外，赠与人在赠与财产的权利转移之前

---

① The American Law Institute, *Restatement of the Law*, *second*, Trusts, Vol 1: 1.

② ［德］克里斯蒂安·冯·巴尔、乌里希·德罗布尼希主编：《欧洲合同法与侵权法及财产法的互动》，吴越、王洪、李兆玉等译，法律出版社 2007 年版，第 325 页。

可以撤销赠与。赠与合同可以附义务，赠与人可以要求受赠人履行一定的义务以作为赠与的条件；而赠与附义务的，受赠人应当按照约定履行义务。因此，在附条件的赠与中，赠与人将财产权无偿转让给受赠人，并可以要求受赠人履行一定的义务，例如向第三人给付一定的利益。因此，就财产权的移转、移转的无偿性以及可以附加一定的义务这三个方面而言，附条件赠与和信托有一定的相似性。但是，信托与赠与毕竟是两种不同的制度，二者的差别如下。

第一，信托制度中，委托人和受托人之间一般都比较熟悉，而且存在信任关系；但在赠与中，赠与人和受赠人之间并不熟悉甚至不认识，如救灾、扶贫、助残等公益赠与，因此在赠与中，对于赠与人与受赠人之间，并无此种信任关系的要求。

第二，信托制度中，受托人接受财产之后，负有积极的管理和处分义务，受托人应当遵守信托文件的规定，为受益人的最大利益处理信托事务；而在赠与中，受赠人并不负有此种积极义务，即便是附条件的赠与，受赠人一般也仅在条件限定期限内对受赠财产负有消极保管义务而已。

第三，信托制度中，信托一旦设立，则委托人便淡出信托关系，无权撤销信托，即便出现受托人的违约现象，撤销权也由受益人享有。委托人欲终止信托，须取得受益人的同意并同时为之，才能终止信托。而在附条件赠与合同中，根据《民法典》第663条的规定，如果受赠人不履行赠与合同约定的义务，则赠与人在法定期限内可以自行决定撤销赠与，要求受赠人返还赠与物。

第四，信托制度中，受益人因为享有撤销权和追及权，因此其权利远较一般的债权更有保障；而在附条件赠与中，如果赠与人要求受赠人向第三人给付一定的利益，则该第三人一般不能直接向受赠人主张履行给付，更不享有撤销权和追及权。根据《民法典》第 522 条的规定，当事人约定由债务人向第三人履行债务，债务人未向第三人履行债务或者履行债务不符合约定的，应当向债权人承担违约责任。除非法律规定或者当事人约定第三人可以直接请求债务人向其履行债务，并且第三人未在合理期限内明确拒绝的，债务人未向第三人履行债务或者履行债务不符合约定时，第三人才可以直接请求债务人承担违约责任。

第五，信托制度中，信托关系终止后，如果信托财产尚有剩余，则受托人首先应当将之交付给受益人，《信托法》第 54 条规定："信托终止的，信托财产归属于信托文件规定的人；信托文件未规定的，按下列顺序确定归属：（一）受益人或者其继承人；（二）委托人或者其继承人。"而在附条件赠与中，条件履行完毕后，若赠与财产还有剩余，除非赠与合同另有约定，否则应当由受赠人享有剩余的财产。

四、信托与行纪

行纪是行纪人接受委托人的委托，以自己的名义为委托人办理代购代销、寄售等商事活动，并获取委托人支付的报酬的行为。《民法典法》第 951 条规定："行纪合同是行纪人以自己的名义为委托人从事贸易活动，委托人支付报酬的合同。"信托与行纪具有一定的相似之处，体现在如下几个方面。

第一，行纪和信托都是一方基于对另一方的信任而委托其为自己处理一定的事务，处分一定的财产。因此，行纪和信托都是关于财产管理和处分的制度，而且都以信任为基础。

第二，行纪和信托都涉及一定的财产。由于行纪的内容是行纪人为委托人从事贸易活动，因此往往涉及资金或货物的移转占有。《民法典》第 953 条规定："行纪人占有委托物的，应当妥善保管委托物。"其第 954 条还规定："委托物交付给行纪人时有瑕疵或者容易腐烂、变质的，经委托人同意，行纪人可以处分该物；不能与委托人及时取得联系的，行纪人可以合理处分。"由此可见，在行纪中，委托人一般需要将一定的委托物交给行纪人占有和保管。而在信托中，成立信托必须存在特定的财产权益，并且由委托人向受托人移转该财产权益作为信托财产。

第三，行纪中的行纪人和信托中的受托人，都以自己的名义对外从事民事活动。在行纪中，行纪人以自己的名义为委托人从事贸易活动，"委托人之所以委托他人为交易行为，事实上除了时间、成本、专业之因素外，或许尚有隐密之考量"[1]。对此，《民法典》第 958 条规定："行纪人与第三人订立合同的，行纪人对该合同直接享有权利、承担义务。第三人不履行义务致使委托人受到损害的，行纪人应当承担赔偿责任，但是行纪人与委托人另有约定的

---

① 黄立主编：《民法债编各论》(下)，中国政法大学出版社 2003 年版，第 585 页。

除外。”在信托中，受托人已经取得信托财产的所有权，其自然是以自己的名义、为受益人的利益或者特定目的而对信托财产进行管理或者处分。

第四，行纪和信托中的受托人都不能获得处理受托事务的利益。行纪人接受委托人的委托而处理行纪事务，是为了委托人的利益。因此，行纪人不能取得行纪事务处理中的利益，而必须将之交给委托人。《民法典》第957条规定：“行纪人按照约定买入委托物，委托人应当及时受领。经行纪人催告，委托人无正当理由拒绝受领的，行纪人依法可以提存委托物。委托物不能卖出或者委托人撤回出卖，经行纪人催告，委托人不取回或者不处分该物的，行纪人依法可以提存委托物。”同样，信托中的受托人处理信托事务也是为了受益人的利益，受托人必须按照信托文件的约定、为了受益人的利益而管理和处分这些信托财产，并将因信托财产所获取的利益交付给受益人。《信托法》第25条第1款规定：“受托人应当遵守信托文件的规定，为受益人的最大利益处理信托事务。”

正是因为行纪与信托存在较多的相似之处，以至于学者认为：“在我国，区分信托与行纪十分重要，因为长期以来，许多人甚至一些学者都把信托与行纪混为一谈。实务中，也有不少从事行纪活动的企业取名为‘信托商店’。”[①] 但是，信托与行纪毕竟是两种不同的制度，在表面上的高度相似之下，实则存在巨大区别，具体表现在以下几个方面。

---

① 何宝玉：《信托法原理研究》，中国政法大学出版社2005年版，第20页。

第一，制度的目的不同。信托制度的目的，是委托人为了受益人的利益而委托受托人管理和处分信托财产。行纪制度的目的，是委托人为了自己的利益而委托行纪人代购代销财产、从事贸易活动。这一目的上的区别，决定了信托中受托人对于信托财产可以采取多样化的管理和处分方式，也决定着信托财产可以表现为多种财产或权益的形式，包括动产、不动产、其他财产权益等。相比较而言，行纪的委托物的范围较小，主要是货物，即仅限于动产，“行纪之业务，系为他人之商业上之交易，且必须限于动产之买卖，或其他与此相似之商业上之交易始可”[①]。行纪人对委托物的处分方式也较少，主要是买进卖出的交易方式。

第二，成立的基础不同。信托可以基于信托合同而成立，也可以基于委托人的遗嘱而成立，还可以基于法律、行政法规的规定而成立。而行纪则只能基于委托人与行纪人之间的行纪合同而成立。

第三，法律关系的主体不同。在信托中，存在三方主体：委托人、受托人和受益人。虽然委托人和受益人可以发生重合，但典型的信托结构存在着这三方主体。在行纪中，行纪合同只涉及两方主体，即委托人和行纪人。当然，在信托和行纪运行中，都会涉及与第三人的交易，但第三人并非这两种法律制度的直接当事人。

第四，财产所有权的主体不同。信托中，委托人将信托财产所有权移转给受托人，受托人为了受益人的利益而管理和处分信

① 林诚二：《民法债编各论》（中），中国人民大学出版社2007年版，第225页。

托财产，虽然只有受益人能够从信托财产中获取收益，但信托财产在法律上由受托人享有所有权。这种实质上的收益主体与形式上的所有权主体相分离的现象，导致许多学者囿于大陆法系财产权的固有概念而将信托财产之上的权利解释成双重所有权。在行纪中，行纪人作为受托人虽然从委托人处取得一定的财产作为委托物，但只是取得了委托物的占有，因为其必须为了委托人的利益而管理和处分委托物。《民法典》第953条规定："行纪人占有委托物的，应当妥善保管委托物。"由此可见，对于委托人的委托物，行纪人只取得占有，对于在与第三人交易过程中获取的财产，行纪人必须按照约定将之移转给委托人，委托人应当及时受领。

第五，受托人的权限不同。信托中，受托人的权限较大，委托人一旦设定信托，则已经淡出信托关系，一般不再对受托人作出具体的指示，信托受托人只需按照信托的目的和信托文件的约定来管理和处分信托财产，因此具有较大的决定权。在行纪中，委托人并没有将委托物的所有权移转给行纪人，行纪人只取得财产的占有。因此，对于财产的处分往往要遵循委托人的指示和命令，如果委托人对买进卖出的具体价格有要求的，行纪人必须遵守这一要求。例如，《民法典》第955条规定："行纪人低于委托人指定的价格卖出或者高于委托人指定的价格买入的，应当经委托人同意；未经委托人同意，行纪人补偿其差额的，该买卖对委托人发生效力。……委托人对价格有特别指示的，行纪人不得违背该指示卖出或者买入。"

第六，是否为法律推定为有偿不同。信托中，法律推定受托人从事信托行为是无偿的，当然，当事人可以作出相反的约定。《信托法》第 35 条第 1 款规定："受托人有权依照信托文件的约定取得报酬。信托文件未作事先约定的，经信托当事人协商同意，可以作出补充约定；未作事先约定和补充约定的，不得收取报酬。"而行纪作为商事交易合同的一种，其营利性决定了其有偿性，因此法律推定行纪人从事行纪行为是有偿的，除非当事人作出相反约定，否则其有权主张报酬，并对委托物享有留置权。《民法典》第 959 条规定："行纪人完成或者部分完成委托事务的，委托人应当向其支付相应的报酬。委托人逾期不支付报酬的，行纪人对委托物享有留置权，但是当事人另有约定的除外。"因此，行纪合同为有偿合同，行纪人作为受托人，依法有权向委托人请求报酬。

五、信托与抵押

抵押是基于财产而设置的债的担保，《民法典》第 394 条规定："为担保债务的履行，债务人或者第三人不转移财产的占有，将该财产抵押给债权人的，债务人不履行到期债务或者发生当事人约定的实现抵押权的情形，债权人有权就该财产优先受偿。前款规定的债务人或者第三人为抵押人，债权人为抵押权人，提供担保的财产为抵押财产。"当抵押人在自己的财产上为债权人设置抵押权时，此种抵押权作为他物权，无疑对所有权形成了一种限制，并且抵押的设立也需要办理抵押登记。如果是债务人之外的第三人作为抵押人，那么也存在三方法律关系，抵押人将自己的财产为他人办理抵押登记，抵押权人基于抵押合同而对抵押人的财产享有特定的利益。也就是说，无论是信托还是抵押，从表面上看，都是一个人将自己的特定财产在另一个人名下做出某种登记，并且是为了第三方主体能够从该特定财产中获益。从这一点来看，抵押与信托确实有某种相似之处。

同时，信托在实践中也可以运用于担保，委托人可以与债权人通过信托合同的约定，让委托人提供的信托财产具备担保债务实现的功能，这也是信托制度历史悠久的一种运用方式，当然，在大陆法系国家，由于此种信托被视为让与担保，与物权法定相违背，而长期得不到承认。但此种情况逐渐得到了改变，例如，在法国 2007 年制定信托法案、引入信托制度时，“法国在信托法的基本框架内创造性地确立了担保信托的法律地位，使罗马信托的担保功能在现代社会得到重生”①。而我国《民法典》在担保物权部分极大地扩展了担保物权的种类，其第 388 条第 1 款规定：“设立担保物权，应当依照本法和其他法律的规定订立担保合同。担保合同包括抵押合同、质押合同和其他具有担保功能的合同。担保合同是主债权债务合同的从合同。主债权债务合同无效的，担保合同无效，但是法律另有规定的除外。”这一规定中的“其他具有担保功能的合同”为非典型担保形式的合法化提供了法律依据，而让与担保也可以借这一规定正式登堂入室，进入物权的类型之中。所以让与担保的合法性问题在我国也开始得到解决。

---

① 叶朋：《法国信托法近年来的修改及对我国的启示》，载《安徽大学学报（哲学社会科学版）》2014 年第 1 期。

但是，信托与抵押毕竟是两种不同的制度，两者存在的差异远多于共性，例如：

第一，是否需要移转或处分财产不同。信托的设立，一般需要移转财产的所有权，或者在财产上进行权利的处分，例如在不动产之上设立一项用益物权。可见信托的设立，需要建立在所有权的移转或用益物权的设立之上。但抵押只需要对抵押财产设立担保物权，此种权利的设立，仅是出于担保债务实现的目的，只需要办理抵押登记，不要移转财产的占有，所以不会对所有权本身的行使形成实质性限制或障碍。当然，如果主债权届期不能受到清偿，则可能会发生抵押权人就抵押物优先受偿的情形，彼时提供抵押物的所有权人将可能丧失抵押物的所有权。

第二，权利人享有的权利类型不同。信托设立后，受托人便享有信托财产的所有权，按照信托合同的约定对信托财产进行管理处分，受益人则按照信托合同的约定获取基于信托财产的收益。“衡平法上的抵押受益人，无论是在普通法上还是在衡平法上，都不是财产所有人。”① 抵押设立后，抵押权人享有对抵押财产的抵押权，这种权利不是所有权，而是担保物权，且仅在债权不能实现时方可行使。

第三，权利人享有的权利内容不同。信托中受托人享有信托财产的所有权，其依照信托合同的约定，有权对信托财产进行各种

① ［美］爱德华·C. 哈尔巴赫：《吉尔伯特信托法》，张雪梅译，法律出版社2017年版，第15页。

管理、交易、处分的行为。而抵押中的抵押权人，其对抵押财产仅享有优先受偿权，不能对抵押财产进行占有、使用和处分。当然，根据《民法典》第408条的规定，当抵押人的行为足以使抵押财产价值减少时，抵押权人有权请求抵押人停止其行为；抵押财产价值减少的，抵押权人有权请求恢复抵押财产的价值，或者提供与减少的价值相应的担保。抵押人不恢复抵押财产的价值，也不提供担保的，抵押权人有权请求债务人提前清偿债务。

除此之外，信托与抵押的不同之处还有很多，信托是一项包含丰富内容的制度，其功能完全可以与所有权制度相媲美，而抵押只是他物权项下担保物权的一种，所以其内容远不如信托丰富。

六、信托与遗嘱执行

信托制度最初常是以遗嘱的形式设立，在遗嘱信托的情况下，委托人通过遗嘱的形式选定受托人，由受托人按照遗嘱的内容而管理、处分指定的遗产，并使受益人（此时往往是继承人）受益。在2020年5月28日颁布的《民法典》中，全文唯一明确提及“信托”概念的条文，便是关于遗嘱信托的规定，《民法典》第1133条第4款规定：“自然人可以依法设立遗嘱信托。”这也是相对《继承法》第16条的新增规定。表明民法典开始重视通过遗嘱信托来处理遗产。因此，遗嘱信托也是我国信托的一种重要表现形式。

《民法典》第1133条第1款规定：“自然人可以依照本法规定立遗嘱处分个人财产，并可以指定遗嘱执行人。”因此，遗嘱执行人在遗产继承过程中也扮演着重要的角色，继承开始后，遗嘱执行人成为遗产管理人，负责将遗产按照遗嘱的指定分配给相应的继承人。从功能上看，遗嘱信托与遗嘱执行都具有执行遗嘱、处置遗产的作用。因此，遗嘱信托和遗嘱执行之间存在某种相似之处，但两者也存在较大的差异。

第一，是否需转移遗产所有权不同。遗嘱信托中，受托人取得作为信托财产的遗产的所有权，成为遗产的所有权人，按照遗嘱的约定管理和处分遗产，并按照约定使信托受益人从中受益。而在遗嘱执行中，遗嘱执行人只是暂时代为清理和保管遗产，目的是妥善分配遗产，其并不能成为遗产的所有权人，因此也不需要向其移转遗产的所有权。

第二，目的不同。遗嘱信托中，委托人以遗嘱的形式设立信托，其目的是希望受托人管理和处分遗产，以便将财产的收益支付给受益人，使受益人获得长期的物质保障；而遗嘱执行制度之设立，其目的是帮助继承人完成遗产的清理、保管，并顺利实现遗产的继承，以免出现继承人争夺遗产或者无人管理遗产导致的混乱无序状态，造成遗产的遗失或贬值受损。

第三，职责不同。遗嘱信托中受托人负有积极管理处分信托财产的义务，而遗嘱执行人的职责是围绕遗产的清理和分配而进行的，继承完毕则遗嘱执行人的职责也履行完毕。甚至有学者认为，职责的不同是遗嘱信托和遗嘱执行的最大区别，因为“在遗嘱信托下，受托人的职责在于如何通过信托对信托财产进行管理和处分，给受益人带来财产的利益最大化，即如何管理信托财产。

而在遗嘱执行下，职责的焦点只是集中在了如何保管、清理、分割”[①]。例如,《民法典》第 1147 条详细列举了遗产管理人的六项职责内容：清理遗产并制作遗产清单；向继承人报告遗产情况；采取必要措施防止遗产毁损、灭失；处理被继承人的债权债务；按照遗嘱或者依照法律规定分割遗产；实施与管理遗产有关的其他必要行为。而根据《信托法》第四章第二节“受托人”的规定，受托人应当遵守信托文件的规定，为受益人的最大利益处理信托事务；受托人管理信托财产，必须恪尽职守，履行诚实、信用、谨慎、有效管理的义务；受托人应当每年定期将信托财产的管理运用、处分及收支情况，报告委托人和受益人；受托人以信托财产为限向受益人承担支付信托利益的义务。可见信托受托人的职责，是一种长期性的职责，受托人需要在忠实、勤勉的宗旨下，长期妥善履行受托义务。而遗嘱执行人的职责具有短期性，遗产分配一旦完成，其职责即告结束。

① 张军建:《信托法基础理论研究》，中国财政经济出版社 2009 年版，第 81 页。

02 第二章　信托起源论

CHAPTER

第一节 信托起源概述

信托制度在当代已经是影响力辐射到世界各国的重要法律制度，但关于信托的起源问题，则是信托法学界一直争议不休的问题。当然，很多学术争论其实源于争论对象本身在概念上的不一致，导致问题不能聚焦。尤其是在面对信托这样一种经过漫长历史时期才逐渐发展成熟的复杂制度，从不同的历史阶段、不同的视角去考察，就可能对其起源问题做出不同的回答，因为"试图解释、定义或者叙述信托之起源的主要问题在于信托并非一种单一现象，实际上存在许多不同类型的信托，它们起源于适应不同需要的不同模式"[①]。

但如果聚焦于现代意义上的信托（trust）制度，即将信托界定为委托人基于对受托人的信任而将自己的财产权对其进行转让或其他处分、使受托人为了受益人的利益或特定的目的而对此财产权进行管理和处分的制度，则是由中世纪英国法上的用益（Use）发展而来，英国国王亨利八世于1535年颁布的《用益法》（the Statute of Uses）在客观上促成了用益（Use）向信托的转化，即"此

---

① ［英］斯蒂芬·加拉赫：《衡平法与信托法：数世纪的结晶》，冷霞译，汪其昌校，法律出版社2020年版，第98页。

时，可强制执行的用益权开始被称为信托”[①]。对于这一点，争议并不大。

但是在此之前，英国法上的信托制度究竟是由罗马法发展而来，还是从日耳曼法发展而来，抑或是属于英国法上自身特有的制度，在学界则一直存在着争议。因此，对于信托的起源，在学说上“得区分为罗马法起源说、日耳曼共同起源说及英国固有法说等三种”[②]。

罗马法起源说认为信托乃是由罗马法上的信托遗赠（fideicommissum）发轫而来，即“现代信托制度概渊源于罗马法，而罗马法上的信托又源于继承”[③]。史尚宽先生认为：“英国之Trust，发源于中世纪之Use。Use一词，谓源于罗马法之Usus，Ususfruetus，或Fideicommissum。”[④]周枏先生亦曾言：“现代的信托制度即渊源于罗马法。”[⑤]

日耳曼法起源说则认为信托乃是源自5世纪的《萨利克法典》

---

① ［英］D.J.海顿：《信托法》（第4版），周翼、王昊译，法律出版社2004年版，第13页。

② 王志诚：《信托法》，五南图书出版股份有限公司2009年版，第2页。

③ 米健等：《罗马法基础》，中国政法大学出版社2004年版，第428页。但是该书的此种观点未能一以贯之，作者在第429页又写道：“现代信托制度最早可溯源于罗马法，但两者之间毕竟多有不同。严格意义上说，近现代的信托制度主要源自英国。尽管如此，罗马法信托制度的影响仍是不可低估的。它至少给后世法律提供了一个意义重大的启示。”

④ 史尚宽：《信托法论》，台北“商务印书馆”股份有限公司1972年版，第1页。

⑤ 周枏：《罗马法原论》（下册），商务印书馆1994年版，第618页。

（*Lex Salica*）上的受托人（salmannus）制度，学者霍姆斯（Oliver W. Holmes）乃是此种观点的倡导者，他认为受托人（salmannus）制度“在英国成为广为人知的用益受封人（feoffee to uses）”[①]。

英国固有法说认为现代的信托制度是在英国本土上发展起来的制度，而非来源于罗马法或日耳曼法上的既有制度。即“从现代信托制度的形成上来追溯的话，更为接近的仍是英国的固有法说，即英国起源说”[②]。梅兰特曾言：“我们几乎从不需要说，我们英国法上的用益不是来自罗马法的‘人役权’（personal servitude）[③]；因为它们之间毫无相似之处。我也不能相信罗马法上的信托遗赠与英国法上的用益的发展有什么关系。”[④]

事实上，在日耳曼法上，“受托人制度只是作为一种纯粹的托付关系而加以运用，从未得到实体法上的承认和执行”[⑤]。而且，日耳曼法上的受托人（salmannus）的法律结构只是一种附条件的所有权移转，主要是运用于遗嘱的执行上，即“是以遗嘱执行人于

---

① Oliver W. Holmes, *Law in Science and Science in Law*, 12 Harvard Law Review（1899）, p.446.

② 张军建：《信托法基础理论研究》，中国财政经济出版社 2009 年版，第 4 页。

③ 人役权（personal servitude）也被称为属人地役，是与地役权（属地地役）相对应的概念，是指专门为特定人（役权人）的利益而设立并在役权人死亡时终止的役权，又具体分为用益权、使用权和居住权三种。

④ F.W.Maitland, *The Origin of Uses*, 8 Harvard Law Review 127,（Oct., 1894）, p.136.

⑤ Avisheh Avini, *The Origins of The Modern English Trust Revisited*, 70 Tulane University Law Review（Mar., 1996）, p.1149.

遗嘱人死后，先一度取得其遗产之所有权与占有（Gewere），然后始依遗嘱之趣旨处分之”[①]。所以不少学者认为，与其将受托人（salmannus）制度解释为信托制度的起源，不如将其解释为遗嘱执行人的起源更为准确。[②]而罗马法上的信托遗赠（fideicommissum）与现代信托制度确实存在一定的相似之处，在学界，信托起源的争议也主要是集中在罗马法和英国法上。因此笔者将分别简要分析罗马法上的信托遗赠（fideicommissum）和英国法上的用益（Use）制度，以求辨明二者关系。

第二节　罗马法上的信托

罗马法上的 fiducia 一词，被后人译为“信托”，根据《元照英美法词典》的解释，拉丁文 fiducia 即罗马法上的信托，是“抵押（mortgage）和质押（pledge）的一种早期形式。指财产所有权和占有权以正式的买卖方式——如要式买卖（mancipatio）——移转给债权人，同时附有明示或默示的协议，规定当债务及时得到清偿

① 李宜琛：《日耳曼法概说》，中国政法大学出版社 2003 年版，第 222 页。

② 李宜琛先生认为受托人“是为遗嘱执行人之起源”，参见氏著：《日耳曼法概说》，中国政法大学出版社 2003 年版，第 222 页。另有日本学者也持此种观点，相关介绍请参见王志诚：《信托法》，五南图书出版股份有限公司 2009 年版，第 2—3 页。

时，债权人应将财产以相同的买卖方式返还；如债务人违约，则该项财产将不附带任何赎回权，完全归于债权人”[①]。主张罗马法为信托起源的学者在解释罗马法上的fiducia时，往往倾向于将要式买卖和拟弃诉权解释为信托的表现形式。因此，罗马法上的fiducia在时间上比较早，从法制起源上被大陆法系认为是信托制度的发轫，在大陆法系国家的理论上存在一定的影响。例如，在法国面对金融国际化的压力时，尝试加入《海牙信托公约》，并开始对国内法律进行修改，引入信托制度，但此时理论界发现，“由于英美信托的双重所有权理论与法国传统所有权理论不符，法国信托选择信托债权化的道路，即以合同为信托设立的基础。为了使信托顺利地融入本国法律体系，法国学者极力从本土法律资源中挖掘信托理论基础”[②]，因此试图从罗马法上的信托（fiducia）中寻找大陆法系信托制度的基础。故还有学者认为，在2007年法国修改民法典并进行信托单行立法之后，“罗马法信托在法国现代民法中得到再生”[③]。

但是，当我们查阅后世有关罗马法的论述和整理的罗马法的内容时，却几乎见不到fiducia的踪迹，因为这一制度并未被收入

---

① 薛波主编：《元照英美法词典》，法律出版社2003年版，第549页。

② 叶朋：《法国信托法近年来的修改及对我国的启示》，载《安徽大学学报（哲学社会科学版）》2014年第1期。

③ 李世刚：《论〈法国民法典〉对罗马法信托概念的引入》，载《中国社会科学》2009年第4期。

《民法大全》[1]之内，只能散见于罗马法学者的论述之中，导致其在制度史上的重要性大打折扣。学者慨言，“在后古典时期，随着要式买卖和拟弃诉权的衰落，信托也走向了历史的故纸堆”[2]。

此外，从总体来看，虽然在罗马法历史上存在过市民法上的信托制度（fiducia），但其与抵押、质押、使用借贷等制度相比，功能相似而程序更为复杂，即“信托与质权、使用借贷或寄托三者，虽然都需经一定的方式为之，但信托的要式更为麻烦，以致市民法上的信托无人愿意采用，并以质权、使用借贷或寄托契约取代……罗马法的信托虽然消失，但其目的已可以用其他制度取代”[3]。因此，罗马法上的信托最终未被纳入《民法大全》之中，并导致人们对此制度的陌生之感。故后世学者谈论罗马法上的信托，主要指的是《民法大全》中的信托遗赠制度。

罗马法上的信托遗赠（fideicommissum）也称为信托赠与、遗产信托，最初是由生活在罗马的异邦人在解决其遗产继承问题时发明的巧妙方法。因为在罗马法上，只有作为罗马市民的自由民才能作为继承人取得遗产，除此之外的其他人则不具有成为继承人的资格，如异邦人和人格减等者。同样地，罗马法对于受遗赠

---

① 《民法大全》又称查士丁尼民法大全，是529—565年在拜占庭帝国皇帝查士丁尼主持下完成的法律和法律解释的汇编，其内容包括四部分：《法典》、《学说汇编》、《法学总论》（又译成《法学阶梯》）以及法典颁布后的《新律》。

② 史志磊：《罗马法中的信托制度研究》，法律出版社2019年版，第188页。

③ 陈维铠：《罗马法上之信托概念与现代信托》，台北东华大学财经法律研究所2009年硕士学位论文。

人的资格也有着严格的限制。总之，“市民法关于遗嘱的规定十分苛刻，不仅方式极为严格，手续也很麻烦，遗嘱人须有遗嘱能力，继承人和受遗赠人则须有接受能力。从奥古斯都到君士坦丁一世的很长一段时间里，法律对未婚和已婚女子的遗产接受能力又加以限制”①。因此，为了规避对于受遗赠人资格的限制，“发展起来这样一种做法：要求被有效指定的继承人或者受遗赠人将其所接受的财产之全部或者某一部分交给遗嘱人列举的受益人。这样的要求没有法律上的效力：此类委托的履行取决于继承人和受遗赠人的忠诚”②。此种做法就是信托遗嘱，它原本并没有得到法律的允许，但是奥古斯都（Augustus）通过指定国库代诉人（advocatus fisci）的方式代遗赠人对受遗赠人违反信托的行为提起诉讼，使这一制度得到了司法上的保障，从而具有了一定程度的合法性。因此，“无疑正是奥古斯都开启了信托的历史。他创造的这种司法裁判权带来了深刻的变革”③。“这一制度非常符合当时的社会意识”④。

后来，“克洛地乌斯帝时设置了‘信托大法官’（praetor fidecommissarius）二人，专司信托纠纷。君士坦丁一世规定，信

① 周枏：《罗马法原论》（下册），商务印书馆 1994 年版，第 618 页。

② ［英］巴里·尼古拉斯：《罗马法概论》，黄风译，法律出版社 2000 年版，第 283 页。

③ David Johnston, *The Roman Law of Trusts*, Oxford University Press, 1988, p.40.

④ ［意］彼德罗·彭梵得：《罗马法教科书》，黄风译，中国政法大学出版社 2005 年版，第 382 页。

托应有证人作证，优帝一世明定信托须于五个证人前为之，始生效力”[①]。甚至，信托遗赠还不仅是实现某些财产遗赠的方法，而要认识到其“核心其实是关于财产的移转”。[②]这就具有了扩大运用的可能性。在信托遗赠中，被继承人可以设定其遗产移转的对象、时间和条件，由此，“罗马人就有可能借此实现人类的下列共同愿望：把他的财产‘拴住’，使它在脱离第一个接受者之手以后继续受到控制，甚至永远受到控制”[③]。信托遗赠在罗马法上以不同的形式存在了长达 6 个世纪的时间，成为罗马法上关于继承的一种重要方式。

但是，到了后来，罗马法对于遗赠的行使设置了更多的限制，而且这些限制“也一并扩大适用于遗赠附书和遗产信托……在哈德良时代，异邦人和某些身份不确定的人被排除在外，至于接受遗产信托的能力，似乎只有尤尼亚拉丁人才只能通过遗产信托而不能通过遗赠接受财物”[④]。这样导致信托遗赠的适用范围越来越小，使得遗赠与信托遗赠这两种原本不同的制度的区别也越来越小。后来，优帝一世废除了二者仅存的一些差别，将这两种制度合为一体，从而信托遗赠便在罗马法上逐渐消逝，因此也就未对

---

① 周枏：《罗马法原论》（下册），商务印书馆 1994 年版，第 619 页。

② David Johnston, *The Roman Law of Trusts*, Oxford University Press, 1988, p.9.

③ ［英］巴里·尼古拉斯：《罗马法概论》，黄风译，法律出版社 2000 年版，第 287 页。

④ ［意］彼德罗·彭梵得：《罗马法教科书》，黄风译，中国政法大学出版社 2005 年版，第 383 页。

大陆法系后续信托制度的形成起到较大的作用。

第三节　英国的用益制度

从词源上讲，英国的用益一词，并不是来源于拉丁文 usus[①]，而是来自拉丁文 opus[②]，后者在公元 1400 年以前的古法语中变成了 os 或 oes[③]。但是 usus 和 opus 这两个词在一段时间里被用混了，为了某人利益的财产移转这一现象在土地文件中被不加区别地使用 ad opus 和 ad usum 来表示。[④]

英国最早的居民是公元前 3000 年左右从欧洲大陆迁徙到大不列颠岛东南部并定居下来的伊比利亚人。公元前 700 年以后，克尔特人开始从欧洲西部不断移居不列颠群岛。公元元年前后，罗马凯撒大帝数次试图攻占不列颠未果，到公元 43 年，罗马皇帝克劳狄一世终于率军攻陷不列颠，使之成为罗马帝国的行省。300 多年之后，罗马帝国开始走向衰败，并于 407 年从不列颠撤军，结束了对不列颠的统治。此时，欧洲一些日耳曼部落的盎格鲁－萨

---

① Usus 即使用权，是人役权中的一种，指在不浪费资金或财物的条件下，非所有权人使用特定财产的权利，此种权利只有在不对所有权人造成妨碍时才能存续，具有严格的属人性，不得出租或转让。

② Opus 指工作、劳作或工作成果、劳动产品。

③ Oes 指使用、利用。

④ See F.W.Maitland, *The Origin of Uses*, 8 Harvard Law Review 127, (October, 1894), p.127.

克逊人和朱特人从5世纪中叶起开始陆续侵入不列颠，并于827年建立了统一的英格兰王国。由这段历史可以看出，“英国早期法律的主体是盎格鲁－萨克逊人在政府不列颠人时期从日耳曼带来的，它是根据日耳曼人的习惯形成的”[①]。到了1066年，法国诺曼底公爵威廉率军攻陷了英国，并加冕为英王威廉一世，诺曼王朝由此建立。诺曼王朝的建立标志着英国法律史的开端，虽然在此之前英国本土存在一些习惯法，“威廉一世在1066年并没有立即废除这些传统的法律，也没有在英国法中实现任何突变，但后来，诺曼诸王及其官吏对司法影响极大，从而我们可以大胆地对早期法律的任何影响不予考虑”[②]。因为自此之后，英国发展起了独具特色的普通法，“普通法是大征服（诺曼征服）的产物，是入侵的法国人（诺曼底人）的法律与英格兰本地的盎格鲁－萨克逊人的固有法律（习惯法和成文法）相融合而成的法律”[③]。当14世纪英国普通法的发展趋于僵化和停滞时，法官们还逐渐发展起了一个衡平法的体系。正是在这样的历史背景下，从13世纪开始，在英国逐渐产生了用益（Use）制度，其产生的主要原因有如下三个方面。

---

① 钱弘道:《英美法讲座》，清华大学出版社2004年版，第7页。

② ［德］K. 茨威格特、H. 克茨:《比较法总论》，潘汉典等译，法律出版社2003年版，第273—274页。

③ ［英］约翰·哈德森:《英国普通法的形成——从诺曼征服到大宪章时期英格兰的法律与社会》，刘四新译，商务印书馆2006年版，译者前言第III页。

第一，佃户无合法继承人时实现对永佃权的继承。

“在所有考虑到的情形中，遗赠关系最可能是用益权的起源。”[①]中世纪的英国，国王把土地赏赐给效忠他的属下，这些属下再将土地进行分封或者租赁给农民进行长期耕作，佃户们对领主的土地享有永佃权。“在 11 世纪最后 40 年诺曼和英格兰的特许状不仅开始使用‘永佃’这一词语来描述一个实际的地产，也开始使用短语‘以永佃形式’对一种特定的土地占有形式进行分类。”[②]佃户们虽然不能将这种占有土地的权利进行转让，但是对其所占有的领主的土地可以进行继承。当然，佃户们在使用领主的土地进行耕作以供养自己的家人的同时，也要对领主承担沉重的封建徭役，因为“使用这种土地需对领主担负劳役和租税（通常以实物缴纳）”[③]。而且，佃户的成年继承人在继承土地时，还需要缴纳继承金。

然而，由于中世纪英国在继承上实行长子继承制，因此在佃户没有合法的继承人时，其所享有的对土地的权利便面临着危机：“如果有人在死亡时没有任何继承人——例如，没有儿子或女儿，也没有任何毫无疑义地可以作为其继承人的最亲近且合适的人——永佃地产的领主可依习惯将该地产作为无主继承的财产收

---

① ［英］S.F.C. 密尔松：《普通法的历史基础》，李显东、高翔、刘智慧、马呈元译，中国大百科全书出版社 1999 年版，第 226 页。

② ［英］约翰·哈德森：《英国普通法的形成——从诺曼征服到大宪章时期英格兰的法律与社会》，刘四新译，商务印书馆 2006 年版，第 101 页。

③ ［比］亨利·皮郎：《中世纪欧洲经济社会史》，乐文译，上海世纪出版集团、上海人民出版社 2001 年版，第 58 页。

回，不管领主是国王本人还是任何其他人。”[①] 因为没有合法继承人的土地就会成为无主财产而由领主取得永久控制权，佃户们无法向非长子的子女、未成年的子女或者非婚生的子女提供可靠的财产作为生活来源。为了避免永佃权被收回，面临继承危机的佃户们在当时所能够采取的较好的措施便是“直接将土地授与一些朋友来掌管，在去世之前由他使用或受益，然后再根据他的指示将土地转移。如果愿意，他可以改变自己的指示，但如果他最后表达的愿望，是由他的朋友将该土地转移给他女儿，他们自然会照此办理”[②]。这种措施有效地避免了领主通过长子继承制来剥夺无合法继承人的佃户的永佃权的危险，而且这种巧妙的安排只构成对法律的规避，而没有明显违法，因此能够正式存在，并在日后得到衡平法的确认和支持。

第二，为了向教会赠与土地。

“中世纪早期绝大多数英国人都是虔诚的甚至是狂热的宗教信徒，教徒们信奉只有死前多作捐献，死后才能升入天堂的教义，往往愿意将自己的土地部分甚至全部捐献给教会等宗教团体，并逐渐成为一种习惯。”[③] 这样一来，宗教团体就成了大片土地和大

---

① ［英］约翰·哈德森：《英国普通法的形成——从诺曼征服到大宪章时期英格兰的法律与社会》，刘四新译，商务印书馆2006年版，第231页。

② ［英］S.F.C. 密尔松：《普通法的历史基础》，李显东、高翔、刘智慧、马呈元译，中国大百科全书出版社1999年版，第87页。

③ 余辉：《英国信托法：起源、发展及其影响》，清华大学出版社2007年版，第48页。

量房屋的拥有者，“例如圣特隆修道院就是一个大地产的领主，它的大地产散布在修道院的周围，但是它所拥有的附属地，在北方远达尼模威根近郊，在南方远达特里尔近郊……这是土地集中的结果。从教会方面说来，是由于广大施主不断的捐赠”[①]。但是，由于宗教团体无需履行土地上所附属的各种租税徭役。因此，当土地向宗教团体集中时，领主们的利益便受到了损害。因此，英国立法开始关注向宗教团体赠与土地的行为，“对土地让与的这种关注似乎主要是针对那些规避履行土地附随义务的行为；既然教堂永远也不会死亡，领主会失去其收取土地继承税的权利以及对未成年继承人的土地监护权，而且教堂与人结婚当然也是不可能之事”[②]。1279年，爱德华一世颁布了《永久产业管理法》（Statutes of Mortmain）[③]，该法“通过禁止将土地转让给教会、修道院及其他法人团体（除非取得国王的特许状）的规定，保护了国王的封建权益”[④]。人们想出了规避这一法律的办法，即不直接

---

① ［比］亨利·皮郎：《中世纪欧洲经济社会史》，乐文译，上海世纪出版集团、上海人民出版社2001年版，第57页。

② ［英］约翰·哈德森：《英国普通法的形成——从诺曼征服到大宪章时期英格兰的法律与社会》，刘四新译，商务印书馆2006年版，第245页。

③ 该法又被译为“死手法”“没收法”，根据《元照英美法词典》，该法的目的在于防止土地沦入“死手”，如教会、慈善团体等。禁止土地转让成为“死手财产”（转让给社团）的做法始见于1215年的《大宪章》（Magna Carta、The Great Charter），以后有多次立法予以补充、更替（1279年、1285年、1391年、1735年、1888年）。1960年完全废止。

④ 程汉大主编：《英国法制史》，齐鲁书社2001年版，第105页。

向教会捐赠土地，而是将土地捐给他人，但是约定该土地由教会使用和收益，这样就能达到让教会受益的目的而又不违反法律。同时，有些教会要求修士们保持清修而不能拥有财产，这也需要修士们既不“拥有”财产而又能利用财产。用益制度正好能够同时满足这两种要求。对此，梅特兰曾举例做出了详细的描述：

“在13世纪早期，天主教圣芳济修会（Franciscan）的修士们来到英国布道，他们的清修戒律不允许他们拥有任何财产。但修士们毕竟也是人，他们也需要哪怕是最简陋的容身之所。于是虔诚的信徒们向修士们奉献出了宽敞的房屋。但如何才能让修士们放心地拥有这些房屋？对此，信徒们采取了一个巧妙的方法，即信徒们‘为了修士们的使用’或‘为了修士们的居住’而将这些房屋移转给了当地市镇社区。这样，修士们就可以放心地长久拥有容身之地。同样地，信徒们为了圣芳济修会的利益还将大量的土地转让给了市镇。市镇当局成了受托人。一种老旧的说法是，用益制度是由牧师或僧侣发明的。现在我们就知道了，最初在英国大规模使用用益制度的，既不是牧师，也不是僧侣，而是天主教圣芳济修会的修士。”①

① F.W.Maitland, *The Origin of Uses*, 8 Harvard Law Review127,（Oct., 1894）, p.130.

第三，战争时期对自己土地权利的保护。

英国在12世纪、13世纪里参加了数次十字军东征战争，战争的残酷和结果的莫测使参加战争的人们担心自己的土地无人照顾管理而荒芜甚至被外人占有，或是担心一旦出现不测，自己的家人将失去生活的保障，因此事先便将自己的土地转让给可资信任的亲戚或朋友，请他们代为经营管理土地，或将土地的收益交给自己的家人以供生活使用。对此，海顿曾描述道："当骑士们离开家园去参加十字军东征时，他将他在土地上的权利授予他的朋友，让他的朋友在他回来前，为了他自己、他的夫人和孩子对土地的使用而持有该土地。或者如果他战死国外，他的朋友应该为了骑士的长子而持有土地。"[①] 如果参加十字军的战士归来，或者阵亡未归，其本人或家属便可以请求受托的朋友履行约定，如果受托人背信弃义，经权利人请求，国王或者大法官便会要求受托人履行义务。1455年至1487年英国兰开斯特王朝（House of Lancaster）和约克王朝（House of York）的支持者之间为了英格兰王位而开始了长达三十年的玫瑰战争（Wars of the Roses）。"在这场势均力敌的内战中，双方对于各自敌对方的财产采取没收政策。……为了避免自己的土地成为敌方的战利品，双方贵族纷纷借用'Use'形式将土地技术性地转移给自己的亲朋好友。"[②] 因此，用益在战争期

① ［英］D.J. 海顿：《信托法》（第4版），周翼、王昊译，法律出版社2004年版，第11页。

② 钱弘道：《英美法讲座》，清华大学出版社2004年版，第295页。

间是保护自己土地权利的一种有效方式，得到了广泛的使用。由于用益在衡平法上得到了大法官的支持和强制执行，所以“十字军以及后来同一时期针对法国的中世纪战争都共同推动了可强制执行的用益制的演进和发展”[①]。

正是由于上述三个方面的原因，用益制度在英国产生并得到推广，在许多方面成为人们保护自己的土地和产业、自由行使权利的方法。但是，对于国王而言，臣民的这些规避法律的方法显然对己不利：既减少了自己征收土地赋税的来源，又减少了没收无人继承土地的机会，还壮大了教会的财力和势力。因此，“1535 年，英王亨利八世（Henry Ⅷ）推动议会颁布了信托发展史上最重要的单一法案：《用益法》（the Statutes of Uses）”[②]。该法案试图对当时民间盛行的用益制度进行改造甚至废除之，以增加税收、填补战争开支的需求。根据该法案的规定，一旦委托人为了受益人的利益而将财产权移转给受托人，则法律直接使受益人成为信托财产的所有权人，使之不得不承受所有权变动时所产生的赋税。由此，用益规避法律以减免赋税的功能就不复存在，而且以遗嘱遗赠土地而达到照顾未成年子女的目的也无法实现了。该法案引起了人们的强烈不满，为了规避该法案的适用，人们想出了“双重用益”的制度设计，从而实现了这一目的。双重用益的制度是在原有用

① ［英］斯蒂芬·加拉赫：《衡平法与信托法：数世纪的结晶》，冷霞译，汪其昌校，法律出版社 2020 年版，第 102 页。

② Graham Moffat with Gerard Bean and John Dewar and Marina Milner, *Trusts law: text and materials*（3rd Edition）, LexisNexis Butterworths press, 2002, p.29.

益的基础上再增加一次用益，即原来的用益制度是：甲为了丙的利益而将财产转让给乙，由乙为了丙的利益而在名义上拥有该财产。现在《用益法》直接将丙视作该财产的所有权人。那么如果再增加一层用益，即“丙为了丁的利益而在名义上拥有该财产，丁才是真正的受益人”。那么要实现将丁作为真正受益人而免于被《用益法》发现而被认定为所有权人的话，只需要增加一个受托人乙和一个假的受益人（同时为真正的受托人）丙，就能够实现这一目的了。因为《用益法》的效力无法及于第二层用益，该双层用益的第二层用益被称为“Trust”，并得到了衡平法院的确认和保护。

此外，《用益法》的适用范围也比较窄，仅限于自由保有地的用益制度，并不包括动产用益（Use declared on property other than freehold estates on land）、积极用益（“Active” uses）及用益之上的用益（A use upon a use）。在《用益法》颁布之前，在法官的意见和学者的论述中，经常是将用益和信托混用的，两者区分并不十分明确，即“Use之实行，在feoffor即让与人（委托人）与feoffee to uses即受让人（受托人）之间，必须有信任信赖之关系存在，故Use有时称为Trust”[①]。但是由于《用益法》承认了一部分用益而否认了上述三种用益，为了对此加以区分，人们于是将《用益法》所承认的用益叫作用益，而将该法不承认的用益叫作信托。随着社会经济的变迁，恰恰是信托这种法律所不愿承认和执行的，因此仅是被衡平法院执行的财产处置方式代替了法律所承认的用

① 史尚宽：《信托法论》，台北“商务印书馆”股份有限公司1972年版，第3页。

益和其他普通法上的土地权利成为家庭财产协议中运用最广泛的财产处分方式，"这一转变的根源——在17世纪、18世纪和19世纪里清晰可见——是人们所拥有财富的性质的根本改变。英国已经从土地作为私人财产的主体的农业社会转向了商业、工业和金融作为私人主要财富的社会"[①]。到了1925年，英国在土地法方面进行了彻底的改革，颁布了《财产法》《限制授予土地法》《不动产管理法》《土地登记法》等法案，并废除了《用益法》。从此，"所有的信托都可以《用益权法》颁行前设立'Use'的方法予以设立，'Use'和'Trust'的区别遂不复存在而完全统一于'Trust'的概念之中。现代信托制度得以最终确立"[②]。回顾这段历史，有学者指出，"正是《用益法》所排除适用的用益类型成为了现代衡平法上的信托发展的起点"[③]。

此外，在用益制度中，委托人基于对受托人的信任而将财产移转给受托人，一旦受托人不履行使受益人受益的义务，则受益人的权益便面临着不能实现的风险。而中世纪的普通法由于不承认用益权的概念，因此在法律上并未对受托人课有履行信托义务的法律责任，如此则容易引发受托人不履行信托义务的风险，并且在实践中产生了一些受益人无法得到救济的案件，有违于法律

---

① Graham Moffat with Gerard Bean and John Dewar and Marina Milner, *Trusts law: text and materials* (*3rd Edition*), LexisNexis Butterworths, 2002, p.31.

② 钱弘道:《英美法讲座》，清华大学出版社2004年版，第296—297页。

③ Graham Moffat with Gerard Bean and John Dewar and Marina Milner, Trusts law: text and materials (Third Edition), LexisNexis Butterworths, 2002, p.30.

的公平和正义的理念。“如果十字军战士死亡，朋友会忘掉他的义务，并且将土地视为己有。如果十字军战士归来，朋友会拒绝返还财产。十字军战士无法在普通法法院获得任何帮助，因为普通法仅对交易的法律形式感兴趣；如果该财产已经以所有必要的形式被转让给了朋友，那么朋友就是普通法的所有人。”[①]对此，法官们无法坐视不管，因此法官们会根据自己内心的良知和公平正义感来审理此类案件，法官们“不受普通法救济的束缚，并且创设了自己的救济方式……我们已经看到，普通法并不承认信托中受益人的利益，由此允许合法的占有者自由处理财产，对他人的利益视若无睹。但是，衡平法可以强制执行受益人的利益”[②]。当用益制度中的受益人遭受不公待遇而向大法官求助时，大法官会通过衡平法对适用普通法的结果做出矫正。由于大法官拥有教会背景，国王也会尊重大法官做出的裁判，故用益制度在衡平法上得到了救济，让受益人的权利获得了可以被强制执行的保障，这使得用益制度真正具有了生命力。

由此可见，英国人民对于不合理的法律的规避以及衡平法对受益人的保护，共同促成了用益制度的发展壮大。爱德华·柯克爵士曾形象地总结道：“用益制度有两个发明者，即恐惧和欺诈。恐惧是为了在动乱时期和内战时保护遗产不被没收；欺诈是为了规

---

① ［英］斯蒂芬·加拉赫：《衡平法与信托法：数世纪的结晶》，冷霞译，汪其昌校，法律出版社2020年版，第102页。

② ［英］丹尼斯·基南：《英国法（第14版）》（上册），陈宇、刘坤轮译，法律出版社2008年版，第17页。

避到期债务、合法诉讼、监护、领主的土地复归权、教会的永久管业权，等等。”①

第四节　现代信托起源于英国的用益制度

从早期罗马法和英国法上有关信托的梳理可知，罗马法上的信托遗赠与英国法上的用益确实存在着一定的相似之处，如都涉及三方当事人，都是委托人为了某人的利益而将自己的财产托付给第三人。因此，“翻译拉丁语 fideicommissum 时，在英语甚至法律英语中所能找到的最理想的词只能是信托（trust）”②。而且从历史上来看，英国与欧洲内陆各国频繁而密切的联系也一定会带来法律文化上的沟通交流，不少学者都认为，罗马法上的一些制度和理念对于早期英国法存在一定的影响。例如，“用益制本身的起源可能受到了罗马法的影响，受诸如遗属信托（fideicommissum）或者慈善团体（pla causa）等制度的影响，或者当英格兰的许多地方受到日耳曼人控制之时，受法兰克人撒利克族之法律上的萨尔曼

① Graham Moffat with Gerard Bean and John Dewar and Marina Milner, *Trusts law: text and materials* (*3rd Edition*), LexisNexis Butterworths, 2002, p.27.

② David Johnston, *The Roman Law of Trusts*, Oxford University Press, 1988, p.1.

努斯（the salmannus）制度的影响”[①]。

但是，如果将罗马法上的信托（fideicommissum）与英国的用益（Use）进行对比，就会发现两者之间存在着深刻的区别，这也是对主张信托制度起源于罗马法观点的最有力的批判：

首先，两者适用的范围不同。“英国的用益在其早期阶段极少是作为最后遗嘱的结果而出现，但信托遗赠则是专属于遗嘱法的内容。”[②]“在罗马法上信托只能作为死因行为而存在，它关注的主要不是对财产进行管理，而是将财产返还给他人。现代的信托和税法实质上是密不可分的，而在罗马法上，税赋方面的因素从来没有成为过设立信托的动机。”[③]

其次，受托人的地位和作用不同。罗马法上的信托遗赠制度与用益的另一个区别就是：被视为遗产真正所有权人的，是信托遗赠中的受遗赠人而不是中间人[④]。遗赠物被视为有待受遗赠人向受托人“追偿”的财产。[⑤]也就是说，信托遗赠中受托人的地位不同

---

① ［英］斯蒂芬·加拉赫：《衡平法与信托法：数世纪的结晶》，冷霞译，汪其昌校，法律出版社 2020 年版，第 101 页。

② F.W.Maitland, *The Origin of Uses*, 8 Harvard Law Review127,（Oct., 1894）, p.136.

③ David Johnston, *The Roman Law of Trusts*, Oxford University Press, 1988, pp.283–284.

④ Haeres fiduciarius 是罗马法上的信托继承人，是指“由遗嘱设定的为他人利益接受遗产的继承人。该人名义上是继承人，实际上是遗嘱人和受益人的中介人”。薛波主编：《元照英美法词典》，法律出版社 2003 年版，第 623 页。

⑤ See Vincent R. Vasey, *Fideicommissa and Uses: The Clerical Connection Revisited*, 42 JURIST 202–03 n.6.（1982）.

于用益制度中受托人（trustee）的地位，“一方面，当遗产信托要求立即转让财产时，遗产信托受托人的地位只是形式上的和过渡性的；另一方面，当遗产信托设立了一定的沉淀期时，受托人则取得全部的受益人利益”[①]。

最后，概念用语不同。从概念用语上来看，“如果英国的用益就是信托遗赠的话，那么用益就应该被称作信托遗赠了，而事实却正如我们所看到的那样，用益是一个从 ad opus 和 ad usum 之类的词语中逐步发展起来的概念”[②]。正是这三个方面令人无法忽视的巨大区别，使得英国的用益和罗马法上的信托遗赠成为两种完全不同的制度。“这些批评使得学者们得出结论：信托遗赠（fideicommissum）和用益（use）之间任何所谓的相似性都只是表面上的。”[③]

如前所述，罗马法上的信托（fiducia）由于其未能被纳入《民法大全》之中而早早消逝，罗马法上的信托遗赠（fideicommissum）又因优帝一世废除了其与遗赠仅存的一些差别并将这二者合为一体之后，也在罗马法上逐渐消逝了。“罗马法和委托遗赠之类的制

---

① ［英］巴里·尼古拉斯：《罗马法概论》，黄风译，法律出版社 2000 年版，第 285 页。

② F.W.Maitland, *The Origin of Uses*, 8 Harvard Law Review 127,（October, 1894）, p.137.

③ Avisheh Avini, *The Origins of the Modern English Trust Revisited*, 70 Tulane University Law Review,（March, 1996）, p. 1149.

度均不是信托概念的源泉。”[1]可以说，信托遗赠在罗马法本身就不是一种具有强大生命力的制度，也更不可能成为后世蓬勃发展的信托制度的源头活水。即便是英国的用益制度曾经受到了罗马法上信托遗赠制度的某些启示，这一“受到罗马法影响的假设并不就是说衡平法接管了罗马法上信托遗嘱停下来的地方，并将之发展成为一种现代化的工具”[2]。两者之间毕竟存在着巨大的鸿沟。

客观地讲，无论是罗马法上的 fiducia 还是 fideicommissum，都有包含着一定的信托要素，都注意到了财产的移转以受益主体的区分。但罗马法上被称为信托的这些制度却并未能获得持续生长的制度空间，进而发展为世界性的法律制度，笔者认为，这主要是基于两个方面的核心原因，一是罗马法未能将具有信托要素的这些零散的制度进行体系化归纳，进而使之成文化，导致这些制度只能从一些早期学者的论述甚至宗教典籍和民间传说中去寻觅踪影，自然难以产生广泛的影响力。“总之，在罗马法中，信托在结构上是一个反常且不规则的制度安排，不能被纳入任何一种既有的制度范畴中。”[3]二是罗马法未能赋予信托受益人切实有力的保障，信托各当事人的权利义务关系往往只能诉诸道德、宗教和习俗的约束，出于弱势的受益人的权利无法得到法律上的明确

① ［英］沃克：《牛津法律大辞典》，李双元等译，法律出版社 2003 年版，第 1124 页。

② David Johnston, *The Roman Law of Trusts*, Oxford University Press, 1988, p.285.

③ 史志磊：《罗马法中的信托制度研究》，法律出版社 2019 年版，第 186 页。

保障，故影响了这一制度的运用和发展。相反，英国法上的用益制度虽然也经历了民众、国王、宗教各方力量博弈中的反复起落，但总体而言，其发展脉络较为清晰，作为制度本身更为明确，更重要的是，受益人的权利得到了衡平法的有力保障。

此外，由于罗马法和英国法在既有法律概念和法律体系上的不同，两者早期的信托还存在其他一些差异。例如，“罗马法信托与英国法信托之间的对应之处和相异之处都令人震惊。罗马法中的信托仅仅发生于死因处分（mortis causa）；主要关注对其他人的返还，而非对财产的管理（这是现代信托的角色）。现代信托和税法实际密不可分：而罗马法之信托从未将税收视为创设信托的动机”[①]。总之，各方面的原因导致罗马法和英国法早期原本具有一定相似性的制度，在经过了漫长的发展历程之后，一个趋于沉寂和湮灭，而另一个则茁壮成长、发扬光大，从而成了法制史上的一道独特景观。

在看待英国的信托是否产生于罗马法上的信托赠与制度这一问题上，实际上还涉及了罗马法对英国法的影响这一较为宏大的话题，按照布莱克斯通的观点，罗马法对英国人确实有一定的影响，但是绝不可高估这种影响，因为英国法律上绝大多数制度并不是由罗马法发展而来的，而是自我发展起来的。布莱克斯通在1758年10月25日出任牛津大学瓦伊纳讲座教授时曾谦虚而又自

① ［英］大卫·约翰斯顿：《罗马法中的信托法》，张淞纶译，法律出版社2017年版，第298页。

豪地讲道：

“当然，即使在英国本土，罗马法也并未被完全忽视。对罗马法的判决的略微了解即理所当然地被认为是一个绅士不小的成就。……与此同时，罗马法及这些国家自己的国内法虽然建立在最坚实的基础之上且已为长久以来的经验所认可，但在我国却被所有的人忽视甚至完全不为他们所知（只除了真正应用它的法律界人士之外），这不能不说是与我国值得称道的法律体系非常不和谐的一种现象。当然，我的本意绝非贬低对罗马法的研究，因为罗马法不仅仅是一种具有法律约束力的权威，同时也是成文理性的总集，没有人比我更确信它的法律条款是多么出色，它的判决又是多么公正；也没有人比我更明白，它对于学者、神职人员、政治家甚至是普通法学家来说是多么有用，又为他们增添了多少光彩。但我们不能对其崇拜过甚，以至于为了狄奥多西和查士丁尼而舍弃了我们的阿尔弗烈德和爱德华。我们也不能只遵循古罗马执政官的法令或罗马皇帝的诏书而无视我们古老的传统或议会的决议。除非我们宁愿生活在罗马和拜占庭君主的独裁统治之下（前者的得以实行正是依靠罗马和拜占庭帝国的鼎盛），而不愿享受英国自由的宪法（后者正是因为适应这种宪法才得以流传下来）。”[①]

---

① ［英］威廉·布莱克斯通：《英国法释义》（第一卷），游云庭、缪苗译，上海人民出版社 2006 年版，第 5—6 页。

“所有社会均已发展出了各自的信托概念。当一名原始人将某个贵重物品给了朋友，让后者将其传递给第三人开始，这就出现了信托。但是，只有普通法将信托概念提升为一个法律制度，具有了被法律所强制执行的关于受托人职责的指引原则。”① 因此，我们必须承认，现代信托制度是英国本土发展起来的独特制度，其发展和产生具有社会的必然性，是中世纪英国人民在前述三种不同处境下，为了实现按照自己的意愿处置财产的目的而能想出的唯一可行的办法。而这一制度也成为英国衡平法的标志和英国法的骄傲，梅特兰曾言：“如果我们被问到在法理学领域什么是英国人所得到的最重要、最特别的成就，我认为我们所能给出的最佳答案就是世世代代英国人对信托观念的发展。”②

所以我们必须正视一个事实，那就是我们现在所看到的信托，是一种纯正的英国法的产物，而不是罗马法的遗产，所以大陆法系国家必须认真对待这一现实，才能在如何移植信托制度的问题上尽可能地谨慎和细致处理，以实现英美法系的信托制度与大陆法民法体系的融合；否则，如果想当然地以为信托就是罗马法上的制度，所以大陆法也存在信托这样的制度的话，就可能会导致英美法上的信托在大陆法系国家沦为委托的命运。有英国学者就曾敏锐地指出：“事实上在民法法系中不存在信托概念。信托与民法

① ［英］斯蒂芬·加拉赫：《衡平法与信托法：数世纪的结晶》，冷霞译，汪其昌校，法律出版社 2020 年版，第 100 页。

② ［英］F.W. 梅兰特：《国家、信托与法人》，樊安译，北京大学出版社 2008 年版，第 67 页。

法系中的委托遗赠有类似之处，但毕竟有着天壤之别；后者实际上是一个完全不同的概念。”[①]

第五节 信托与“脱法”之辩

另外一个值得探讨的问题，就是信托制度的诞生是否带有逃法、脱法的“原罪”。所谓脱法，是指当事人通过合法的方式来实现法律原本所禁止的目的的行为。在许多关于信托制度的介绍中，都讲到英国信托制度的产生是人民逃避法律的结果，所以信托是“本身所具有的规避法律的消极作用”[②]的制度。一些学者认为在早期罗马法上的 fiducia 中，就存在“脱法”的问题，“但在信托中，要式买卖和拟诉弃权虽然也移转了信托物的所有权，但所有权的移转并不是当事人追求的目的，从而构成一种脱法行为，在法律的海面上漂浮的只有所有权的移转行为，隐藏在幕后的经济目的为法律所不知”[③]。因此，使许多人认为信托制度的产生带有违法性，是为了逃避法律，因此是不光彩的。而成文法国家以立法为中心来带动法律的适用和遵守，成文化的立法具有较高的权威性，逃

① [英] 沃克：《牛津法律大辞典》，李双元等译，法律出版社 2003 年版，第 1125 页。

② 张建文：《俄罗斯信托法制的本土化路径——从“信托所有”到“信托管理”》，载《月旦民商法杂志》第 25 期（2009 年 9 月）。

③ 史志磊：《罗马法中的信托制度研究》，法律出版社 2019 年版，第 52 页。

避法律是可耻的甚至是违法的。因此，倘若认为信托制度诞生于对法律的逃避，那么便会导致人们对信托制度在内心深处的怀疑和不信任，唯恐此种制度引入我国之后同样会导致人们对法律的逃避，从而有害于我国法治秩序的建设和维护，这在一定程度上也影响了信托制度在我国的发展。

“信托的历史是辩证的：一方面是获得形式自由与摆脱规则限制的迫切希望；另一方面则是对预定形式之安全和既有规则之保障的明确意识。”[①] 从前文对用益制度产生的原因分析来看，用益制度的产生确实是由于人们不满当时法律的不当限制而不得不采取的灵活规避的应对方法，但这并未构成违法，“有证据表明并没有出现什么错误，最初的用益权就是为了避免《用益权法》的实施，但它并未采取可能骗税的方法”[②]。即便是脱法行为，也并非一定无效，在理论上，“脱法行为是否有效，须视强行法所禁止之事项其立法目的是否以维护社会经济交易安全为唯一目的，如实，则在社会公共利益考量下，应解为无效，否则仍为有效”[③]。而且，我们还必须看到，英国的衡平法同样具有法律的效力，甚至具有“衡平法优先，普通法居次”的更高效力，所以从表面上看，用益制度违法了英国普通法，但是其得到了衡平法的支持，因此并不违

① ［英］大卫·约翰斯顿：《罗马法中的信托法》，张淞纶译，法律出版社2017年版，第296页。

② ［英］S.F.C. 密尔松：《普通法的历史基础》，李显东、高翔、刘智慧、马呈元译，中国大百科全书出版社1999年版，第257页。

③ 林诚二：《民法总则》（下册），法律出版社2008年版，第326页。

法。在英国法的早期，“用益和信托仅为纯粹‘名誉’上的。它们在法律上不可强制执行，因为并无为此目的的令状；之后，大法官法院作为‘良知裁判法院’，开始对用益强制执行”[①]。可见，正是衡平法的存在，才赋予了信托以法律上的效力，否则信托得不到普通法的保护，就只能长期依赖熟人间的道德机制来约束，不可能具有蓬勃发展的生命力。

在大陆法系国家，并不存在衡平法与普通法这样两个法律体系，因此会忽视衡平法的作用，从而误以为用益制度是违法的产物。对于人们的这一误解，有学者强调，信托之所以具有能够不断产生新的功能的巨大活力，这“并非因为信托是一种规避法律的特别聪明的方法。信托并不是、也不曾是规避法律的方法，因为它具有可诉性”[②]。这种可诉性正是衡平法所赋予的，即用益制度产生之后便受到了衡平法的保护，衡平法允许受益人在权利受到受托人的侵犯时可以向衡平法院起诉，因此具有合法性。总之，正如密尔松所言，“为了清晰起见，最合适的观点应是，‘信托’是被用来描述法令所未调整的某种安排”[③]。

灵活性是信托制度的最大特点，也是其旺盛的生命力之所在，

---

① [美] 爱德华·C. 哈尔巴赫：《吉尔伯特信托法》，张雪梅译，法律出版社 2017 年版，第 5 页。

② David Johnston, *The Roman Law of Trusts*, Oxford University Press, 1988, p.288.

③ [英] S.F.C. 密尔松：《普通法的历史基础》，李显东、高翔、刘智慧、马呈元译，中国大百科全书出版社 1999 年版，第 256 页。

"信托的重要性就在它的自由，它为法学家们提供了从一些极为有限的原则中扩充和发展出一个完整体系的潜力"[①]。信托制度赋予权利人处置自己财产的极大自由和空间，同时也使得受益人受益的方式具有多样性。委托人通过合同的方式与受托人约定财产管理和处分的方式，以及使受益人受益的方式，通过合同这一私法自治的有效手段实现了信托制度的多样化。

首先，合同的内容具有极大的自由。只要信托合同的目的和内容不违法，则任由委托人和受托人对其进行约定。其次，信托合同的主体也并非单一的主体，而是可以加以变化。例如，在英美法信托法上，委托人可以自己担任受托人，委托人也可以自己同时兼任受益人的身份，当信托的受益人是复数时，受托人也可以成为其中一名。再次，受益人可以是确定的，也可以是不确定的。为了一个概括的目的而设立的信托同样有效，甚至是造福社会的有效工具，如公益信托。受益人的人数既可以是单数，也可以是复数，没有什么特别的限制。最后，委托人和受托人之间的信托合同可以进行登记向外公示，也可以不进行登记，甚至可以有意隐瞒、不让外界知晓，如秘密信托。

可见，英美法上的信托制度赋予了当事人极大的行为自由，"信托将形式上的障碍减少到最小。义务的根源来自信任而非形式；设立遗嘱不需要形式上的表达，只需要表达出了明确的意图即

---

① David Johnston, *The Roman Law of Trusts*, Oxford University Press, 1988, p.288.

可"[1]。这种自由和灵活性在罗马法上的信托遗赠制度上是根本不具备的，在大陆法系的既有财产处理制度中，也难有与之可以媲美的制度，这就是大陆法系国家逐次开始引入信托制度的原因。梅利曼指出：

"大陆法系并没有和信托相符的财产制度。信托制度配置财产的通用及灵活性，连同其独特的司法属性，使其独一无二。大陆法学者可以说，其本土的制度也可以达到和信托同样的法律功效，但毫无疑问，任何一项制度在法律结构和效果上都迥异于信托。大陆法系中没有单一的和信托相似的概念，多项制度结合达到和信托相似的效果也不等于是同一制度。信托，一如合同，是具有通用和灵活性的基础制度，但异于合同，其在大陆法系中并无对应。"[2]

---

① David Johnston, *The Roman Law of Trusts*, Oxford University Press, 1988, p.287.

② ［美］约翰·亨利·梅利曼：《所有权与地产权》，赵萃萃译，载《比较法研究》2011 年第 3 期。

第三章 信托继受论

03

CHAPTER

第一节 信托在美国的继受

美国和英国同属英美法系，而且美国最初是英国的殖民地，因此移民者难免会继受英国法。早期到达北美洲的清教徒将英国的法律制度带到了美国，其中也包括信托制度。美国独立之前，由于经济尚不发达，因此信托制度运用也较少。美国独立战争之后，随着美国工业的发展，信托制度的运用日渐广泛，建立了一些全国范围的信托公司。南北战争之后，美国在全国范围内建立了资本主义市场经济制度，信托制度开始伴随并配合着工商业的发展而在各个方面得到了蓬勃的发展，“就产业金融方面，各种设备信托或担保公司债之信托，均利用信托制度而为设计。就个人方面，其亦利用信托而委托他人为投资，其亦推广于各种年金制度，而使信托制度于证券市场上受广泛之应用”[①]。在家庭财富的继承上，为了确保家族产业的稳定经营以及防止财富被子女挥霍，遗嘱信托在美国也得到了广泛的运用，许多富有的家庭都是通过信托使子女拥有长久的受益权，而不是简单地让子女直接继承财产。美国和英国一样，也属于判例法国家，在法律的运作体系中是以司法

① 陈春山：《我国信托法制之发展》，载《月旦法学杂志》第7期（1995年11月）。

为中心来带动法律的发展。由于美国的法律制度来源于英国的普通法，在早期，美国信托方面的判例甚少，因此教师们在教授信托法时不得不讲授较多的英国信托法的内容。“多年来，在美国的法学院课堂上，信托法只是在衡平法概述的课程中才作一些讲授，直到1882年，Ames教授才首次开设了独立的信托法课程。”[①]但是，美国法院在长期的审判活动中，逐渐形成了越来越多有关信托的判例，美国的信托制度在此基础上也逐步得到了发展。到了19世纪末期，美国信托法已经开始发展出了具有自身特色的内容，使得其与英国信托法逐渐成为各具特色的法律制度。例如，在19世纪后期，“英国信托法的发展主要是通过制定各种相关法规来实现的。而美国的法院则逐渐采纳了一些并不为英国法所熟知的学说，这一点尤其体现在后来有关反挥霍信托的判例上。美国法学院的教师在给学生讲授信托法时居然只和学生讨论英国信托法的先例，这在此时已经是完全是不可想象的了”[②]。

同时，由于美国各个州都有自己的立法权，因此，美国并没有全国范围内的统一信托立法，只是在州一级的立法层面上有一

① Austin Wakeman Scott, *Fifty Years of Trusts*, 1 Harvard Law Review 50, (Nov., 36) p. 60.

② Austin Wakeman Scott, Fifty Years of Trusts, 1 Harvard Law Review.50 (Nov., 36) p. 61.

些关于信托的成文州法，如特拉华州的商业信托法①。由于每个州的立法都不一样，因此在全国范围内而言，法律的适用就存在一些差异性，为了消除这种差异，实现法律适用上的统一，美国的两个民间组织“统一州法委员会”和美国法律协会的“法律重述委员会”一直为之不断地努力。其中，成立于1892年的“统一州法委员会”（The National Conference of Commissioners on Uniform State Laws，NCCUSL）旨在“通过提供无党派性的、精心设计的、良好起草的法律而为各州法律的关键领域带来明确性和稳定性”②。该委员会在信托法领域也制定了一部《统一信托法典》（The Uniform Trust Code，UTC），该法最新的修订是在2005年。这是美国历史上首次对信托法加以法典化所做的努力。根据《统一信托法典》，信托在一个自然人（称为委托人）向另一个人（称为受托人）移转财产时成立。③ 该法典在适用范围上包括了所有的意定信托（voluntary trusts），但是非意定信托（involuntary trusts）如推定信托则不包括在内。该法典除了适用于普通信托（其中包括收入受益人和信托结束的剩余财产受益人）以外，同样也适用于慈

---

① 《特拉华州商业信托法》（Delaware Business Trust Act）于1988年10月1日起生效实施。2002年，特拉华州对该法进行了修改，修改之后该法被命名为《特拉华州法定信托法》（Delaware Statutory Trust Act）并于当年9月1日起生效实施。

② National Conference of Commissioners on Uniform State Laws，*Uniform Trust Code 2005*（With Prefatory Note and Comments）.

③ See National Conference of Commissioners on Uniform State Laws，*Uniform Trust Code*（Last Revised or Amended in 2005）.

善信托和其他的名誉信托如宠物信托。[①] 该法典还承认了反挥霍信托（spendthrift trust）和宣言信托（oral trust）。该法典还区分了可撤销信托（revocable trust）和不可撤销信托（irrevocable trust）。

美国法律协会（American law Institute，ALI）成立于 1923 年。当时，美国一群杰出的法官、律师和教师组成了一个名为“促进法律发展永久组织筹备委员会”的团体，该委员会得出的研究报告促成了美国法律协会的产生。该委员会在报告中指出，美国法律中的两大缺陷（即不确定性和复杂性）已经使得人们对于法律执行的公正程度普遍感到不满意。该委员会认为，美国法律的不稳定性部分来源于对普通法的基本原则缺乏共识，同时美国法律的复杂性缘于美国国内不同司法管辖区域内法律的诸多差异和变化。由此，该委员会建议成立一个律师组织以促进法律的明晰和

---

① Uniform Trust Code（Last Revised or Amended in 2005），Section408（Trust for Care of Animal）:（a）A trust may be created to provide for the care of an animal alive during the settlor's lifetime. The trust terminates upon the death of the animal or, if the trust was created to provide for the care of more than one animal alive during the settlor's lifetime, upon the death of the last surviving animal.（b）A trust authorized by this section may be enforced by a person apointed in the terms of the trust or, if no person is so apointed, by a person apointed by the court. A person having an interest in the welfare of the animal may request the court to apoint a person to enforce the trust or to remove a person apointed.（c）Property of a trust authorized by this section may be aplied only to its intended use, except to the extent the court determines that the value of the trust property exceeds the amount required for the intended use. Except as otherwise provided in the terms of the trust, property not required for the intended use must be distributed to the settlor, if then living, otherwise to the settlor's successors in interest.

简洁，这一建议实施的结果就是美国法律协会的诞生。[①]

美国法律协会的会员分为两类：一类是由联邦最高法院法官、上诉法院资深法官及各州最高法院院长所组成的职务会员；另一类是选举会员，由来自美国各地甚至其他国家的法官、律师和法学教授组成，此类会员基于其法律专业上的成就和其所表现出来的对促进法律发展的热情而被选举产生。美国法律协会的执行机构是一个由33人组成的理事会。美国法律协会成立之后的所做出的最重要的努力，就是根据“促进法律发展永久组织筹备委员会”的建议，通过对“能够让法官和律师明白某部法律是什么”的基本法律问题进行重申和重新陈述，以消除各部法律内部的不确定性。这一努力的书面成果，就是被我们称为“美国法律重述”的，包含了美国各个法律领域的系列出版物。美国法律协会作出法律重述的基本步骤是：第一步，由一位在某一法律领域享有盛誉的知名学者担任该部法律的报告人，针对该法律领域起草一份重述的草案；第二步，由一个该法律领域内知名专家组成的顾问委员会对报告人起草的重述草案进行审查；第三步，由美国法律协会的理事会针对顾问委员会审查过的草案再进行审读，将之做成暂定草案（Tentative Draft）；第四步，理事会将暂定草案发放给美国法律协会的每一位会员征求意见，并在年会上进行修改订正；第五步，由最初的报告人针对会员们的修订意见再对草案进行修改甚至重新起草。最后得出的报告就是正式的法律重述。

① 相关介绍请参阅美国法律协会官方网站，网址：www.ali.org.

在 1923 年至 1944 年，美国法律协会陆续完成了第一批法律重述报告，包括了数个重要法律部门。其中，信托法的重述工作于 1927 年开始，至 1935 年完成，从事该重述工作的主要人员都是当时最著名的衡平法学者，包括 Austin W. Scott 教授、George G. Bogert 教授、Erwin N. Griswold 教授和 George P. Costigan 教授，可谓阵容强大，H. G. Hanbury 教授在该报告做出之后就曾笑言："现在就预测这一项目将会成功或失败为时尚早，但是，通过信托法委员会的专家名单，我们知道这份报告一定是成功的。"[①] 美国法律协会最后得出的《信托法重述》分为两卷本，共计 1400 页。

美国法律重述是一项随着时代的发展而不断更新和变化的工作，当判例、立法和学说的发展有了一定的积累之后，法律重述工作也随之重新进行。1952 年，美国法律协会开始了《信托法重述》第二版的编纂工作，这一工作于 1959 年完成，形成了三卷本的第二版《信托法重述》。

《信托法重述》第三版的编撰工作始于 1992 年，目标是编纂一部四卷本的新重述以取代第二版的重述。其间，美国法律协会于 2003 年完成并出版了《信托法重述》第三版中的第 1 卷和第 2 卷，这两卷的重述由加州大学伯克利分校法学院的 Edward C. Halbach 教授担任报告人，内容涵盖了信托的性质、信托的成立、信托的构成要件、受益人的权利以及信托的变更和终止。随后，美国法

① H. G. Hanbury, *The American Law Institute's Restatement of Trusts*, The University of Toronto Law Journal, Vol1: 2 (1937), p. 50.

律协会于2007年完成并出版了《信托法重述》第三版中的第3卷，该卷内容是关于信托受托人的权利和义务。2009年5月，在美国法律协会的理事会上做成了第4卷的暂定草案。2012年，美国法律协会出版了《信托法重述》的第4卷，这也是最后一卷。该卷主要规定信托的管理，尤其是信托义务的违反、法律责任及相应的救济措施。

第二节 信托在大陆法系国家的移植

信托制度由于其在财产管理和处分上的优势而逐渐得到越来越多的国家和地区的认同，在世界主要的金融中心所在地，几乎都承认信托制度的合法性，基于发展商业和全球贸易的现实需求，不少大陆法系国家和地区也开始将这一发轫于英美法系的制度移植到本国。正如梅利曼所言："所有的财产权制度中，只有信托被两大法系的比较法学者广为探讨，它也是惟一被成功移植到其他体系的普通法制度。"[①] 在移植信托制度的过程中，"失去衡平法的信托"[②] 虽然面临着和大陆法系传统观念融合的诸多难题，但毕竟信托制度逐渐在大陆法系国家和地区扩散开来

① ［美］约翰·亨利·梅利曼：《所有权与地产权》，赵萃萃译，载《比较法研究》2011年第3期。

② 张天民：《失去衡平法的信托——信托观念的扩张与中国〈信托法〉的机遇和挑战》，中信出版社2004年版。

并开始生根发芽成长。

由于两大法系各自发展出了固有的一套法律体系，包括立法上的概念体系和司法保护体系，所以一个法系中具有独特性的制度要融入另一法系之中，其面临的困难可想而知。就信托而言，大陆法系引入信托制度最直接的问题就是其财产权概念与信托概念的不同，这些理论上的障碍“包括所有权的绝对性；物权法定学说；对第三人强制执行履行正式手续和进行公告的必要性；本土法律缺乏构成信托的关键要素（比如，忠诚义务）以及本土现有规则适用于信托情形会产生不同的结果等”①。但无论如何，越来越多的大陆法系国家开始引入信托制度、制定信托法，尤其是伴随着《海牙信托公约》的产生，信托制度在全球的影响力日隆。

对于信托制度在大陆法系国家逐渐生根发芽、遍地开花的现象，英美法系的学者其实抱有一种复杂的心态，一方面因为信托制度得到更多国家的承认而感到骄傲，另一方面由于大陆法系的信托制度往往对“原汁原味”的信托制度进行了改良甚至改造，导致两大法系的信托制度看起来不太一样，所以英美法系的学者又对此感到有些不满、不屑或者担忧。这正如英国学者所言：“这些大陆信托未能吸收受托人信义义务的力量或者衡平法默示信托的能力。模仿依然是奉承唯一真挚的形式！”②

---

① 何锦璇、李颖芝主编：《亚洲大陆法系国家和地区中的信托法》，查松译，法律出版社 2020 年版，第 22—23 页。

② ［英］斯蒂芬·加拉赫：《衡平法与信托法：数世纪的结晶》，冷霞译，汪其昌校，法律出版社 2020 年版，第 97 页。

为分析信托制度在大陆法系的继受过程，笔者选取部分大陆法系国家或地区来对信托制度的移植做一简要分析。

一、法国

作为大陆法系代表的法国1804年《民法典》并未规定信托制度，因为法国学者认为信托制度建立在英美法系衡平法的基础之上，而且法国民法典是沿袭罗马法中对人和对物的财产法两分法，难以理解信托制度中所有权和收益权的区分，因此长期以来法国民法中没有信托制度的存在。由于法国的银行业较为发达，而且经营范围十分广泛，在一定程度上弥补了信托制度缺失所带来的不便，所以法国法上没有信托制度的局面持续了两百余年。

但是，法律是随着社会经济的发展而不断发展变化的，“在工业社会的法律日趋复杂化的同时，又出现了各种新的需要，要求我们做出更加深入的回答”①。英美法上的信托制度以其在经营管理和处分财产上的灵活与便捷优势，能够节省人们在财产管理上的成本，因此在现代工商社会吸引了越来越多人的注意。同样地，在法国，“如果一个公司在其国内的法律制度中，不能寻求到合适的手段，它往往会到别的地方去尽量寻找。因此，从这个角度来讲，很多的法国公司都决定适用英美法系中的信托制度，其原因就在

---

① [法]弗朗索瓦·泰雷、菲利普·泰勒尔：《法国财产法》(上)，罗结珍译，中国法制出版社2008年版，第2页。

于在法国的法律制度中，没有相类似的制度”①。由此导致法国国内公司回避国内法而适用英美法的情况出现。另外，法国在1991年签署了《海牙信托公约》，但尚未得到国内立法机关的批准。在此背景下，“英美法信托在国际实务界的活跃而使法国的相关领域受到冲击……欧洲内部以及世界的法律环境促使法国在其国内法中引入信托制度，以达到和英美法竞争的目的”②。法国政府于1992年2月向议会提交了要求在国内法中引入信托制度的法律草案。2007年2月19日，法国议会公布并生效了《关于建立信托制度的法律》，该法案包括18个条文，规定了信托的设立、信托目的、信托合同关系主体、信托合同的登记与公示、信托合同的撤销及终止等内容。并且，法国在《民法典》修改过程中，在第3编“取得所有权的不同方式”中增设“信托”作为第14副编以统率新修改的第2011条至第2031条。该副编将信托界定为合同的一种，第2011条规定了信托的概念：“信托是一种运作（opération）：一个或者多个设立人向一个或者多个受托人转让其现有的或者未来的物、权利或担保，或者将现有的或未来的物、权利或担保作为一个整体一并转让，受托人将其与自有资产相分离，并按照特定目的为

---

① ［法］弗朗西斯·巴瑞：《法国信托业和信托法概述》，载朱少平、葛毅主编：《中国信托法起草资料汇编》，中国检察出版社2002年版，第80页。

② 李世刚：《论〈法国民法典〉对罗马法信托概念的引入》，载《中国社会科学》2009年第4期。

受益人的利益行事。”[①]

由此，法国正式在民法中引进了信托制度。法国引入的信托制度并非原汁原味的信托制度，而是进行了较多的本土化改造，其适用的状况与我国比较相似，都是主要在商事领域适用，营业信托居多而民事信托较少。学者言之：“总而言之，法国式信托成为当今世界所有法域中运用范围限制最多、政府介入最为广泛的信托制度，其结果使得信托只能用于特定商事主体之间的商事领域。”[②]但无论如何，法国对于信托制度的引入，使得大陆法系国家又多了一个移植信托制度的新成员。当然，在引进信托制度之后，法国面临着与信托制度相关的系列法律的修改和完善任务，同时信托业的立法也很可能会成为法国今后的一个立法目标。

二、意大利

作为传统的大陆法系国家，意大利早在1985年7月1日便签署了1985年《海牙信托公约》，是该公约最早的签署国之一。1992年1月1日，《海牙信托公约》在意大利生效并适用，意大利成为在时间上仅迟于英国而第二个完成该公约国内批准程序的国家。意大利在参与信托国际公约上如此积极的原因是，信托制度因其灵活性而使其相对于传统的意大利法律和制度具有明显的优

① 李世刚：《论〈法国民法典〉对罗马法信托概念的引入》，载《中国社会科学》2009年第4期。

② 吕富强：《论法国式信托——一种对本土资源加以改造的途径》，载《比较法研究》2010年第2期。

势，尤其是在经济方面。正由于它的这个特点，信托法在传统法律制度显得无能的方面应用非常广泛。“19 世纪 80 年代，意大利国内对信托制度产生了广泛的兴趣，这并非出于对比较法上的议题的好奇或一时的风尚，这种兴趣源自该制度在民法学家心目中获得的威望。因为民法学家们发现，他们缺少能够掌控和调整这一产生于法律间隙的经济现象的法律工具。”①19 世纪 90 年代，意大利学界创办了专门的信托法期刊，法律界还成立了专门的信托法协会以研究信托制度。在意大利，信托制度能得到广泛的适用，主要在于其作用的广泛性，其能够在信托资产的管理、家族企业和利益在代际的转让、用于慈善事业、财产保护等诸多方面发挥巨大的作用。

虽然意大利的民事法律中没有信托制度，但这并不影响信托制度在该国的适用，因为已在国内生效的《海牙信托公约》使得信托制度获得了进入意大利法律体系的正当化依据。到目前为止，意大利有不少不同级别法院关于信托的判决都承认了信托的效力，尤其是内部的效力。这体现出了信托法相对于意大利法律外来性的要素，因为意大利的法律体系中没有关于信托的规定，所以信托法是外来的法律（一般是英国的）。

在 2006 年，《意大利民法典》新增加了一个条款作为第 2645 条之三，该条款实际上可以说是一种信托制度的设计，其“在本

---

① Maurizio Lupoi, *Trusts: A Comparative Study*, translated by Simon Dix, Cambridge University Press, 2000; p.368.

质上允许不动产和其他‘登记财产’（如船舶）在不超过90年的期限内可以专门用作使自然人或法人受益的特定目的，这一目的可以通过登记来对抗有关该财产的争议，除了为实现该目的而发生的债权可以对该财产强制执行以外，该财产及其收益免于被任何拥有它们的所有权人的债权人追偿。而且，当财产的所有人的行为有悖于该目的的实现时，任何利害关系人都可以起诉之”①。在意大利，首次明确将信托制度纳入考虑范围是2007年的金融法关于财税方面的规定，以及收入监管机关的一些通告（2007年的经济第48号的第1条），以监管财政和税收并保障其明晰和公开。

三、日本

日本早在1902年便由日本兴业银行开办了信托业务，1904年成立了第一家专门的信托公司，即东京信托公司，1907年以后，日本各地都成立了信托公司。② 为了规范信托业务的秩序，日本参照美国《加州民法典》中有关信托法的规定以及印度1882年《信托法》的规定，于1922年4月同时颁布了《信托法》和《信托业法》，极大地促进了营业信托的发展，并成为亚洲国家继受信托制度的典范。从信托法与信托业法同时进行立法的过程中可以看出，“日本的信托法在最初制定的时候是以商事信托或者营业信托为中

---

① Maurizio Lupoi, *The Hague Convention, the Civil Law and the Italian Experience*, Trust Law International, Vol.21: 2 (2007), pp.80–88.

② 参见［日］川崎诚一:《信托》，刘丽京、许泽友译，中国金融出版社1989年版，第13—14页。

心的，这是日本信托法的很显著的一个特征”[①]。

随着时代的发展，80余年前的立法逐渐显得滞后，因此日本于2004年对《信托业法》进行了修改，从诸多方面为日本信托业的进一步发展提供了法律制度的保障，“不论是信托财产与信托从业者之范围增大所带来的竞争利基，崭新的信托业务规划、充分的配套机制以及信托相关法理之法条化，均是以往所未见。也都有助于增进信托效能，同时让人民乐于适用信托制度，并享受其所带来的便利及实益”[②]。日本《信托法》自颁布之后分别在1947年和1979年及2004年进行过小范围修订，但一直未进行过全面修订。2006年12月8日，日本通过了对《信托法》的修改决议。此次修法是对《信托法》的全面修订，吸收了英美及欧洲大陆在信托上的最新立法成果，适应了日本社会经济的发展和民众的需求，因此其整个过程一直受到日本社会各界的关注，“以至于2006年新年伊始，日本的三大报纸均称作信托时代的到来”[③]。旧法仅有70余条，而新法则分为13章，共计271条。总体而言，日本新修订的《信托法》力图放松管制而尽量赋予当事人更多的自由，在内容上“突破了以往较属僵化之规范内容，而赋予较切合信托制度本质之弹性新貌。除此之外，新法对于信托当事人意思自主之

① ［日］能久善见：《现代信托法》，赵廉慧译，姜雪莲、高庆凯校，中国法制出版社2011年版，第8页。

② 李智仁：《日本信托业法之修法趋势及启发》，载《玄奘法律学报》第5期（2006年6月）。

③ 张军建：《信托法基础理论研究》，中国财政经济出版社2009年版，第19页。

尊重，以及新形态信托种类之增加等修正内容，也都有助于未来信托商品之推展”[①]。

第三节 信托制度在我国的移植与发展

一、清末民初时期信托制度在我国的移植

信托制度在我国的移植，有两个较为突出的表现，一个是上海租界的挂号道契制度，另一个是1921年发生的“信交风潮”。前者是土地信托制度在我国的最早运用，后者则是营业信托在我国最早的大规模发展时期。

（一）挂号道契

道契是清朝末年国势衰败、外国势力在我国设立租界之后的产物，指外国人在华租地的土地凭证。外国人原本只能在租界范围内租地，但由于公共租界和法租界的范围不断扩大，外国人可租地的范围也随之扩大，甚至时常超出租界的范围。道契的颁发有一定的程序，即欲租地的外国人在找到合适的土地之后，“与原业主签订契约，并将签好的契约呈送领事官，领事官再将这些契约转送上海道署查核。上海道署查核完成，表示认可之后，加盖

① 李智仁：《日本信托法之修法重点——传统与现代思维之激荡》，载《月旦财经法杂志》第12期（2008年3月）。

道署官印，交还双方收执。此种租地契据并无正式名称，由于是上海道台发出，一般便称为‘道契’”[①]。从19世纪40年代开始签发，到20世纪30年代被南京政府废止，道契制度在我国存续了近90年。

道契相比较清朝政府传统的土地买卖或租赁权证如田单等而言，对人民有更大的吸引力：一是道契所记载的租地，其面积经过了仔细而科学的丈量，因此道契对于土地四至的记载较为准确，“惟道契以土地坐落四至及亩数之记载，甚为正确，国人欲求之而不得”[②]；二是道契对于各方当事人的权利义务记载较为准确和详细；三是道契经过租界所属外国势力和清政府双重认证，具有较高的公信力；四是道契的格式较为标准、统一，纸张和印刷精良，易于保管；五是因道契所引发的纠纷可以在租界内通过会审公廨进行审理，在诉讼中“有外国司法权力的保护，使得道契土地免受战争或是动荡局势的影响”[③]。随着土地价值的攀升，土地租赁与买卖交易渐趋繁荣，“道契作为有价抵押品日益受到中外银行的青睐，甚至成为上海金融市场信誉最高、流通性最强的信用工具，由此吸引了一批有资力的华人委托外商办理道契，产生了租户由外商

---

① 夏扬：《上海道契：法治变迁的另一种表现》，北京大学出版社2007年版，第52页。

② 史尚宽：《信托法论》，台北“商务印书馆”股份有限公司1972年版，第5页。

③ 夏扬：《上海道契：法治变迁的另一种表现》，北京大学出版社2007年版，第144页。

挂名，实际土地属于华人的‘洋商挂号道契’”[①]。华人为了土地租赁交易的便利而委托外国人出面以领取挂号道契的方式，实质上就是英美信托制度的运用。具体步骤为：

“一华人欲在租界内取得土地，他需要找到一个愿意为他办理道契申领手续的外国人，由此外国人与租界内的中国业户商量以取得租地，原中国业户同意租地之后，便由此外国人按照程序，与中国业户签下草契，以此草契报请其领事馆征得领事官的同意，并经会丈局会丈，报由道台批准，发给道契。此道契上所填写的姓名为该外国人的姓名，即为该外国人所享有所有权利的土地契证。此时，为了证明华人的土地权利，通常由外国人开具一张权柄单，在权柄单上注明，申领道契的土地权利的实际上享有者为该华人，华人取得该权柄单，整个洋商挂名道契的手续便告完成。”[②]

在挂号道契中，华人为了能够享受道契所带来的诸种便利，将土地作为信托财产，外国人作为受托人以自己的名义为该土地取得道契，该土地登记在外国人名下。因此，信托财产具有了形式上的独立性，作为委托人的华人既可以自己作为受益人，也可以指定他人作为受益人。而记载委托人与受托人双方之间真实法

① 马长林：《近代上海城市发展的见证——道契》，载《世纪》2006年第5期。

② 夏扬：《洋商挂名道契与近代信托制度的实践》，载《比较法研究》2006年第6期。

律关系的权柄单则具有信托合同的性质。受益人以后如欲转让土地权利，只需持权柄单到受托人处记明受让人、办理过户，土地租赁的实质权利即可移转，十分便利，这便是信托受益权的转让。由于外国人在挂号道契中可以收取一定的费用，有利可图。因此不少外国人专事为华人申领道契，形成一种营业，被称为“挂号商”。史尚宽先生评价挂号道契时称：“此种信托制行之已久，特国人未加注意耳。”①

（二）1921年的“信交风潮”

清末洋务运动中，清政府以“官督商办”的形式开办了一大批企业，这些企业的兴起带动了当时股票交易的发展。1914年12月，北洋政府农商部参照外国立法制定了《证券交易所法》，1920年7月1日，由孙中山和上海实业家虞洽卿发起成立的第一家交易所“上海证券物品交易所”正式开业，短期内便以近乎百分之百的收益率而获利颇丰，随后其他一些交易所也都生意兴隆，由此引发了各类交易所的设立热潮。“从1921年5月起，新设交易所逐月增加，几个月间上海的交易所就多达136家，使中国的交易所数目居全球第一，为当时的世界第一经济强国美国的好几倍。”②由于投资有机可乘，这一时间内商人们竞相设立信托公司以吸收游

---

① 史尚宽:《信托法论》，台北“商务印书馆”股份有限公司1972年版，第5页。

② 陈争平、左大培:《“民十信交风潮”的教训》，载《经济导刊》1994年第3期。

资进行证券投资获取暴利。尤其是在 1921 年，从 5 月到 7 月的短短三个月内，竟然就有 12 家信托公司在上海成立，资本额共高达 8100 万元。当时由于学界对于信托的研究尚未深入展开，相关知识的宣传不足，人们对于信托制度的认识也不深。当时的信托公司在营业范围上其实是以银行业务为主如吸收存款放贷，代理业务为辅，而真正的信托业务却数量甚少。当时信托公司经营的业务，除了银行业务以外，剩下的就是“代理买卖有价证券及房地产，经收房地租，代理保险，代客保管物品及保管箱之出租等一类之银行附属事业，而英美盛行之财产管理，执行遗嘱，遗产管理等个人信托业及团体基金之管理，公司债信托等法人信托业务，可谓绝无仅有”[①]。信托公司缺少真正信托业务的原因，一是当时发行公司债的企业数目极少，进行公司债的信托业务在客观上缺乏市场；二是当时人们还缺乏委托专业理财机关帮助理财的意识，而且 20 世纪 20 年代是战乱年代，人们不敢轻易将财产交给信托公司作长期的投资管理，唯恐发生不测而失去财产；三是当时的人们还不习惯信托公司介入遗嘱遗产的事务处理之中，当时的人们“对于个人财产通常保守秘密，不愿交付他人处理，执行遗嘱等事则往往托付亲友，这进一步扼制了信托需求的增长。所以，开展个人信托业务的余地不是很大”[②]。

---

① 史尚宽:《信托法论》，台北“商务印书馆”股份有限公司 1972 年版，第 6 页。

② 何旭艳:《上海信托业研究（1921—1949 年）》，上海世纪出版集团、上海人民出版社 2007 年版，第 48 页。

在20世纪20年代，由于政府监管不力、法律缺位、信托公司与交易所勾结互相炒作彼此股票，导致金融投资过热、供大于求，形成巨大的泡沫经济。银行意识到了当时证券市场已经存在的巨大风险，因此开始收紧银根、从严放贷，加上外部经济环境的变化导致工业发展放缓，因此矛盾在1921年冬季骤然爆发，大批交易所纷纷破产倒闭，许多信托公司受其牵连也纷纷倒闭，“11月份，是绝大多数信托公司与交易所一起卷入‘信交风潮’，步入败亡的转折点”。[①] 风暴之后，上海140余家交易所中，未破产者仅剩下6家。而当年新设立的12家信托公司中，该年过去之后仅剩下中央信托公司和通易信托公司两家经营较为谨慎稳妥的信托公司幸免于难。由此，“信交风潮”就是指1921年冬在上海突然爆发的大批信托公司和交易所的纷纷破产倒闭的风潮，由于该年处于民国十年，因此也称为“民十信交风潮”。这一场风潮使整个国家的经济遭受了巨大的损失，甚至给世界经济也带来了一定的影响。这一年对于信托业来说，先是信托公司如雨后春笋般纷纷设立、引人关注，随即在金融危机中和交易所一起土崩瓦解，从设立狂热，到破产风潮，再到金融风暴，一年之内尤如坐过山车一样，繁华景象如昙花一现。“在大崩溃的过程中，倾家荡产、断送性命者时有所闻。以投机狂热开始的1921年成了中国商业史上

---

① 何旭艳：《信托业在中国的兴起——兼论“信交风潮”中的信托公司》，载《近代史研究》2005年第4期。

'最为痛心的一年'。"[①]

1921年的"信交风潮"给信托业带来了沉重的打击，在民众心中造成了极大的负面印象，"1922—1926年，在'信交风潮'之后整整五年时间里，上海一地新增的信托机构只有1家：1922年设立的中孚银行上海分行信托部。与1921年信托公司初兴之时的狂热状态形成鲜明对比"[②]。经过这次风潮的洗礼，幸存下来的两家信托公司继续稳妥地开展信托业务，而一些银行也开始设立信托部经营信托业务，使得信托业得以继续发展下去。

1921年是信托公司在我国历史上的首次大规模集体亮相，该年可谓信托业在我国的发轫之年，但之后信托业却立即受到挫折，元气大伤，可见对于信托业的发展需要有国家的有效监管加上信托法律的健全，只有在这样的良好环境下，信托才不至于沦为投机的工具。

二、信托制度在我国台湾地区的发展

我国台湾地区在20世纪50年代经济发展迅猛，企业界对于资金的需求甚巨。因此，一些银行逐渐开设信托业务，办理信托存款、投资、放款等业务。在20世纪70年代，台湾地区数家信托投资公司开始营业，随后，从事土地开发投资的信托公司也逐

① 陈争平、左大培：《"民十信交风潮"的教训》，载《经济导刊》1994年第3期。

② 何旭艳：《上海信托业研究（1921—1949年）》，上海世纪出版集团、上海人民出版社2007年版，第37页。

步成立起来。虽然信托制度在实践中已经得到了较为广泛的运用，但直到 1996 年 1 月 26 日，台湾地区才颁布了“信托法”，2000 年 7 月 19 日颁布了“信托业法”。在“信托法”颁布之前，由于信托制度的多年运用，台湾地区对于信托制度已经有了一定的认识，并非空白一片，其间“有关信托制度的基本内容，主要是由司法判例、判决及零星的法令所构成”[①]。

台湾地区“信托法”分为 9 章 86 条，具体而言，第 1 章为“总则”，第 2 章为“信托财产”，第 3 章为“受益人”，第 4 章为“受托人”，第 5 章为“信托监察人”，第 6 章为“信托之监督”，第 7 章为“信托关系之消灭”，第 8 章为“公益信托”，第 9 章为“附则”。由于该规范全面系统地规定了信托法律关系的主体、信托财产、信托的监督等基本事项，因此成为台湾地区信托领域的基本规范，统率着“信托业法”等信托相关的特别规范。“信托法”于 2009 年 12 月 30 日公布了修正案，修改了其中 4 个条文。“信托业法”分为 7 章 63 条，主要规定营业信托的相关事项，如信托机构的设立、变更、监管、信托行业自治等事项，具体而言，第 1 章为“总则”，第 2 章为“设立及变更”，第 3 章为“业务”，第 4 章为“监督”，第 5 章为“公会”，第 6 章为“罚则”，第 7 章为“附则”。“信托业法”自颁布以来，已经经历了 6 次修正，说明我国台湾地区信托业的发展需要相关规范不断作出调整和修改以满足实践中的新需求。台湾地区的信托法制在我国大陆地区信托法的起草过程

---

① 王志诚:《信托法》，五南图书出版股份有限公司 2009 年版，第 11 页。

中起到了参考和借鉴价值，我国大陆地区2001年颁布的《信托法》在诸多地方吸收了我国台湾地区信托相关规范的有益经验。

三、我国大陆地区的信托立法

中华人民共和国成立之后，“人民政府接管了原先官办中央信托局及中国农民银行、中央合作金库，中国、交通两银行和上海市银行附设的信托部。私营信托业中的一部分信托公司停业，一部分则继续营业至1952年12月全行业公私合营为止”[①]。由于实行公有制和计划经济，我国信托业一度停顿消失，民间也没有民事信托的适用。直到改革开放以后，营业信托才开始得到恢复和发展。到了20世纪80年代，信托公司逐渐设立起来，银行也纷纷设立信托部，信托业开始发展起来。当时信托业的发展，“对于弥补我国传统单一的银行信用的不足，利用社会闲置资金，引进外资，拓展投资渠道，促进市场经济的发展，发挥了积极的作用”[②]。但是当时我国并没有关于信托的法律，只有一些行政法规中有零星的规定，法律的缺位导致信托公司的行为依据和国家监管的双重缺失，再加上当时信托知识尚未普及，许多信托从事的主要业务仍然是银行业务，真正的信托业务则很少，甚至“各信托机构还纷纷从其他金融机构低利拆借资金，并以‘信托贷款’的方式，

---

① 周小明等：《建构大陆的信托法制的若干设想》，载《政法论坛》1993年第6期。

② 朱少平、葛毅主编：《中国信托法起草资料汇编》，中国检察出版社2002年版，第179页。

高利投放到计划外的基建项目甚至非生产项目上，从而使大量计划内的信贷资金转化为计划外资金，冲击了国家的信贷计划”[①]。当时信托业界存在严重的问题，“一是机构地位不确定，业务范围不明确。二是违规经营严重，资产结构不合理，风险控制能力低。三是内部约束机制不健全，管理混乱”[②]。这一混乱无序和投机现象较为严重的局面与1921年“信交风潮”颇有几分相似之处，以至于整个信托业给社会留下了“坏孩子”的不良印象。

为了解决信托业发展中的问题，全国人大常委会将信托法的立法列入了立法规划。1993年8月，全国人大财经委员会成立了信托法起草小组，吸收高校及政府部门的专家学者参加信托法的起草工作，并拟出了《信托法》的初稿，后经三读之后于2001年4月28日由第九届全国人民代表大会常务委员会第二十一次会议通过并颁布。在亚洲，继印度信托法（1882年3月实行）、日本信托法（1923年1月实行）、韩国信托法（1962年12月实行）之后，中国制定了信托法。[③]我国《信托法》分为7章共74条，主要规定了信托的设立变更和终止、信托财产、信托当事人和公益信托等事项，成为我国信托法律领域的基本法律，极大地促进了信托观念的推广、信托制度的发展和信托业的规范运行。在当时的整

① 周小明等:《论中国的信托立法》，载《中国法学》1994年第6期。

② 张绪武:《关于〈中华人民共和国信托法（草案）〉的说明》，载卞耀武主编:《中华人民共和国信托法释义》，法律出版社2002年版，第188—189页。

③ 参见中野正俊、张军建:《从比较信托法看中国信托法的立法及其解释》，载《中南大学学报（社会科学版）》2003年第1期。

体环境下，我国对于信托制度的移植是一种国家主导下的自上而下的强制性制度变迁，这种制度的移植通过立法行为来实现，“通过颁布《信托法》，国家在最短的时间内将普通法中蕴含着效率机制的信托制度移植到我国，并在 2001 年 4 月 28 日《信托法》刚刚颁布之后的同年 9 月就将其迅速运用于开放式证券投资基金”[①]。这种国家通过立法来推动实现的制度移植，其优势在于能够尽快引进域外富有效率的法律制度，为市场经济提供一种有效的财产管理手段，使之为我国的经济发展服务。但此种制度移植方式的局限在于其制度生存的社会土壤尚不丰腴，民众缺乏对信托制度的了解，相关研究也尚未深入展开，因此制度移植之后在本土的发展较为缓慢，这表现为信托业务的空间仍有待拓展，对于信托制度的学术研究仍有待引起学界关注，运用信托管理财产的观念仍有待向民众进行普及和推广。

此外，《信托法》已经实施即将 20 年，相关的法律法规仍不够完善，虽然原银监会等监管机构陆续制定了诸如《信托公司管理办法》《信托公司集合资金信托计划管理办法》《信托公司治理指引》等部门规章，2016 年全国人大常委会还颁布了《慈善法》，2017 年原银监会制定了《信托登记管理办法》，可见在不同的层面上，我国有关信托立法确实在不断完善，这对于信托制度的落地生根和信托行业的发展也确实起到了一定的规范作用，并且在不

① 康锐：《我国信托法律制度移植研究》，上海财经大学出版社 2008 年版，第 203 页。

断进步。但客观而言，我国依然未能制定如《信托业法》之类的营业信托的基础性法律来对整个信托行业的发展提供较高位阶的法律规范，而且《信托法》颁行近20年，其本身也应当根据信托实践的发展及时进行适当修改，这些都是我国信托立法方面需要尽快启动的工作。

04 CHAPTER

第四章　信托法律关系论

第一节　信托法律关系的主体

“信托”一词有丰富的含义，在法律上和生活中，人们在较多的场合下都可能会使用到这一概念。但是，人们在使用信托这一概念时，在不同的情形下可能包含不同的含义。

第一，信托是关于财产移转及管理的合同。虽然设立信托的方式有多种选择，但在我国，运用最多的仍是通过合同设立信托。《信托法》第 8 条第 2 款规定：“书面形式包括信托合同、遗嘱或者法律、行政法规规定的其他书面文件等。”因此在实践中，人们有时会将信托与信托合同的概念相等同进行使用，将信托理解为是关于财产的移转及管理的合同，所有权人与他人签订信托合同，将其财产或权益移交给他人，他人按照合同约定的目的和方式管理财产。

第二，信托是在特定当事人之间基于信任而产生的一种财产法律关系。从信托的设立上来看，委托人和受托人都是特定的，委托人基于对受托人的信任而将财产移转给受托人管理及处分，受托人按照约定将财产的收益交付给受益人，从而在特定主体之间产生了一种财产法律关系。有学者指出：“信托，是一种基于信任关系而产生的财产关系；在这种关系中，信托人将信托财产转移给受托人并委托其管理或处分，受托人享有该项财产的所有权，但有义务将信托利益交付给受益人。”[①] 这种理解侧重于信托的设立，而且在我国实践中，信托的委托人和受益人发生重合的现象较多，基于特定目的而设立的、由不特定主体受益的信托较少，因此将信托理解为特定主体间基于信任关系而产生的财产法律关系是较为明确和直接的。

第三，信托是一种财产制度。虽然信托主要基于合同而设立，但也可以基于遗嘱或其他行为而设立；信托不仅可以为了受益人的利益而设立，也可以为特定的目的而设立，其受益对象可以具有不特定性。所以，将信托理解为合同或财产法律关系，固然正确但并不全面。因此，从总体上看，信托是一种财产制度，是关于财产的管理和处分的制度设计，在财产法上具有独特的地位。“一旦信托被设立，委托人和受托人的意思就在信托的目的和信托的条款中被客观化和制度化了……在这种意义上，信托是在创设一种制度。”[②] 在信托制度中，信托的设立具有多种形式，其当事人也可以由不同的主体构成。

因此，真正意义上的信托，或曰信托法上的信托，并非简单地指信托合同或信托关系，而是指信托制度。信托制度包含信托合同和信托关系。在这样一种制度下，存在不同的主体。典型的信托具备三方当事人，即委托人、受托人和受益人三方主体。

---

① 张淳：《对信托定义及其与行纪之异同的法理思考》，载《河北法学》1994年第4期。

② ［日］能久善见：《现代信托法》，赵廉慧译，姜雪莲、高庆凯校，中国法制出版社2011年版，第13页。

就这三方主体的称谓概念而言，在不同的法制背景下，以及不同的学者论述中，存在多种表达方式。例如，委托人在不同的场合、不同的表述中，也可能被称为信托人、托管人、转让人、让与人，其是指提供财产、设立信托的主体。根据《信托法》第 19 条的规定，委托人应当是具有完全民事行为能力的自然人、法人或者依法成立的其他组织。据学者归纳，“可以运用个人信托的委托人包括：（1）在投资管理方面缺乏经验的人或想享有财务方面专业服务的人；（2）有钱却没有时间理财的人；（3）希望享有专业理财服务的人；（4）想把财产转移给子女而需要进行信托规划的人，比如子女依赖心强或子孙众多，欲避免遗产继承的纷争；（5）希望贯彻继承意旨，约定继承方式的人；（6）家有身心障碍者；（7）家财万贯并想隐匿财产的人；（8）因遗产、彩券中奖，退休等情况而收到大笔金钱的人；（9）子女浪费挥霍者、年老膝下无子者”[①]。委托人是信托的设立人、发起人，其重要性毋庸置疑，但在信托设立之后，委托人应当淡出甚至退出信托关系，而将信托关系交由受托人与受益人。我国《信托法》在诸多条款赋予了委托人过多介入信托的权利，导致信托更类似于委托，这也是信托法上广受诟病的地方。

受托人，是指与委托人订立信托合同而接受信托财产，并对信托财产进行管理和处分的主体。受托人同样应当是具有完全民事行为能力的自然人、法人。受托人是信托制度的核心主体，其必须对信托财产的管理和处分尽到审慎注意的义务，并且应当对受益人

---

① 马丽娟主编：《信托与租赁》，东北财经大学出版社 2012 年版，第 27 页。

尽到忠实义务，即忠诚地履行信托合同和信托目的所要求其应当尽到的义务，不从执行信托业务中谋取私利。除非信托合同约定受托人能够取得报酬，否则受托人不能从信托中获取收益，“受托人必须小心谨慎，不得在信托财产管理过程中谋取个人利益；即使是出于善意和未求个人利益也不能以此为借口进行自我交易”①。

受益人，是指基于信托合同而能够享有信托财产上的权益的主体。根据《信托法》第 43 条的规定，受益人是在信托中享有信托受益权的人，受益人可以是自然人、法人或者依法成立的其他组织。让受益人从信托财产中获益，是信托制度的目的。受益人并不要求具备完全民事行为能力，甚至可以说，任何民事主体均可成为受益人，因为受益人在信托中仅享有权利，不负担义务，而无论是无民事行为能力人还是限制民事行为能力人，其虽然无力负担义务，但均可以获取利益，所以受益人不存在行为能力上的限制，只要能够保有法律上的利益，即可成为信托上的受益人。

同时，委托人、受托人和受益人这三方主体之间可以存在重叠交叉。例如，委托人自己也可以是受益人，这种情形称为自益信托，反之则为他益信托。受托人自己也可以是受益人，但不得是同一信托的唯一受益人，即存在复数受托人的情况下，其中个别受托人可以同时具备受益人的身份，受托人之间还可以进行互相监督。否则，唯一的受托人自己也是受益人，既当运动员又当

---

① ［美］爱德华·C. 哈尔巴赫：《吉尔伯特信托法》，张雪梅译，法律出版社 2017 年版，第 211 页。

裁判员，极容易出现利益冲突。

总之，信托关系中各个当事人之间身份可以互相重合，只要符合《信托法》的规定，能够避免利益冲突即可。信托法的限制主要体现在受托人不能作为唯一受益人存在，这两种身份不能重合，否则会因缺乏监督而导致严重的利益冲突，其他的身份重合则并无明确限制。对于这一点，在"徐州L家居用品经营有限公司、Z信托有限责任公司合同纠纷"一案中体现得较为明显，在该案中，最高人民法院指出："本案中，Z公司以自有资金认购信托计划，其兼有委托人、受托人、受益人的身份。H集团为另一受益人。Z公司并非唯一受益人，故其行为并不违反《信托法》第四十三条的规定，并不属于恶意规避法律的行为，信托计划并不因此被认定无效、Z公司持有的股权并不因此而不能得到保障。"[①]

第二节 信托财产的独立性

"信托系一种以财产为中心之法律关系"[②]，信托财产是信托制度的核心，"信托不能与财产相分离"[③]。信托财产是信托行

---

① 最高人民法院（2017）最高法民终516号民事判决书。

② 杨崇森：《信托之基本观念——信托法研究之一》，载《中兴法学》第8期（1973年12月）。

③《最新不列颠法律袖珍读本：信托法》，文杰译，武汉大学出版社2003年版，第5页。

为的标的物，是受托人因信托行为而取得的、原属于委托人的财产。

我国《信托法》第14条第1款规定："受托人因承诺信托而取得的财产是信托财产。"在现代社会中，财产的范围已十分广泛，因此信托财产所包括的范围也十分广泛，"凡得以金钱计算其价值之物品或权利，均得为信托财产之客体，故动产、不动产、金钱、有价证券、债权、物权、准物权、智慧财产权等，皆得为信托财产"[①]。可以说，一切依法具有交易价值的财产权，均可以成为信托财产。美国《信托法重述》（第三版）也认为，"任何财产都可以成为信托财产是一项基本的规则"[②]。我国《信托法》第14条第2—4款还规定："受托人因信托财产的管理运用、处分或者其他情形而取得的财产，也归入信托财产。法律、行政法规禁止流通的财产，不得作为信托财产。法律、行政法规限制流通的财产，依法经有关主管部门批准后，可以作为信托财产。"

当然，对于财产权之外的人身权，"例如身份权、名誉权及姓名权等，因其性质为一身专属权，且难以论断其财产价值，故不能成为信托财产"[③]。此外，不具有独立价值的权利如股票之上的表决权等，则依法不得成为信托财产。

---

① 詹森林：《信托之基本问题——"最高法院"判决与信托法规定之分析比较》，载《律师通讯》第204期（1996年9月）。

② The American Law Institute, *Restatement of the Law*, Third, Trusts, §40 (2003).

③ 王志诚：《信托法》，五南图书出版股份有限公司2009年版，第132页。

一、信托财产的独立性概述

信托财产的独立性是信托制度的典型特征，是指在信托成立之后，信托财产便独立于委托人、受托人和受益人的财产而存在，并不受该信托的委托人、受托人及受益人的债权人追及。信托一旦成立，信托财产便不会简单地受任何一方的完全控制和处分，这与某件物品之上的自物权不同。首先，委托人在自己的财产之上设立信托之后，便不再对该财产享有所有权，即使是在宣言信托之中，委托人自己同时担任受托人，信托财产虽然仍在其名下，但此时其是基于受托人的身份而拥有信托财产，且信托财产必须与原来其所拥有的财产区分开来。其次，受托人虽然从委托人处继受取得了信托财产的所有权，在名义上成为信托财产的所有人，但是其对信托财产的权利要受到信托合同所设定的信托目的的约束。一般而言，受托人对信托财产的权利仅限于管理和处分该财产以使该财产升值的方面，对于信托财产的受益权则受到较大的限制，限制的具体内容则取决于信托合同对受托人薪酬的约定。最后，信托财产也不能被归为受益人的个人财产。受益人并不直接占有和管理信托财产，只能通过受托人对信托财产的管理而获取收益。因此，受益人对信托财产的权利仅限于被动获取收益的权利。

在最典型的信托形式中，存在委托人、受托人和受益人三方当事人，而在许多信托中，这三方当事人的法律关系虽然存在，但主体可能会发生重合。例如，在自益信托中，委托人同时也是受益人；在宣言信托中，委托人亲自出任受托人。然而无论信托法律关系中三方当事人在现实中是否会发生重合，其基于不同的主体对信托财产所取得的权限都是确定的，即委托人在信托成立之后便失去了对信托财产的权利，除非信托合同有特别约定；受托人取得对信托财产的所有权，但实质上其对信托财产的权利主要限于对信托财产依约定进行管理和处分上；受益人依照信托合同，有权从受托人处取得信托财产的收益，即受益人在实际上享有对信托财产的受益权。由此可见，信托一旦成立，信托财产便具有了一定的独立性，即“信托财产在法律上虽不具独立人格，但其实际运作却有拟人化倾向自成个体”①。

信托财产的独立性体现了信托制度浓郁的英美法特色，因为英美法上存在财产拟人化、取得一定人格性的现象，这主要是为了法律关系的简洁明了，在处理纠纷时较为方便。例如，英美法上除信托财产外，最典型的如海商法上的船舶，也具有一定的人格性特征。对于船舶，英美法系海事诉讼中存在“对物诉讼”的制度，即将船舶规定为法律关系的主体，船舶可以以自己的名义参加诉讼，权利人可以直接向船舶起诉，将船舶作为被告，将船舶所有人或管理人的责任视为船舶本身的责任，除非船主及时应诉，否则法院判决可以通过拍卖船舶来得到执行。对于具有特定目的的财产，赋予其一定的人格性，在一定情况下便于法律关系

① 方嘉麟：《信托法之理论与实务》，中国政法大学出版社2004年版，第31页。

的整理和纠纷的处理，例如在不少大陆法系国家中，破产财产也被称为破产财团，在处理破产事务时以破产财产为中心来整理法律关系，也是基于同一道理。日本学者认为："信托财产并无法主体性（法人格），但实质上也可谓以受托人为管理机关之独立财产体。"[①]《海牙信托公约》第11条明确规定了信托财产的独立性，并详细描述了信托财产独立性的具体表现：

"依前章规定之法律所创设之信托，应承认之为信托。该项承认至少意味着信托财产为一独立之资金，受托人得以受托人之资格起诉或被诉，并得以此一资格在公证人或任何公务人员面前执行职务。在信托准据法所明定之范围内，前开承认尤其应包括下列内涵：（a）受托人个人之债权人不得将信托财产作为求偿标的；（b）受托人破产时，信托财产不属于破产财产；（c）信托财产不得成为受托人或其配偶夫妻财产之一部分，亦不得作为受托人遗产之一部；（d）若受托人违反信托本旨，将信托财产与其个人资产混合或移转他人者，信托财产得予回复，但持有资产之第三人，其权利与义务，仍应由法庭地相关国际私法选法规则决定之。"[②]

---

① 日本三菱日联信托银行编著：《日本信托法制与实务》，信托业商业同业公会审订，台北金融研训院2009年出版，第48页。

② *Convention on the Law Applicable to Trusts and on Their Recognition*, Article 2, Hague Convention, 1 July 1985. 转引自许兆庆：《信托法律适用及承认公约》，台北嘉义地方法院2003年11月初次印行，第376—377页。

由于信托成立之后，信托财产在形式上便归入受托人名下，因此信托财产的独立性最主要的就是要对受托人的自有财产保持独立。我国《信托法》第16条规定："信托财产与属于受托人所有的财产（以下简称固有财产）相区别，不得归入受托人的固有财产或者成为固有财产的一部分。受托人死亡或者依法解散、被依法撤销、被宣告破产而终止，信托财产不属于其遗产或者清算财产。"因此，信托成立之后，受托人便应当将信托财产与其自由财产区分开来，分别管理，以免造成混乱。在受托人占有和管理信托财产的过程中，即使信托财产会"因受托人之经营、管理而有所收益、取得，仍属于信托财产，并不因夹杂受托人之努力而使其一部分归属于受托人"[①]。信托财产所生之孳息，仍然应当归入信托财产之内，而不能成为受托人的自有财产。在现实中，信托财产的独立性主要体现在其不能与受托人的其他财产权利发生混同、不能与非属于信托财产所生的债权相抵销、不属于受托人的遗产范围、不被受托人的债权人强制执行、不属于受托人的破产财产五个方面。例如，原银监会制定的《信托公司集合资金信托计划管理办法》第3条就规定："信托计划财产独立于信托公司的固有财产，信托公司不得将信托计划财产归入其固有财产；信托公司因信托计划财产的管理、运用或者其他情形而取得的财

① 朱柏松：《论受托人违反信托本旨处分信托财产之效力》，载《月旦法学》第82期（2002年3月）。

产和收益，归入信托计划财产；信托公司因依法解散、被依法撤销或者被依法宣告破产等原因进行清算的，信托计划财产不属于其清算财产。”

二、混同的限制

为防止发生信托财产与受托人自己固有财产的混同，一般都要求受托人对于信托财产进行分别管理。例如，我国《信托法》第 29 条规定：“受托人必须将信托财产与其固有财产分别管理、分别记帐，并将不同委托人的信托财产分别管理、分别记帐。”这就是为了避免发生财产的混同，导致无法区分信托财产与受托人固有财产，进而损害受益人的权益。

此外，以对标的物的支配范围为标准，物权可以分为所有权和定限物权两类，前者是对标的物全面、永久的支配，又称为完全物权、自物权；后者则仅对标的物享有部分的支配权，又称为限制物权，一般是在他人之物上成立的物权，因此也称他物权，在范围上，“所有权以外之物权，即地上权、永佃权、地役权、典权、抵押权、质权和留置权均属之”[①]。由于自物权与他物权本属于不同的权利主体所享有，因此当不同的权利主体因为权利的变动而合而为一时，他人之物就成为自己之物，此时自物权与他物权一般也就随着主体的重合而发生混同，不再有之前的区分。

① 谢在全:《民法物权论》(上)(修订二版)，台北 2003 年自版，第 72 页。

委托人设立信托的财产，也可能是所有权以外的权利。例如，在自己的不动产之上设立用益物权，那么此时受托人便是此种他物权的名义所有人，随后受托人也可能因买卖或继承等原因而取得该标的物的所有权，如此则受托人同时为该标的物的所有权人和该标的物上他物权的权利人。按照民法理论，受托人此时所享有的标的物上的权利发生混同而不再有所区分，他物权随之消灭。但是，信托财产的独立性则限制了此种混同的发生。例如，我国台湾地区“信托法”第 14 条规定，信托财产为所有权以外之权利时，受托人虽取得该权利标的之财产权，其权利亦不因混同而消灭。之所以限制混同的发生，是因为受托人必须区分信托财产与其自有财产，“信托财产与受托人的固有财产及其他信托财产，其彼此的实质归属主体实不相同，受托人虽为形式上的权利主体，但实质上仅于信托目的范围内为受益人的利益而保有该信托财产”[①]。因此，在以某物的他物权作为信托财产的信托法律关系中，即便受托人后来取得了该物的所有权，其仍然有义务为受托人的利益而继续保有该物之上的他物权，不得将他物权与所有权混同，否则，受益人的受益权将失去所依附的基础，从而使受益人的权利受损。

三、抵销的禁止

根据债法的一般理论，当已届清偿期的债权与债务同归一人

① 王志诚：《信托法》，五南图书出版股份有限公司 2009 年版，第 157 页。

时，债权与债务便可发生抵销，因为此时债权行使与债务履行的利益都归属于同一人，没有必要再进行债务的履行程序，因此应直接将债权与债务进行抵销而使债的关系消灭。受托人既需要对信托财产进行管理和运用以使之增值，也需要对自己固有的财产进行使用和处分，因此受托人对这两类财产的管理都可能发生债权债务关系，而且可能会由第三人同时取得这两类财产上所生的债权债务。例如，受托人将作为信托财产的房屋出租给第三人，因此取得对第三人的债权；不久受托人又因为购买了该第三人的商品而负有债务，此时该第三人同时既对受托人负担债务又对受托人享有债权。

但是，信托财产的独立性不允许受托人将信托财产所生的债权与其自有财产以及其他财产所生的债务进行抵销。我国《信托法》第18条规定："受托人管理运用、处分信托财产所产生的债权，不得与其固有财产产生的债务相抵销。受托人管理运用、处分不同委托人的信托财产所产生的债权债务，不得相互抵销。"我国台湾地区"信托法"第13条也规定，属于信托财产之债权与不属于该信托财产之债务不得互相抵销。因为信托财产之上所生的债权虽然在名义上属于受托人，但在实质上属于受益人，如果允许受托人进行抵销，则无异于使用信托财产为自己偿债，这便违反了受托人的忠实义务，构成了对受益人权利的侵害，所以为法律所禁止。同样，将不同信托关系的信托财产上所产生的债权债务关系进行抵销，也难免会损害某一信托关系中受益人的权利，因此也应禁止。

当然，如果都是因信托财产而产生的债权和债务由第三人取得时，受托人可以向该第三人主张抵销，因此此时进行的抵销属于对信托财产的管理和处分，与受托人对自有财产的利益并不冲突。

四、继承的禁止

虽然信托财产在名义上归受托人所有，但其是为实现信托目的而存在的财产，其利益归属于受益人，因此信托财产不同于受托人的自有财产。因此，在受托人死亡时，信托财产不能被列入受托人的遗产范围而进行继承，否则，信托财产将变成受托人的自有财产而归于消灭，受益人的权利将从此落空。当受托人死亡时，其受托职责依法终止。为了不使信托事务的处理任务中断，此时根据我国《信托法》第40条的规定，应当依照信托文件规定选任新受托人，信托文件未规定的，由委托人选任；委托人不指定或者无能力指定的，由受益人选任；受益人为无民事行为能力人或者限制民事行为能力人的，依法由其监护人代行选任。

遗产的排除这一规则不仅对受托人有效，对于委托人和受益人同样有效。因为委托人自信托设立之后便不再是信托财产的所有权人，而且必须将信托财产转让给受托人，因此在委托人死亡时，信托财产也不能再归入其遗产范围之内。至于受益人，一般情况下其对信托财产并不享有所有权，而只是享有从信托财产中取得收益的权利，因此当受益人死亡时，其尚未领取的收益自然可以进行继承，但信托财产本身是否归其所有，则要看信托合同的具体约定。

五、债权人强制执行的限制

信托一旦成立，信托财产即不再属于委托人所有，同时虽在名义上归受托人所有，但实质上又与受托人的自有财产之间保持独立性。因此，受托人的债权人不得对信托财产主张强制执行。由于信托财产已经不再属于委托人的财产，所以委托人的债权人同样不得主张对信托财产的强制执行。对于受益人而言，在信托存续过程中，其只能取得信托受益权，而不能取得信托财产的所有权。因此，"受益人之债权人虽可对信托受益权为强制执行，但不得对信托财产本身强制执行"[①]。例如，在"广州农村商业银行股份有限公司、渤海国际信托股份有限公司合同纠纷"一案中，最高人民法院就指出："信托财产在信托存续期间独立于委托人、受托人、受益人各自的固有财产。当事人因其与委托人、受托人或者受益人之间的纠纷申请对存管银行或者信托公司专门账户中的信托资金采取保全措施的，除符合信托法第十七条规定的情形外，人民法院不应当准许。"[②]

我国《信托法》第 17 条规定："除因下列情形之一外，对信托

---

① 日本三菱日联信托银行编著：《日本信托法制与实务》，信托业商业同业公会审订，台北金融研训院 2009 年出版，第 49 页。

② 最高人民法院（2019）最高法执复 88 号执行裁定书。

财产不得强制执行：（一）设立信托前债权人已对该信托财产享有优先受偿的权利，并依法行使该权利的；（二）受托人处理信托事务所产生债务，债权人要求清偿该债务的；（三）信托财产本身应担负的税款；（四）法律规定的其他情形。对于违反前款规定而强制执行信托财产，委托人、受托人或者受益人有权向人民法院提出异议。”根据该条规定，相关债权人只有在下列几种情况以及法律另有规定时才能主张对信托财产进行强制执行。

（一）债权在信托成立之前便已产生

信托成立之前，信托财产尚未从委托人的财产中独立出来，因此委托人有权在其财产之上设立各种权利，例如在某件财产之上为债权人设立抵押权，之后委托人将该件财产作为信托财产而设立信托。按照权利成立的先后顺序，该抵押权到期后，债权人自然有权对该财产主张优先受偿的权利，此时受托人必须承受信托财产之上的权利负担，在此情况下债权人得对信托财产提出强制执行的主张。

（二）因处理信托事务而发生的债权

在信托成立之后，受托人需要根据信托合同的约定按照信托目的来管理和处分信托财产，在此过程中，需要与第三人发生债权债务关系，而这皆属于受托人履行其受托义务，因处理信托事务而发生的债权，受托人有权运用信托财产及其收益来偿还。因此，受托人因处理信托事务而对第三人负有债务时，该第三人在其债权不能受偿时有权对信托财产提出强制执行的主张。

（三）债权为国家税收债权

税收是国家财政收入的重要来源，税收债权的权利人是国家，"从其性质和用途上看，税收为国家行使管理职能所必需，具有公益性"[①]。国家税收债权有其特殊性，在破产债权中处于较为优先的顺位。如果受托人欠缴国家税务机关针对信托财产而收取的税款，那么在税收债权到期不能实现时，国家税务机关有权对信托财产进行强制执行以确保国家税收债权实现。

六、破产的隔离

当受托人破产时，其所拥有的一切财产均应列入破产财产之中以供各债权人受偿。但信托财产虽然名义上归受托人所有，实质上却是为实现信托目的而存在，其利益归属于受益人，具有独立性，因此在受托人破产时，信托财产享有破产隔离的保障，免于被列入受托人的财产而作为破产财产分配。我国《企业破产法》第38条规定："人民法院受理破产申请后，债务人占有的不属于债务人的财产，该财产的权利人可以通过管理人取回。但是，本法另有规定的除外。"根据《信托法》第16条的规定，受托人死亡或者依法解散、被依法撤销、被宣告破产而终止，信托财产不属于其遗产或者清算财产。

---

① 参见李永军：《破产法律制度》，中国法制出版社2000年版，第176页。

当受托人被宣告破产时，其依法终止受托职责，清算人应当妥善保管信托财产，此时如果信托目的仍未实现的，应当依照信托文件或法律的规定而重新选任受托人以继续履行信托职责。

第三节　信托目的的合法性判断

符合法律和公序良俗，是我国民事法律的基本原则。我国《民法典》第 8 条规定："民事主体从事民事活动，不得违反法律，不得违背公序良俗。"《民法典》在多个条文中规定了公序良俗条款，可见公序良俗原则事实上已经成为具有法律约束力的原则，绝非简单的道德原则，也可以说，公序良俗实质上已成为法律的一部分。因此，符合公序良俗原则也属于合法的一种表现形式。

作为民事法律行为的一种，信托在设立时也必须符合法律和公序良俗的要求，这集中体现在信托目的必须合法。对此，我国《信托法》也做出了具体规定，例如，该法第 5 条规定："信托当事人进行信托活动，必须遵守法律、行政法规，遵循自愿、公平和诚实信用原则，不得损害国家利益和社会公共利益。"在信托目的上，《信托法》第 6 条更是明确规定："设立信托，必须有合法的信托目的。"因此，无论何种类型的信托，其设立的目的必须合法，而如前所述，合法同时也应当包括符合公序良俗原则。因此，对于信托目的的判断，必须既符合法律和行政法规的规定，又符合公序良俗原则。

首先，信托目的符合法律和行政法规的规定，是指设立信托所欲达成的目的不得违反法律和行政法规的规定，具体而言，是不得与法律、行政法规的强制性规定相违背、相冲突。例如，《信托法》第 11 条规定，“专以诉讼或者讨债为目的”而设立的信托无效。那么，如果当事人设立信托是为了诉讼或者讨债，则该信托因其设立目的违反了法律的强制性规定而无效。在理解这一规定时，应当注意该条立法中“专以”的限制，即信托的成立以诉讼或者讨债为唯一目的，才会导致无效，如果信托还具有其他合理目的的，则信托并不因包含诉讼或讨债的目的而无效。例如，在“东莞市凤岗 D 酒店与中国音像著作权集体管理协会、邓某著作权权属、侵权纠纷”一案中，上诉方 D 酒店就认为，《音乐著作权授权合同》是以诉讼目的而制作，违反《信托法》，部分内容无效，但二审法院则指出，“根据合同约定，音著协对北京 H 音乐有限公司的权利管理包括同音像节目的使用者商谈使用条件并发放使用许可，征集使用情况，向使用者收取使用费，根据使用情况向乙方分配使用费等，并非如 D 酒店所述仅为诉讼目的而制作，对于 D 酒店该项主张，本院不予支持。”[①] 又如，《民法典》第 154 条规定：“行为人与相对人恶意串通，损害他人合法权益的民事法律行为无效。”因此，委托人与受托人或者受益人恶意串通而设立信托，以图逃避债务、损害债权人合法权益的，则该信托无效。

---

① 东莞市中级人民法院（2014）东中法知民终字第 179 号民事判决书。

此外，信托目的必须符合公序良俗，是指信托设立的目的不得违背公共秩序和善良风俗。在现代社会，法治昌明，对于公共秩序的维护，往往已经纳入了法律法规的强制性规定之中，对于一些重要的善良风俗，同样会伴随着相关法律法规的保护。但不可否认，仍然存在一些尚未被法律法规进行规定或者未被明确规定的公序良俗类型的存在。因此，强调信托目的必须符合公序良俗原则，能够在法律法规不够明确或者存在模糊地带时赋予法官以法律适用的大前提，节省找法的成本，自有其必要性。

还需要注意的是，在现代社会对于公序良俗的理解，不能仅限于婚姻家庭关系中的习俗和价值判断，而应包括广泛的国家安全、金融稳定、社会公共利益等宏观价值层面。例如，在“福建W投资有限公司、福州T实业有限公司营业信托纠纷”一案中，当事人通过签订《信托持股协议》而代持保险公司股权，最高人民法院认为这一《信托持股协议》无效，因为原中国保险监督管理委员会制定的《保险公司股权管理办法》第8条明确规定“任何单位或者个人不得委托他人或者接受他人委托持有保险公司的股权”，虽然原保监会的规章并非法律法规，但亦是依据《保险法》的授权而制定，符合《保险法》的立法目的，是为了维护金融秩序和社会稳定。因此，当事人之间的《信托持股协议》属于“违反中国保险监督管理委员会《保险公司股权管理办法》有关禁止代持保险公司股权规定的行为，在一定程度上具有与直接违反《中华人民共和国保险法》等法律、行政法规一样的法律后果，同时还将出现破坏国家金融管理秩序、损害包括众多保险法律关系主体在内的社会公共利益的危害后果"[①]。此后在最高人民法院印发的《全国法院民商事审判工作会议纪要》（法〔2019〕254 号）中，就明确将公序良俗的适用范围扩大到对金融安全、市场秩序、国家宏观政策等方面，允许法官在法律缺少相应的明确规定时，"在考察规范对象基础上，兼顾监管强度、交易安全保护以及社会影响等方面进行慎重考量"的基础上，以保护公序良俗为出发点，判定相关合同的效力。

实践中，不合法的信托目的主要是体现为对债权人的欺诈以逃避债务，以及对他人人身权益的不当限制，或者其他一些违背社会主流价值观的做法。例如，设立信托以限制他人的恋爱自由或婚姻自由，将他人保持单身不结婚作为获得信托受益权的条件；或者设立信托以鼓励他人离婚。[②]此外，不合法的信托目的还包括一些对宗教自由的限制、对家庭关系的不当干涉等情形。

信托目的不合法，属于民事法律行为的不合法，在法律效果上将导致行为无效。《民法典》第 153 条规定："违反法律、行政法规的强制性规定的民事法律行为无效。但是，该强制性规定不导致该民事法律行为无效的除外。违背公序良俗的民事法律行为无效。"《信托法》第 11 条也明确规定，"信托目的违反法律、行政法规或者损害社会公共利益"时，信托无效。因此，当信托目的不合法时，

---

① 最高人民法院（2017）最高法民终 529 号民事裁定书。

② 参见［美］爱德华·C. 哈尔巴赫：《吉尔伯特信托法》，张雪梅译，法律出版社 2017 年版，第 72 页。

设立信托的行为无效，信托不能成立。无效的民事法律行为自始不具有法律约束力，当事人如果受领财产的，应当返还不当得利，如果造成其他损失的，还应当承担相应的赔偿责任。《民法典》第157条规定："民事法律行为无效、被撤销或者确定不发生效力后，行为人因该行为取得的财产，应当予以返还；不能返还或者没有必要返还的，应当折价补偿。有过错的一方应当赔偿对方由此所受到的损失；各方都有过错的，应当各自承担相应的责任。法律另有规定的，依照其规定。"

05 第五章　信托登记原理论

CHAPTER

第一节　信托登记的概念

信托登记属于财产权登记的一种，是指委托人在可登记财产之上为受益人的利益而设立信托并将信托财产移转或设定给受托人时，将此种权利变动状况在有权机关进行登记以进行公示的行为。

信托登记主要是针对可登记的财产而言，传统的财产法上，可登记财产仅限于不动产，对于动产和权利则缺乏有效的登记方式。因此，不动产权利的设立、变更、转让、消灭采用登记的方式，而动产权利的设立、变更、转让、消灭，则只需进行交付以移转占有即可。但在现代社会，这一现象已经发生了改变，越来越多的动产和权利也开始以登记作为公示方法，这一方面是因为，一些动产和权利在现代社会的价值越来越大，如股权、应收账款等；另一方面是因为，随着科学技术的发展，对动产和权利的变动状况进行登记的技术越来越成熟，使之具有了可行性，例如对车辆进行定位，对大型家养牲畜安装电子标签，对应收账款在电子系统中进行记载，如此等等。这些发展和变化也导致信托登记成为信托财产主要的公示方式。

信托登记主要是为了保护受益人和第三人的权益，因为信托财产需要从委托人移转到受托人，但这一过程又不是简单的移转财产权的买卖合同关系，而是需要满足信托目的、符合信托合同约定的信托法律关系，如果不将这一财产变动的情况对外公示，则缺乏对交易第三人的提示和警示作用，也无法有效保护受益人的权益。因此，有必要进行信托登记，“将有关财产已设立信托的事实以及法律关系向社会进行公示，告知第三人受托人对信托财产的权限范围，从而明确该财产的独立性，保护信托受益人和第三人的合法权利”①。

大陆法系的物权法向来重视不动产权利的登记，而发轫于英美法系的信托制度，因为其源于衡平法对受益人权利的特殊保护，故对于登记制度的依赖性较小，这导致信托登记的重要性在两大法系呈现出不同的表现形式。

在大陆法系国家，公示是财产权取得对世效力所必须的条件，因而较为重视信托的登记，不少国家都建立了信托登记制度。但在英美法系国家的信托法上并没有独立的信托登记制度，“在英国模式的信托制度中并没有任何形式的登记条款，不管是土地登记还是其他登记（如股票登记）；相反，这是被明确禁止的。我们还知道，在非普通法国家的信托制度中，登记的形式则是必须的”②。

英美法系国家的信托法往往是通过要求受托人对信托财产做

---

① 徐刚：《信托登记制度研究》，法律出版社 2018 年版，第 16 页。

② Maurizio Lupoi, *Trusts: A Comparative Study*, Cambridge University Press, 2000; translated by Simon Dix, p.356.

出标记来区分信托财产与其自有财产，同时要求受托人在与第三人进行有关信托财产交易时必须履行说明告知义务（当然，在存在秘密信托的情况下，受托人并不主动说明信托关系的内容），并赋予第三人可以善意取得信托财产的权利，通过这些制度的建构，英美信托法实现了对信托财产独立性的维护以及交易安全的保护。当然，在英美法系中，英国法“由于历史的原因，登记公示不是信托的要件，因为信托属于衡平法，而登记制度属于普通法。英国 1985 年《公司法》第 360 条甚至禁止在股权登记中记载信托事项”[①]。事实上，由于历史发展的固有特色，英国衡平法上的信托更侧重于保护受益人，而非交易中的第三人。相对而言，更为年轻的美国信托法制则较为重视信托的公示。

总体而言，在英美法系国家里，信托制度早在现代财产登记制度之前就已经发展起来，而且随后“衡平法发展了其他制度或规则来解决现代财产登记制度需要解决的问题。例如，衡平法确立了善意购买人和衡平法知情原则，来解决购买信托财产的第三人与信托受益人之间可能产生的权益争议”[②]。

在美国信托法中，受托人不得将信托财产与自有财产混同。因此，受托人一般都负有在信托财产之上作出标记（earmark）

---

① 王涌：《论信托法与物权法的关系——信托法在民法法系中的问题》，载《北京大学学报（哲学社会科学版）》2008 年第 6 期。

② 何宝玉：《信托登记：现实困境与理想选择》，载刘俊海主编：《中国资本市场法治评论》（第 2 卷），法律出版社 2009 年版，第 152 页。

以向外界告示其属于信托财产的义务，因为“如果信托财产没有作出标记，则受托人可能在事后声称营利的投资是来自其自有财产的，而亏损的投资是来自信托财产的”[①]。那么对于法律设有相关登记制度的信托财产而言，对其作出标记就是要进行登记，如不动产的信托。对于法律未设立登记制度的信托财产，在可能的情况下受托人应通过银行、经纪公司、过户代理机构等相对中立的第三方机构来做出记录。当然，“实践中并不是所有的信托财产都适合进行标记，例如要想将私人有形财产和不记名债券的信托财产收益反映在第三方机构托管的记录上是难以实现的。因此无法对这些财产进行独立登记。但是，受托人不得将信托财产与其自有财产相混同的义务仍然是绝对的、无条件的”[②]。同时，英美信托法在一般的信托关系中，均要求受托人在从事交易时对交易相对人负有说明告知义务，表明其处于受托人的地位而从事交易，这样第三人就能够知悉信托财产之上信托法律关系的存在。如果信托财产未进行标记，受托人在交易时又不履行说明告知义务，那么第三人在不知情时便可以对信托财产主张善意取得。

---

① Jesse Dukeminier & Stanley M. Johanson, Wills, *Trusts and Estates*（*6th Edition*），中信出版社 2003 年影印版，p.920.

② National Conference of Commissioners on Uniform State Laws, *Uniform Trust Code*（With Prefatory Note And Comments）（Last Revised or Amended in 2005），comment of section 810.

第二节　公示原则与信托制度

一、公示原则概述

根据权利的效力范围，民事主体的权利可以分为对世权与对人权，前者是指得以普遍对抗社会一般人的权利，因此也被称为绝对权；后者是指仅能对抗特定人的权利，因此也被称为相对权。“物权、人格权、无体财产权等是前者的主要代表，债权则是后者的主要代表。”[①]民法调整的是平等主体之间的人身和财产关系，因此权利也具有社会性，是法律对人与人之间的一种利益安排和调整，“所有的私权，归根结底，可以说都是为社会共同生活而存在的”[②]。对世权在效力上能够对抗不特定的人，社会一般人都对对世权的权利主体负有不作为的义务；而对人权由于其效力上仅能对抗特定人，故只有特定人才对对人权的权利主体负有作为或不作为的义务，因此对世权的社会性较对人权的社会性更强，其权利的产生、行使、变更和消灭都可能对不特定的他人产生影响。

由于对世权对社会不特定人都课以不作为的义务，要求他人

---

① ［日］四宫和夫：《日本民法总则》，唐晖、钱孟珊译，朱柏松校订，五南图书出版有限公司 1995 年版，第 34 页。

② ［日］我妻荣：《新订民法总则》，于敏译，中国法制出版社 2008 年版，第 30 页。

尊重该权利。因此，对世权必须将权利的产生、行使、变更和消灭等状况随时公之于外、告知不特定人，否则他人在完全不知情的情况下侵犯了权利人的权利并需承担侵权责任，有违法律的公平和正义。因此，对世权必须进行公示才能发生一定的法律效果，这便是公示原则。就对世权中的物权而言，其同样必须进行公示。“法律就是以这些生活经验为其规范基础，当然对其也有所变化，并予以类型化。”[①] 人们根据动产和不动产的区别，在对物权的公示方法进行类型化之后，将物权的公示方法归纳为：动产的公示方法为占有，不动产的公示方法为登记。因此，根据公示原则，“物权之变动如未能依此一定之公示方法，表现其变动之物权内容，则物权变动之一定法律效果即无从发生。可见公示方法有使物权变动发生一定之法律上效果，此种法律上之效果即为公示力”[②]。我国《民法典》第 208 条规定：“不动产物权的设立、变更、转让和消灭，应当依照法律规定登记。动产物权的设立和转让，应当依照法律规定交付。”除不动产外，一些特殊的动产如船舶、航空器、机动车以及记名股票、债券等种类物，由于其流动性较强、权利变动较为频繁，因此法律对于这些动产也以登记作为公示方法。

当物权进行公示之后，人们便可以通过登记簿的记载内容或

---

① ［德］鲍尔、施蒂尔纳：《德国物权法》（上册），张双根译，法律出版社 2004 年版，第 61 页。

② 谢在全：《民法物权论（上）》（修订二版），台北 2003 年自版，第 82 页。

者动产的占有状况而得知物权的权利内容，进而对物权人负担不作为的义务，不侵害他人的物权，而且可以通过物权的公示内容推定物权的权利人以及权利的内容并与之发生交易，即便最后有证据表明公示的内容与真实权利状况不符，已支付对价且不知情的第三人仍然能够主张交易继续有效并取得物权。因此，对世权的强大效力必然要求其进行公示，以维持在社会整体上对世权权利人与不特定第三人之间的权利义务关系的平衡。

二、信托公示的方法

如前所述，信托财产是信托制度的核心，整个信托法律关系就是围绕信托财产的管理、处分和受益展开的，而一切财产权都能够成为信托财产，其中最常见的便是具有对世性效力的财产权，如动产、不动产、知识产权等物权。信托制度原本是民事主体进行财产管理、遗产安排等事项的产物，主要关乎私益，无需昭之于众，所以英美法上有所谓秘密信托类型的存在。如果信托财产是债权，那么委托人在设立信托时只需履行债权转让的程序如交付凭证、通知债务人等，受托人便可要求债务人按照约定履行债务，再将实现债权所得利益交付给受益人即可，如此所涉及的主体范围便限定于特定几方当事人之间，与社会大众无涉。

但如果信托财产是物权或知识产权等权利，则因为这些财产权的对世性，使得信托财产也具有强大的对世效力，即“它不仅在对人方面有对抗受托人的强制力，而且在对世方面有对抗全世界的强制力，除非一个善意的购买者不注意而购买了财产”[①]。此时，信托财产之上有关权利的得丧变更都必须向社会大众进行公示，委托人在设立信托时首先需要将信托财产转让或设定给受托人，受托人虽然在名义上成为财产权的所有人，但实质上其权限受到信托目的的限制，而信托制度中又需要受托人对信托财产进行相关的处分，所以还必须将信托财产之上的信托法律关系进行公示。因此，以应登记注册的财产权作为信托财产，就必须进行信托的公示。

信托财产的种类不同，其对应具体的公示方法也不同。我国《信托法》只规定了对应登记的财产应适用登记的公示方法，对于其他财产则未明确规定信托的公示方法。《信托法》第 10 条第 1 款规定：“设立信托，对于信托财产，有关法律、行政法规规定应当办理登记手续的，应当依法办理信托登记。”这一规定实际上将信托财产的公示方式交由其他法律法规进行规定，或者直接转致适用其他法的规定，而未在《信托法》内做出规定。

根据域外立法经验，信托公示的方法根据信托财产的主要类别可分为如下三种：

第一，以应登记的财产权为信托财产的，其公示方法为信托登记。应登记的财产权既包括以登记作为生效要件的财产权，如建设用地使用权、房屋所有权等；也包括以登记作为对抗要件的财

① 《最新不列颠法律袖珍读本：信托法》，文杰译，武汉大学出版社 2003 年版，第 7 页。

产权，如船舶、航空器、机动车辆等动产；还包括商标权、专利权等需要登记的知识产权。对于这些需要登记的财产权，信托公示的方法同样是进行登记。因此，“如系以此等应登记或注册始生效或发生对抗效力的财产权设立信托时，其不仅应践行登记或注册的手续，使该处分行为生效或发生对抗效力，同时尚必须践行信托登记的程序”[①]。

第二，以有价证券为信托财产的，其公示方法为在有价证券上载明其为信托财产。有价证券是表彰财产权益的证券，证券就直接代表财产权利，其权利的行使和转移不能与证券的占有相分离。有价证券包括股票、公司债、国债、汇票、本票、支票、仓单、提单等。“关于有价证券之信托，应依委托人或受托人之请求，由发行人、公证人或发行银行为信托之标记，发行人、公证人或发行银行接到该请求时，须于证券上记载其为信托财产，附记年月日并签名盖章。”[②]其中，以股票和公司债券为信托财产的，还必须将信托关系在公司股票名册或公司债券存根上作出记载，才能对公司主张该股票或公司债券之上信托法律关系的存在。另外，对于营业信托而言，由于其以信托为业，每日都需要处理大量有价证券的买卖业务，在每张证券上作出信托关系的记载在实践中是很难实现的，信托业负有区分自有财产与信托财产的义务，并受

① 王志诚：《信托法》，五南图书出版股份有限公司2009年版，第121页。

② 潘秀菊：《信托法之实用权益》，台北永然文化出版股份有限公司1996年版，第181页。

到主管机关的监督，因此信托业可以简化有价证券的公示方法：只要在对属于信托财产的有价证券进行交易时，对外明确表示该有价证券属于信托财产，即可对抗第三人，无需在有价证券上逐张进行记载。此种简化的公示方法应仅对营业信托放开适用，“之所以仅限于营业信托，其理由为运用有价证券之信托大多存在着大量的买卖，以及对于第三人而言较容易预测信托银行所持有的有价证券为信托财产之故”①。

第三，以其他财产权为信托财产的，则无有效的信托公示方法。除了前两类财产权以外，以其他的财产权作为信托财产的，实在“无从为公示”②。例如，以金钱或普通动产设立信托，第三人从外观上只能看到受托人占有该金钱或动产，而难以知道该财产权之上存在信托法律关系。因此，对于此类财产权，难以进行有效的信托公示，而只能赋予信托关系当事人对抗非善意第三人的权利，即虽无有效公示方式，但第三人通过某种方式知道、应当知道或因重大过失才不知道该财产权之上的信托关系及受托人的权限范围的，那么当受托人超越权限处分该财产权时，受益人便可行使撤销权，向非善意第三人追回信托财产。

当然，进入21世纪之后，伴随着信息化的进一步发展和互联网运用的进一步普及，在动产和权利之上进行登记在技术上也开

---

① 日本三菱日联信托银行编著：《日本信托法制与实务》，信托业商业同业公会审订，台北金融研训院2009年出版，第62页。

② 陈春山：《信托法关系之设定——信托法草案之规范》，载《万国法律》第82期（1995年8月）。

始具有了可行性。伴随着《民法典》的编纂过程和营商环境的进一步优化，我国更加重视动产和权利担保的运用，并自 2021 年 1 月 1 日起在全国范围内实施动产和权利担保的统一登记。如果这一登记系统能够行之有效，则未来同样可以实现动产和权利的信托登记，通过科技的发展来解决这一法律难题。

在现代社会，“信托财产通常都是特定化资产如土地或股票的产权”[①]。从历史上看，用以设立信托的财产大部分都是需要登记的财产权，尤其是不动产和一些以登记为公示方法的特殊动产及应登记注册的财产权，原因是动产本身具有容易磨损、丢失等特性，而且对于动产的利用通常只能通过转让进行，而一次转让之后便会失去对动产的所有权，因此以动产作为信托财产会影响信托的存续期限，使得信托只能在短期内存续，这样就不能最大限度地发挥信托制度管理财产、增加财富的功能。相比较而言，不动产不易受损，登记的公示方法也使得权利不宜被侵害，而且不动产之上可以设立多种用益物权和担保物权，并可进行租赁，利用的方式多种多样，容易达到财产增值的目的，所以以不动产设立信托能够长期发挥对信托财产的管理功能，使得受益人能够长久受益。“由于动产固有的‘可移动性’，致使（动产的移转或取得）不可能进行快速而有效的公告（公示）；不过，对这一说法，也应当立

---

① Graham Moffat with Gerard Bean and John Dewar and Marina Milner, *Trusts law: text and materials* (*3rd Edition*), LexisNexis Butterworths, 2002, p.97.

即做些调整，因为有一些动产的移转也必须进行公告（公示）。”[①] 这些需要登记的动产如船舶、飞行器、机动车辆等因其价值巨大而在现代社会中日渐成为人们财富的重要组成部分，而且利用方式较一般动产为多，容易增值或升值，因此也易于在其之上设立信托。对于这一类需要注册登记的动产，在设立信托时自然也需要进行信托登记。

此外，一些需要登记的财产权如商标专用权、专利权等，在现代社会中的价值越来越大，运用越来越广泛，人们也经常运用这些财产权作为信托财产而设立信托。在日本信托法上，凡是以应登记和应注册的财产权作为信托财产，都必须以登记作为公示方法，涵盖面非常广泛。[②] 我国已经建立了较为成熟的应收账款登记系统，全国范围内的应收账款均可进行登记公示。此外，我国市场监督管理总局 2019 年 3 月制定的《动产抵押登记办法》更是将生产设备、原材料、半成品、产品均纳入抵押登记的范围，这也说明动产之上进行信托登记也具有可行性。国务院 2020 年 12 月发布的《关于实施动产和权利担保统一登记的决定》则进一步

---

① ［法］弗朗索瓦·泰雷、菲利普·泰勒尔：《法国财产法》（上），罗结珍译，中国法制出版社 2008 年版，第 490 页。

② 在日本法上，“所谓应登记之财产权，如所有权、地上权、永佃权、地役权、优先取得权、质权、抵押权、租赁权、买回权等不动产上的权利、船舶上的权利、建设机械上的权利这种设有登记制度的财产权。而所谓应注册的财产权，是指如著作权、专利权、图案设计权、实用新型专利权、商标权、矿业权、渔业权、注册国债、注册公司债等设有注册制度的财产权”。参见［日］中野正俊：《信托法判例研究》，张军建译，中国方正出版社 2006 年版，第 71 页。

扩大了动产和权利担保登记的范围，并要求自2021年1月1日起，在全国范围内实施动产和权利担保的统一登记，这一统一登记系统未来完全可以推广扩大到动产和权利的信托登记之上。因此，在信托的公示方法中，最重要的便是登记的方法。

由此可见，公示原则与信托制度具有密切的联系。如果以不动产或者需要登记的动产来作为信托财产设立信托，受托人名义上成为具有对世效力的财产权的所有人，但实际上服从于信托目的，为了受益人的利益而管理和处分信托财产，此种复杂的法律关系只有进行相应的公示才能为交易第三人所知晓，否则难以限制受托人的越权处分行为，受益人的利益将失去保障。如果当事人在设立信托时未进行相应的公示，那么第三人对于信托法律关系则难以知晓，信托制度便会因为信托财产法律地位的不稳定而容易受到破坏。例如，委托人在将不动产作为信托财产设立信托时，虽然将该不动产转让给了受托人并进行了所有权变更登记，但并未同时办理信托登记，在受托人超越信托权限处分该不动产时，第三人根据不动产登记簿的内容并不能知晓该受托人的法律地位及其对信托财产的处分权限，此时根据公示原则所赋予不动产登记的公信力，第三人在支付对价之后便可取得该信托财产的所有权，如此信托目的将难以实现、受益人的权利也会受到侵害。所以委托人在设立信托时，除了要进行财产权利移转或设定的公示之外，还应当进行信托的公示，将财产权之上的信托法律关系公开，使不特定第三人能够根据信托公示的内容得知财产之上的信托法律关系，从而信赖公示的内容而进行交易，只有这样才能保护信托受益人的权利和维护交易的秩序。

第三节 信托登记的功能

在信托成立之后，委托人将财产所有权移转给了受托人或为受托人设定了他项权利，受托人在法律上成为信托财产的所有人，但这种所有人只是名义上的，实质上，受托人必须将信托财产与其自有财产区分开来，分别管理和处分，按照信托合同的约定对信托财产的管理负忠实义务和注意义务，并应当按照约定将信托财产的收益交付给信托受益人。因此，信托财产虽然在形式上划归受托人所有，但是“此种‘名不符实’的财产型态，有使具有利害关系的第三人知悉财产权的真正归属及名义上所有人权限范围的必要，避免因高估受托人的偿债能力而受损失，因此，实在有创设信托公示制度的必要性”[①]。而在信托的公示方法中，最重要的便是登记的方法。信托登记在信托制度中具有如下功能。

一、确保信托财产的独立性

信托财产的独立性是信托制度的核心要素，也是信托制度的一大特点，因此确保信托财产的独立性便至关重要。信托制度中，

---

① 曾邑伦：《信托公示之研究》，台北中正大学法律学研究所2006年硕士学位论文。

"最独特者，就是将一笔'集体财产'（即'信托财产'）独立切割出来，一方面将其纳入适当的经营管理机制，另一方面又将其作为清偿特定债务的专属资产"[①]。在信托当事人之间，可以通过信托合同来约定受托人对信托财产的管理和处分权限。但是，仅通过信托文件的约定仍难以在当事人之间确保信托财产的独立性，因为信托成立之后受托人便成为信托财产的所有权人，如果不进行信托登记，那么当受托人将信托财产做出超越其处分权限的交易时，则信托财产将被交易相对人取得。如在宣言信托中，委托人与受托人的身份发生重合，在信托成立之后，信托财产仍然在委托人的名下，此时如果不对信托财产进行登记，则他人难以区分信托财产与受托人财产的界限，如此则极易导致信托财产在经营管理中逐渐丧失独立性，最终有碍信托目的的实现。

此外，对于信托当事人以外的不特定第三人而言，其并不知晓信托法律关系的存在，因此也并不负有查阅信托文件的积极义务，此时信托财产要想保持其独立性，最好的办法便是通过登记将信托财产之上的法律关系记载在登记簿上，使第三人欲与受托人发生有关信托财产的交易时，能够轻松查阅到该财产的权利状况，并在此基础上做出判断。例如，在意大利，"信托受托人有义务以受托人的身份将其对土地的权利进行登记，有义务在股东名册上和银行账户上注明其信托受托人的身份。在意大利的公示规

① 王文宇：《信托之公示机制与对世效力》，载《月旦法学杂志》第91期（2002年12月）。

则下，尽可能地让外界知悉信托的存在是非常重要的”[①]。由于信托登记要求写明受托人的权限，因此在登记之后受托人超越权限处分信托财产时，交易第三人便可以通过查阅而得知受托人越权的情况并终止交易，避免浪费交易成本；即便受托人越权处分了信托财产，信托受益人也可以通过行使撤销权而将交易撤销，回复信托财产的归属，确保其独立性。

二、保护受益人的权利

信托受益人是信托财产的实质受益者，享有信托利益，但在形式上，受益人却并不是信托财产的所有权人或占有人，不能占有和管控信托财产，因此相对于信托财产的名义所有人受托人而言，受益人所处的地位较弱，需要法律对其采取保护措施，在这些保护措施中，最重要的便是受益人的撤销权。受益人的撤销权是指当受托人违反信托目的而处分信托财产时，受益人所拥有的撤销受托人越权处分行为的权利。例如，根据我国《信托法》第22条和第49条的规定，当受托人违反信托目的处分信托财产，或者因违背管理职责、处理信托事务不当致使信托财产受到损失的，受益人有权申请人民法院撤销该处分行为，并有权要求受托人恢复信托财产的原状或者予以赔偿；该信托财产的受让人明知是违反

① Maurizio Lupoi，*the Recognition of Common Law Trusts and their Adoptions in Civil Law Societies the Civil Law Trust*，32 Vanderbilt Journal Transnational Law 967，(Oct，1999)，p.987.

信托目的而接受该财产的，应当予以返还或者予以赔偿。

但是，信托受益人撤销权的行使必须受到一定的限制，“惟为保护交易安全，以保障善意的交易相对人，受益人行使撤销权不应毫无限制”[①]。否则受益人不断推翻受托人与他人的交易，将会对市场交易秩序造成破坏。我国台湾地区“信托法”第18条第2款便明确地规定了受益人撤销权的行使条件：“一、信托财产为已办理信托登记之应登记或注册之财产权者。二、信托财产为已依目的事业主管机关规定于证券上或其他表彰权利之文件上载明其为信托财产之有价证券者。三、信托财产为前二款以外之财产权而相对人及转得人明知或因重大过失不知受托人之处分违反信托本旨者。”可见，对于应登记的财产而言，财产已办理信托登记是受益人行使撤销权的前提条件。因为财产如果未进行信托登记，则第三人在从事交易之前不可能通过查阅登记薄而知晓该财产之上的真实权利情况，受益人仅凭信托文件并不能主张信托财产的对世效力。而信托财产进行信托登记之后，第三人在交易时不去查询登记状况便属于恶意，即应当知道或因重大过失而不知道信托法律关系及受托人权限范围的存在却与越权的受托人从事交易的，受益人才得以依法行使撤销权，撤销受托人与第三人之间的交易，将信托财产恢复到交易之前的状态。

① 王志诚:《信托法》，五南图书出版股份有限公司2009年版，第194页。

三、保护交易安全

在市场经济中，交易安全十分重要，因为市场主体如果按照法律的规定从事交易，仍不能避免在事后发生交易无效的情况的话，人们为了保证交易的有效，不得不投入极大资源在每一次交易前进行各方详细调查，这样将是对市场资源的极大浪费，而且严重影响市场交易的效率和秩序。因此，赋予交易明确的规则，使按照规则行事的交易当事人能够保有交易的效力，才能够保护交易的安全。对于交易安全的保护具体体现为对当事人之外的第三人的保护，因为第三人处于当事人的法律关系之外，并不清楚当事人之间的真实权利状况，只有当第三人依法与一方当事人之间发生的交易确保有效时，才能说明当事人之间的内部关系没有对市场交易秩序造成不利影响。

在信托制度中，信托财产具有独立性，通过信托登记制度将这种独立性公之于外，为外界所知，从而使信托财产具有了对世的效力。“信托财产之设定，乃有追及力，唯该追及力之行使，将影响第三人之利益与交易安全，故其追及力或对抗效力需经公示。”[①] 不特定的第三人如果按照信托登记的内容与受托人进行了交易，那么此种交易便是有效的，信托登记具有公信力。如果信托财产没有进行登记，则不特定的第三人并不能知道该财产之上的信托法律关系，因此其与受托人进行交易时，即使此种交易将损

① 陈春山：《信托法关系之设定——信托法草案之规范》，载《万国法律》第82期（1995年8月）。

害信托财产的独立性，第三人也能够保有此种交易的效力，而无需担心在事后受到受益人的撤销。如果信托财产进行了信托登记但登记的内容有误或与事实不符，那么第三人因信赖登记的内容而与受托人从事了交易，即便受托人的处分行为事实上超越了信托文件所约定的权限，但因登记有误而未能反映出来，那么第三人在交易之后同样有权保有此种交易的效力。当然，对于第三人的保护限于善意的第三人，即对于当事人之间法律关系并不知晓的第三人，只有这种带有一定的“陌生性”和“外来性”的第三人，才是市场交易秩序的化身，才值得法律的保护。如果第三人对当事人之间的法律关系已经知晓，则其已经具有了内部性，不能代表交易秩序，因此无需特别保护；如果第三人在交易中未支付对价，则其在交易被撤销之后也不会遭受财产的损失，因此同样无需特别保护。所以信托制度能够通过保护善意第三人来实现对交易安全的保护功能。例如，美国《信托法重述》也规定：“如果受托人违反了信托义务而将信托财产转让给了一个对此知情的受让人或者是没有支付对价的受让人，则这样的受让人并不能从信托关系中取得该信托财产。但是如果这样的受让人再将信托财产直接或间接地转让给一个善意的买受人时，该善意买受人就可以从信托关系中取得该财产了。”①

---

① The American Law Institute, *Restatement of the Law*, Second, Trusts, 1959, Comment of § 287.

第四节 信托登记的客体

一、关于信托登记客体的争论

信托登记的客体究竟应当是信托财产还是信托法律关系，学界存在一定的争论。一种观点认为，信托登记的客体是信托财产。例如有学者认为："信托登记，实质上就是信托财产的登记，是以实现受益人的利益最大化而实施的一项受到法律有效保护的保障性措施。"① 因为需要登记的信托财产不是不动产就是特殊的动产，其本身的权利状况依法就应当进行登记，信托财产的登记就是在这些财产本身登记的基础上再增加信托登记而已，"就信托财产的移转而言，具有公示方法的二重性……此二种公示方法在程序上应合而为一，不宜分别处理"②。

另一种观点则认为，信托登记的客体不应是信托财产，而应是信托法律关系。此种观点的理由之一是：信托登记中，进行登记的财产本身也需要进行其他权利内容的登记，二者同是一个财产，毫无差异，即"信托财产已先办理所有权登记，再办理信托登记，则信托登记的登记客体，为信托法律关系，而非信托财产"③。理由之二是：信托财产在受托人的占有、管理和控制的过程中，其形态不断发生变化，因此难以实现对财产即时状况的

① 张军建:《信托法基础理论研究》，中国财政经济出版社 2009 年版，第 138 页。
② 王志诚:《信托法》，五南图书出版股份有限公司 2009 年版，第 120 页。
③ 谢哲胜:《信托法》，元照出版有限公司 2009 年版，第 101 页。

登记，“信托生效后，受托人处理信托事务，必须为许多法律行为，信托财产也随时变动，如果每次信托财产变动，都必须公示，将不胜其扰，因此，也可考虑就信托行为或信托法律关系公示”①。

信托登记的客体是信托财产的观点，着眼于登记是建立在具体信托财产基础上的事实，不同种类的信托财产需要进行不同的信托登记，因此认为信托登记的客体是信托财产。而信托登记的客体是信托法律关系的观点，则着眼于观察信托登记与物权登记的不同之处，而财产是相同的，不同的是法律关系。由此可见，这两种观点的侧重点不同，难谓孰正孰误，皆有一定道理。

二、信托登记客体的双重性

通过对前述两种不同观点的分析，笔者认为，信托登记的客体具有双重性，即在信托中，虽然委托人已经将财产权为受托人作出了移转或设定的登记，但还需要进行信托的登记，而在进行信托登记时，既需要对信托财产作出登记，也需要对信托法律关系作出登记，信托登记以信托财产为主、围绕信托财产展开，但必须同时载明财产之上的信托法律关系。虽然信托财产在设立信托时已经进行过其他权利变动的登记，但在信托登记中仍然有其独立的意义，标示着信托法律关系存在的基础。因信托登记的客体既包括了信托财产，又包括了信托法律关系，两者缺一不可，具体理由如下：

---

① 谢哲胜：《信托法总论》，元照出版有限公司 2003 年版，第 109—110 页。

首先，信托登记不能脱离信托财产而进行，信托财产是信托制度的核心要素，信托登记的主要任务就是将信托财产的种类、范围等状况界定清晰并对外公示，因此信托登记必须对信托财产做出界定、进行记载。即便该财产之上已经存在所有权或他项权利的登记，但先前的登记只是表明该财产是其他权利的标的物，并不能证明其就是信托财产。因此，对于已经登记的财产，在进行信托登记时，也需要在同一登记机关进行单独的信托登记，将该财产的详细物理状况再进行记载，表明该财产属于信托法律关系的标的物。

其次，对财产的登记同时也是权利主体的登记，否则登记便无任何意义，因为财产权利表面上看是人与物之间的关系，但实质上都是人与人之间的关系。即便是所有权登记，也需要写明所有权人的信息，由于所有权的义务人是不特定第三人，是社会大众，而且所有权的内容是法律所明确规定的，无需在登记簿上写明。因此，所有权登记在记明标的物和所有权人的信息之后，实际上已经是做出了一个包含权利义务主体和标的物的所有权法律关系的登记。同样道理，对信托财产的登记也必须记载信托财产的权利主体，只不过信托法律关系较为复杂一些，涉及三方主体，而且大部分权利义务关系由当事人自行约定，因此在对信托财产进行登记时就需要写明委托人、受托人和受益人，以及受托人的权限等内容，甚至需要在登记文件之后附上信托文件复印件，这样在进行信托财产的登记之后，信托法律关系也进行了登记，第三人通过查阅就能够得知信托财产之上的基本法律关系。

再次，虽然信托财产在设立登记之后由于受托人的管理和处分而一直处于变动之中，但并不能以此否定对信托财产本身进行登记的必要性。因为如果信托财产的变动程度较大，达到了法律规定的条件，则需要按照法律的规定进行登记，例如在房屋之上设立抵押权，本身就需要进行登记。所以信托财产的较大变化本身就需要登记，这是当事人的义务。对于信托财产较小的变化，并不需要登记，因为受托人负有对信托财产进行管理的义务，受托人必须单独针对信托财产设立账簿、进行详尽记载，依照信托文件的要求向受益人进行报告。所以，对于信托财产的变动，通过登记簿上的记载和受托人的账簿，就完全可以追踪知晓，并不会让当事人不胜其烦，相反，这些恰好都属于当事人的义务范围。

最后，信托登记客体的双重性要求既要登记信托财产又要登记信托法律关系，这也符合信托登记的实践。因为在进行信托登记时，登记机关都会要求当事人在信托财产信息之外简要写明信托法律关系，甚至要求将信托文件作为附件置于该信托登记之后。

第五节 信托登记与公证制度的比较

公证制度在现代社会扮演着越来越重要的角色。所谓公证，是指当事人将其法律行为在国家公证机关进行展示，由国家公证机关制作证明文书以证明该法律行为的存在。在现代社会中，公证机关及其公证人员能够为当事人提供迅速便捷的公证服务，其公证书具有强大的效力，而且公证文书也可以进行验证，以至于有人认为公证制度可以取代登记制度。但笔者认为，至少就信托领域而言，信托登记与公证是两种不同的制度，各有其独自的价值，公证制度并不能取代信托登记制度。信托登记与公证制度二者可以互相配合以促进权利变动的稳妥、保护各方交易当事人，而不是彼此取代。例如，在不动产交易中可以运用公证制度，“以其作为登记审查之‘过滤器’，发挥其辅助功能，提高不动产交易之可信度”[①]。具体而言，公证制度与信托登记之间有如下重要区别。

一、面向的主体不同

公证制度侧重于在当事人之间展示法律关系的状况，而信托登记侧重于向当事人之外的第三人展示当事人之间的信托法律关系。公证制度主要是对当事人之间的买卖、借贷、租赁等合同关系和夫妻财产关系的约定以及遗嘱、遗赠等法律关系提供证明，这种证明主要是在当事人内部记载和展示当时所约定的法律关系，以免当事人之间产生纠纷。而信托登记对于信托财产之上的信托法律关系进行记载，重在向当事人之外的第三人展示当事人之间的信托关系，以表明何种财产为信托财产、受托人的权限如何等重要信息，以免第三人因为不知该信托关系的存在而致其利益受

① 马栩生：《登记公信力：基础透视与制度建构》，载《法商研究》2006年第4期。

损。向第三人展示信托关系便是信托关系的向外公示，以彰显当事人的信托关系并保护第三人的利益。一般而言，在信托关系内部，委托人和受托人之间还会有详细的信托合同以记载双方的具体权利义务关系。所以信托登记与公证制度具有不同的侧重点，不可以相互取代。相反，两者可以起到相互配合的作用，必须登记的信托财产即便是在信托合同公证之后也必须办理登记；而信托经登记之后，当事人还可以将信托合同进行公证，以加强在当事人之间的证明效力。

二、公示的程度不同

公证制度虽然具有一定的公示性，但是其公示的效力不如信托登记制度的公示效力强大。由于进行公证的机关是国家设立的公证机关，从事公证的人员是专门的公证人员，因此经过公证的法律关系意味着受到了国家公权力的介入、监督以及认可，而且在一定的情况下利害关系人也可以请求查阅和验证公证的内容，还有一些公证本身就可以在大众面前做成，因此公证制度本身也具有一定的公示效力。但是如前所述，公证制度侧重面向的主体毕竟只是各方当事人，对于当事人之外的第三人而言，其仍然不够公开，而且只有在特定条件下才可以查阅当事人的公证内容。因此，对于第三人而言，经过公证之后的法律关系也并不具有法律上的公信力，公证的效力主要限于当事人之间。相比较而言，信托登记制度之设立便是为了将当事人之间的信托关系及信托财产向社会第二人进行公开展示，有可能涉及信托财产的交易，第三人都可以到登记机关进行查阅，所受限制较少。此外，信托登记机关也是国家设立的登记机关，其登记人员也是国家工作人员，因此经过登记的信托关系也受到了国家公权力的介入和监督，经过登记的信托法律关系对外便具有了公信力。因此，欲将法律行为公诸于外，当事人还是需要采取登记的方式。信托法律法规之所以要求某些信托财产必须进行登记，正是对此类信托关系提出了较高的公示要求，以保护第三人的利益。

三、在权利变动中所起的作用不同

公证制度在权利变动中主要起到证据作用，而信托登记在权利变动中则可以起到法律实体依据的作用。在当事人之间或者当事人与第三人之间的权利变动中，公证制度不能成为权利变动的依据，而只能作为证据在纠纷发生时起到证明权利的作用。例如，双方当事人之间签订了房屋买卖合同，并对该合同进行了公证，那么在当事人之间就该房屋的买卖如价款等问题发生纠纷时，经过公证的买卖合同便可以起到证据的作用，以证明当事人之间合同价款的约定；如果出卖人又擅自将该房屋向第三人出售，那么在没有进行登记的情况下，第三人并不能依据公证过的买卖合同而主张房屋的善意取得。在不涉及第三人的情况下，当事人之间的公证文书由于其强大的证据力，可以作为强制执行的依据，即“为求私权迅速简易之实现，在权义关系成立之时，债权人债务人预先达成将来执行之合意，并由公正之第三人加以证明，据此所成立之执行名义，亦非法所不许，此为公证书得为执行名义之法理根据”[①]。在信托制度中，“若第三人无从知悉所交易的客体为信托财产，就使该财产具有一定的独立性，将对该第三人造成不可预期的不利益，更有害于交易安全。因此信托法必须建立一定的公示机制，使第三人知悉交易的客体是否为信托财产，以定责任的归属”[②]。因此，信托登记制度便是信托财产公示的有效方式，经过登记的信托财产上的权利状况具有公信力，第三人因信赖登记而从事有偿交易的，可以对相关财产进行善意取得。因此，第三人可以借助善意取得制度而对信托登记的财产发生权利变动。

① 郑云鹏:《公证法新论》，元照出版有限公司2000年版，第186页。

② 曾邑伦:《信托公示之研究》，台北中正大学法律学研究所2006年硕士学位论文。

06

第六章　信托登记效力论

CHAPTER

第一节　信托登记的效力概述

一、何为信托登记的效力

法律行为是私法上的主体通过意思表示而发生一定法律效果的法律行为，“法律行为乃实践私法自治的主要手段”[①]。人们通过进行各种法律行为在市民社会中进行自我安排、意思自治，从而实现自己的目的，而法律效力则是国家公权力对于法律行为的介入和管理，体现了国家将个人行为纳入管理范围的过程。“法律上之效力者，依法律之规定，法律要件完成时之法律上变动也。”[②]就信托而言，依照法律法规应当登记的财产，在设立信托时，也应当进行信托登记。因此，对于应登记的财产而言，信托登记的效力是指信托登记这一法律事实在信托的设立、变更和终止等行为中充当何种要件，并由此决定信托行为的法律效力。

一般而言，根据法律行为的要件对法律行为效力的影响，将法律行为的要件分为成立要件和生效要件两类。成立要件是否具备，是判断法律行为是否成立的标准，“法律行为之成立要件，谓为法律行为成立所必要之事实。如无其事实，不得认有法律行为

① 王泽鉴:《民法总则》(增订版)，中国政法大学出版社 2001 年版，第 249 页。

② 史尚宽:《民法总论》，中国政法大学出版社 2000 年版，第 298 页。

之存在”[①]。当一个行为不具备法律行为的成立要件时，该行为就不属于法律行为，因此就不在法律的调整范围内。例如婚姻以登记为成立要件，如果未经登记，则婚姻不能成立。法律行为的一般成立要件只要求有当事人、标的和意思表示三个要素即可，对于法律有特别规定的成立要件，则要根据法律的具体规定来认定其特殊的成立要件。

法律行为的生效要件，即“已成立之法律行为发生效力所不可或缺之要件”[②]。法律行为在成立之后，还必须具备生效要件，才能具备当事人所意欲发生的法律效力。法律行为的生效要件是对成立要件的进一步严格要求，体现了国家公权力对于当事人意思自治的结果的介入和管理。法律行为的生效要件还可以分为一般生效要件和特别生效要件，法律行为的一般生效要件要求当事人具有相应的行为能力，标的必须确定、可能和合法，以及意思表示真实。例如，我国《民法典》第143条规定：“具备下列条件的民事法律行为有效：（一）行为人具有相应的民事行为能力；（二）意思表示真实；（三）不违反法律、行政法规的强制性规定，不违背公序良俗。”而法律行为的特别的生效要件，则是在一般生效要件基础上特别附加的要件，如对于条件、期限等方面的特别要求。例如，我国《民法典》第158条就规定：“……附生效条件的民事法律行为，自条件成就时生效。附解除条件的民事法律行

① 史尚宽:《民法总论》，中国政法大学出版社2000年版，第324页。
② 林诚二:《民法总则》（下册），法律出版社2008年版，第297页。

为，自条件成就时失效。”而第 160 条则规定：“……附生效期限的民事法律行为，自期限届至时生效。附终止期限的民事法律行为，自期限届满时失效。”

法律行为只有在具备生效要件之后，才意味着当事人的意思自治得到了法律的认同，当事人所进行的行为才受到法律的保护。法律行为的效力还可以细分为对内效力和对外效力，“所谓对内的效力，就是指法律行为对当事人产生的法律拘束力。……所谓对外的效力，就是指法律行为对当事人以外的人产生的法律拘束力”[①]。对于主要产生对人权的法律行为而言，当事人的目的便在于获得对特定人的效力，如合同的缔结等。而对于涉及对世权的法律行为而言，当事人的目的主要在于获得对外的效力，如物权的转让等。

二、信托登记与财产权登记的关系

应登记的财产之上的权利，其设立、变更、转让和消灭都需要进行登记，此种登记是权利变动的公示方式，既可以使交易相对人能够通过查询而得知该财产之上的权利变动情况，又有利于国家对财产权的变动情况进行统计和监管。而财产权的登记主要体现为物权登记，尤其是不动产物权的登记，因为动产一般不以登记为权利变动的公示方式，而债权则具有相对性，一般不需要进行登记。对此，我国《民法典》第 208 条规定：“不动产物权的

① 王利明：《民法总则研究》，中国人民大学出版社 2003 年版，第 559 页。

设立、变更、转让和消灭，应当依照法律规定登记。动产物权的设立和转让，应当依照法律规定交付。”当然，知识产权也可以作为信托财产，并且不动产物权之外的权利如果不满足于双方当事人之间的交易，而欲进入流通渠道，或者需要与第三人从事交易，则也会产生进行登记的需求，并且现在的法律和技术均可以满足动产和债权进行登记的需求。

信托的有效设立需要委托人将其财产权向受托人进行移转或其他处分，因此信托的设立中既然存在财产权利的变动，则需要满足相应财产权利变动的公示方式。信托财产的类型随着时代的发展而愈加丰富多元，除了传统的物权和债权以外，“其他如准物权之矿业权、采矿权、渔业权、无体财产权之专利权、商标权、著作权、股东权之社员权亦包括在内”[①]。再加上动产登记技术与登记系统的发展，对动产权利进行登记也已实现可行。信托财产一般都是以不动产、动产或知识产权等绝对权为主，债权相对较少。这些绝对权的权利之得丧变更，一般都需要进行登记。例如，《专利法》第 10 条规定，“……专利申请权或者专利权的转让自登记之日起生效。”

如本书第一章所述，信托制度起源于英美法系，长期依赖衡平法的保护而发展起来，具有浓郁的英美法气质。当信托制度进入大陆法系之后，便面临着法系融入的问题。“民法（civil law），

---

① 许兆庆：《信托法律适用及承认公约》，台北嘉义地方法院 2003 年 11 月初次印行，第 35—36 页。

从狭义的层面理解，这一概念特指以罗马—日耳曼法为渊源的欧洲大陆的私法，所以，大陆法系又称为民法法系。在这一意义上，民法是一个相对封闭的体系，如果它偏离了罗马—日耳曼法的本原，它就不成其为民法了。”[①] 具有悠久的罗马法传统的大陆法系早已自成体系，与英美法系分庭抗礼。大陆法系既不可能为了引入信托制度而打造一套衡平法体系，也不可能为了保持信托制度的本色而大力改造传统的财产权概念。因此，信托制度来到大陆法系，只能因地制宜、尽量融入大陆法系既有的概念，从而落地、生根、发芽。

信托登记与大陆法系既有的财产权变动的登记属于不同的登记，两者不能等同，更不能互相替代。因为财产权变动的登记只是记载财产权主体和内容的变动，而这往往是物权的的设立、转让、变更和消灭，即由转让人将财产登记在受让人名下，或者在财产权之上增加记载其他物权人，例如在不动产之上设立用益物权或担保物权。财产权变动的登记只能将权利在双方当事人之间的变动情况做出公示，在一般的权利变动中，此种登记已经完成其公示的使命。

但是在信托中，委托人将财产权转让或设定给受托人，其目的是让受托人为了受益人的利益而拥有此种财产权并进行管理和处分，受托人需要按照约定将财产权的收益交付给受益人，如果

① 王涌：《私权的分析与建构：民法的分析法学基础》，北京大学出版社 2020 年版，第 1 页。

受托人违反信托文件或信托目的对其处分权限的限定而对信托财产作出不当管理或处分时，受益人有权撤销受托人的此种处分行为并追回被处分的信托财产。如果对信托关系只进行财产权的登记，将信托的设立按照一般的所有权移转登记合同来进行登记，那么交易第三人就无法通过财产权利变动登记上的记载来知悉信托关系的存在，因为第三人从财产权利变动的登记上只能看到委托人向受托人移转或设定财产权这一现象，而无法得知双方当事人作出这种法律行为的原因。所以在此情形下，如果受益人还享有撤销第三人与受托人之间交易的权利，则极不利于第三人利益的维护和交易安全的保护。

因此，如果以应登记的财产权作为信托财产，则此种信托财产的移转或设定，同时需要办理财产权变动的登记和信托的登记，因为两者承载着不同的功能。信托的设立需要移转信托财产的所有权，但又不简单地是一个买卖合同。“信托之效力始于信托财产所有权移转于受托人之时，并且只有受托人在受托人实际取得信托财产时，信托方才实际生效。”[①] 例如，委托人为了受益人的利益而将财产移转给受托人，但是委托人与受托人是以买卖或赠与的理由而办理的财产权变动登记，那么此时信托财产已经交付，从理论上讲，信托已经成立并生效，受托人已经成为信托财产的名义所有权人，其完全可以开始履行受托人的职责，对信托财产进

① 陈雪萍：《论我国〈信托法〉对信托有效要件规定之完善——以英美信托法信托有效设立的“三个确定性”要件为借鉴》，载《政治与法律》2018 年第 8 期。

行管理和处分。但是由于其并没有办理信托登记，外界通过查阅权利变动的登记簿，只能确定受托人是该财产的所有权人，但并不能知悉其受托人的地位，也不能知道其所负担的受托人义务的内容。此时，第三人利益的保护和受益人利益的保护之间便产生了冲突。如果受托人超越权限将信托财产处分给第三人，由于信托关系没有进行公示，故第三人有权得到信托财产的所有权，受益人不能主张撤销这一交易。

“传统的物权变动登记无法反映出受托人是信托财产的名义所有权人，更无从反映出其对该财产的处分权限范围。基于此种登记而产生的交易信赖无疑会置信托受益人及相关第三人于巨大风险之中，双方的权益也无法得到合理的平衡。”[①] 只有在信托的委托人向受托人转移财产权时，既办理了财产权的过户登记，又办理了信托登记，第三人才能知晓信托关系的存在以及受托人的权限。那么在此种情况下，受托人再超越权限处分信托财产时，第三人就可以知道受托人非法处分情况的存在，此时第三人属于知情的恶意第三人，受益人便有权主张撤销交易、追回信托财产，如此才能实现登记作为应登记财产权利公示方式的公信力。

因此，信托登记与财产权变动的登记是两种不同的登记，其登记的主体和内容均有所不同。那么从理论上讲，“成立信托关系时，委托人须将信托财产之所有权移转于受托人，此时须为一产权变动登记（多为所有权移转登记）。产权变动登记完成后，为使

---

① 徐刚:《信托登记制度研究》，法律出版社 2018 年版，第 16 页。

第三人得知……此时须再为一信托契约的登记，以取得对抗第三人之效力”[①]。因此，信托登记与财产权利变动登记属于两种不同的公示机制，信托登记与信托财产移转时的权利变动登记不能混为一谈。在以应登记的财产权利作为信托财产设立信托时，委托人和受托人须同时完成这两种登记，“亦即，如系以此等应登记或注册始生效或发生对抗效力的财产权设立信托时，其不仅应践行登记或注册的手续，使该处分行为生效或发生对抗效力，同时尚须践行信托登记的程序”[②]。

实践中，为了办理登记的便利，当事人在设立信托时，可以在同一个申请书上同时写明办理产权变动登记和信托登记的申请，如此则登记机关便可以同时为当事人办理这两种登记。在日本法上，虽然信托设定时既需要进行物权移转的公示，又需要进行信托的公示，表面上是双重公示方法，“不过，该双重公示在手续上是由合一的手续进行的”[③]。当然，当事人也可以先办理产权变动的登记，嗣后再办理信托登记，只是在此期间，信托当事人无法取得对抗善意第三人的效力。也就是说，虽然信托登记与财产权登记不同，但主要是与传统的财产权移转或者设定他物权的登记不

① 林志宏：《由信托继受立法论物权绝对性与债权相对性》，台北东吴大学法律系研究所 1999 年硕士学位论文。

② 赖源河、王志诚：《现代信托法论》（增订三版），中国政法大学出版社 2002 年版，第 72 页。

③ ［日］新井诚：《信托法》（第 4 版），刘华译，中国政法大学出版社 2017 年版，第 307 页脚注 58。

同，在具体操作上，并没有那么复杂，在信托财产进行财产权移转登记的同时，增加信托内容的登记即可。

三、信托的登记成立、登记生效与登记对抗

信托登记的效力是指信托登记在信托行为中充当何种要件，因此，根据法律行为要件的类型，可以将信托登记的效力分为登记成立、登记生效两类，由于信托行为中涉及信托财产的处分，信托财产能否取得独立地位以对抗第三人是信托行为的关键，因此信托在当事人之间生效之后，还要看信托法律关系是否取得了对外的效力以对抗第三人，而在这一问题中，信托财产的登记起着重要的作用。所以根据登记在整个信托行为中的效力范围，可以将信托登记的效力细分为成立效力、生效效力和对抗第三人效力三种。那么相应地，认为信托登记具有决定信托是否成立效力的观点便可以称为信托登记成立主义；认为信托登记具有决定信托是否生效的观点便可以称为信托登记生效主义；而认为信托登记具有决定信托是否可以对抗第三人的效力的观点便可以称为信托登记对抗主义。

也就是说，对于信托登记成立主义而言，信托登记决定着信托是否成立，不登记的信托不得成立；对于信托登记生效主义和信托登记对抗主义而言，信托无需办理信托登记也能成立，登记仅决定着信托的效力范围是仅限于当事人之间还是扩大到对抗不特定的第三人。

在理论上是可以区分法律行为的成立与生效的，即是否成为

法律行为和是否发生法律上效力的区别。法律行为的生效要件其实是在成立要件基础上的提升，是在法律成立要件基础上的更高要求，即具备生效要件的法律行为必定具备成立要件，但是从最后的法律效果来看，“有一点是没有疑问的，即只有在法律行为本身成立，而且所有生效条件都具备的情况下，法律行为才能生效”[①]。

因此，对于当事人而言，仅具备法律行为的成立要件其实并没有太大的意义，仅仅成立一个法律行为而不能生效，就意味着这一法律行为不能得到国家公权力的认可，因此在法律上不能执行，也得不到保障。而“法律行为须兼具所有的成立要件及生效要件，始能发生一定的法律效果”[②]。所以当事人在法律行为成立之后，必然寻求该行为的生效，如此才能真正实现当事人的目的，在法律认可的范围内进行意思自治。

就信托而言，由于其类型众多，既可以由单方当事人设定，又可以由委托人和受托人一起成立，因此法律难以对信托行为的成立做出过多的管理和限制，我国《信托法》第 7 条也仅是要求信托在成立时应当必须有确定的、为委托人合法所有的信托财产。信托作为财产管理和处分的制度，原本是民事主体基于意思自治而通过遗嘱或合同处分自己财产的行为，属于私法自治的范畴。因此，各国法律都并不采信托登记成立主义，因为要求信托在成

---

① [德]卡尔·拉伦茨：《德国民法通论》(下册)，王晓晔、邵建东、程建英、徐国建、谢怀栻译，法律出版社 2003 年版，第 429 页。

② 王泽鉴：《民法总则》(增订版)，中国政法大学出版社 2001 年版，第 253 页。

立时就必须进行登记既是不可行的，也是不必要的。在信托成立之后，国家公权力才有介入和管理的必要性。因此，信托登记的效力在各国立法实践中主要体现在信托登记生效主义与信托登记对抗主义两种模式的选择上。

第二节　信托登记的对抗主义与生效主义

一、信托登记对抗主义的立法模式

大部分引进信托制度的大陆法系国家和地区，在对于信托登记的效力上，多采纳信托登记对抗主义的立法模式。此种模式将登记作为信托行为的对抗要件而非生效要件，即信托经当事人设立之后不必对信托财产进行信托登记也能使信托关系产生法律上的效力，但此种效力仅限于当事人之间，尚不能对抗善意第三人；在经过信托登记之后，信托财产之上的法律关系就取得了对抗不特定第三人的效力。采纳信托登记对抗主义立法模式之后，“信托登记并非信托的成立或生效要件，只是用来避免善意第三人受到不测损害，以保护交易安全，未经登记的信托财产，只是不得对抗符合善意受让要件的交易第三人，并不影响信托的成立或生效”[①]。

---

① 谢哲胜：《信托的成立——法院相关判决评释》，载《法令月刊》第60卷第11期（2009年11月）。

在信托登记对抗主义模式下，信托财产办理信托登记只是信托的公示方式，而非信托的生效要件，信托财产经登记之后才能取得对世效力，交易第三人可以通过信托财产登记状况的查询而知晓信托法律关系的存在，受托人的债权人也能够通过查询而知道受托人名下的该笔财产为信托财产而非其自有财产。此种模式较好地平衡了当事人在信托制度中的意思自治与交易安全的保护，因此被广为采用。例如，日本民法对于不动产的物权变动采登记对抗主义，但在日本信托法上，"信托公示，基本上是对抗要件，而非成立要件。未经公示则不得产生对抗第三人的结果，信托关系人不得对善意的第三人主张已成立信托。主张信托财产之独立性时，亦必须有信托公示"[①]。日本2006年修订的《信托法》第14条规定了信托财产登记的对抗效力，该条规定："在不登记或不注册就无法以权利的得失或变更对抗第三人的财产方面，不履行信托登记或注册的，不得以该财产为信托财产对抗第三人。"[②]相应地，该法第27条详细规定了受托人的撤销权，当受托人对信托财产进行的处分行为超越其权限并且第三人知道信托法律关系的存在及受托人越权的事实时，受益人有权撤销受托人的越权处分行为，并对于取得信托财产的第三人享有追及权。当然，对于应登记或注册的财产而言，只有此类信托财产进行了信托登记，受益人才

---

① 日本三菱日联信托银行编著：《日本信托法制与实务》，信托业商业同业公会审订，台北金融研训院2009年版，第63页。

② 转引自张军建：《信托法基础理论研究》，中国财政经济出版社2009年版，第328页，附录五"日本信托法"。

能享有撤销权，“为保护第三人的权利，关于由登记、注册制度之财产，仅限于有信托公示时，始有承认追及权”[①]。对于应登记或注册而未进行信托登记的财产，则受益人不享有撤销权，因为信托财产未进行信托登记则未完成公示，难以要求交易第三人知悉受托人的权限并尊重受益人的权利；而通过信托登记完成公示的信托财产，交易第三人很容易对之进行查询并得知信托法律关系的存在及受托人的权限范围，当受托人超越权限时，第三人便能够察觉，当第三人在知情仍执意与受托人进行交易时，受益人便可以行使撤销权将这一交易撤销。

相似地，韩国《信托法》对于信托登记的效力也做了类似规定，该法第 3 条规定：关于应登记或注册之财产权的信托，可以其登记或注册对抗第三者；关于有价证券之信托，依内阁命令之规定，证券即表示信托财产之事实；关于股票与公司债券，可以股东名簿或公司债名簿上所记载信托财产之事实，对抗第三者。需注意的是，《韩国民法典》对于不动产物权的变动采纳登记生效主义，其第 186 条规定：“因有关不动产的法律行为产生的物权的取得、丧失和变更，经登记方能发生其效力。”

我国台湾地区对于不动产物权的变动采登记生效主义，而其“信托法”第 4 条同样明确规定了登记作为对抗要件，从而确立了信托登记的对抗效力。该条规定：“以应登记或注册之财产权为信

① 日本三菱日联信托银行编著：《日本信托法制与实务》，信托业商业同业公会审订，台北金融研训院 2009 年版，第 63 页。

托者，非经信托登记，不得对抗第三人。以有价证券为信托者，非依目的事业主管机关规定于证券上或其他表彰权利之文件上载明为信托财产，不得对抗第三人。以股票或公司债券为信托者，非经通知发行公司，不得对抗该公司。”需要说明的是，该条规定中对于第三人的规定不够详细，仅使用了“第三人”的概念而未使用“善意第三人”的概念。因此，在对信托登记对抗第三人的效力的解释上，该第三人是仅指善意第三人还是不区分善意或恶意而泛指所有第三人，在学界存在争议。如果对该条进行文义解释，则该条中的第三人当既包括善意第三人又包括恶意第三人，甚至有学者认为：“信托法第 4 条规定的不得对抗第三人，与信托法第 18 条规定的受益人不得行使撤销权，皆同样不应区分第三人为善意或有重大过失而不知。”[①] 但是，如果从目的解释的角度出发并结合相关民法理论，也可以认为此处所说的第三人是指不知情且支付了对价的第三人，并不包括知情的、应当知情的以及因重大过失而不知情的第三人，因为“当事人既然创设信托法律关系，受益人的权利即真正的权利，如为了保护交易安全有必要才剥夺其对抗第三人权利，对信托财产的权属状况明知或可得而知的第三人，即不在交易安全保护的必要限度内”[②]。我国台湾地区司法实践中也曾有判决采用过第一种观点，认为对于第三人不应区分善意

① 林炫秋：《论遗嘱信托之成立与生效》，载《兴大法学》第 2 期（2007 年 11 月）。

② 谢哲胜：《债权确保与信托制度的平衡》，载《月旦法学杂志》第 93 期（2003 年 2 月）。

或恶意，皆应予以保护。[①]

对于这一争论，笔者认为第一种观点对信托当事人的要求过严：只要信托财产未经信托登记的，即便是完全知情的第三人也不能对抗。这种观点的优点是有利于维护交易的便捷和提升登记公示的地位，缺点是对于受益人的权利保护不够，而且无视当事人的真实意图。事实上，如果第三人完全知悉当事人之间的信托法律关系和受托人的权限范围，那么该第三人其实已经具有了一定的“内部性”，其在知情的前提下可以理性安排自己的行为，在此情况下其明知行为有损信托财产的独立性和受益人的权利，而仍然愿意同越权的受托人发生有关信托财产的交易，其行为有违法律的公平和正义原则。因此，笔者认为应当将“非经信托登记不得对抗第三人”中第三人的范围限缩为善意第三人，由于信托当事人在主张第三人是恶意时，需要负担起相应的举证责任，完成举证之后才能要求对抗效力的发生，因此不至于使第三人的交易受到无端对抗，而且对受益人进行了必要的保护，实现了实质正义，相对更为合理一些。

二、信托登记生效主义的立法模式

信托登记生效主义就是将登记作为信托行为的生效要件，信托财产必须办理信托登记才能使信托关系产生法律上的效力，不经登记则不能产生法律上的效力。我国《信托法》第10条规定：“设

---

① 参见我国台湾地区高等法院2003年再抗字第74号民事裁定。

立信托，对于信托财产，有关法律、行政法规规定应当办理登记手续的，应当依法办理信托登记。未依照前款规定办理信托登记的，应当补办登记手续；不补办的，该信托不产生效力。”对该条规定进行文义解释，即在需要登记的财产之上设立信托的，只有办理信托登记，信托才能生效，不办理信托登记，则信托不能生效。

因此，按照《信托法》第10条的规定，只有在信托当事人办理了信托登记手续之后，才能同时发生两个方面的法律效力：“一是设立信托的行为具有法律效力，信托财产的权利依法由委托人委托给受托人。二是依法设立的信托对第三人具有对抗力，该项法定登记具有信托公示的效力，除信托法有特别规定外，其他人不得主张对该信托财产的权利。”[①] 由此可见，我国《信托法》对于信托登记的效力采取的便是信托登记生效主义，而且，“目前只有我国《信托法》采取了登记生效主义”[②]。

在我国需要登记的财产种类较多，如《土地管理法》《农村土地承包法》《城市房地产管理法》《矿产资源法》《渔业法》《公司法》等诸多法律法规都规定了各类物权的登记事项。因此，如国有土地、农民集体土地、房屋、矿产、海域、水面、草原、森林、林木、民用航空器、船舶、机动车辆、企业集合财产、股权等不动产、自然资源、特殊的动产及权利，都属于依法应当办理登记手续的财产。

---

① 卞耀武主编：《中华人民共和国信托法释义》，法律出版社2002年版，第67页。

② 何宝玉：《信托法原理研究》，中国政法大学出版社2005年版，第106页。

此外，《商标法》《专利法》等知识产权法律法规还规定了商标权和专利权也必须经登记才能产生。

依照《信托法》的规定，如果当事人意欲以上述这些法律法规所规定的、登记后才能生效或产生对抗效力的财产权作为信托财产来设立信托，则必须进行信托登记，否则信托不能生效，无论是在当事人之间还是在当事人与第三人之间，都不能发生法律效力。当事人如果以上述财产权作为信托财产设立信托但未进行信托登记，那么即使信托目的已经实现而终止，由于信托财产未登记而不能发生效力，整个过程中委托人、受托人和受益人的信托法律关系都是无效的，受益人保有信托利益也缺乏法律依据。信托财产管理和处分中如果涉及交易第三人，由于信托不能生效，第三人在知悉并认同信托法律关系之后与受托人从事的交易也同样得不到法律的保障。可见我国《信托法》采取信托登记生效主义对于信托各方当事人及交易相对人的利益影响都较大。

三、信托登记对抗主义与生效主义的比较

通过考察我国和域外的不同立法实践，可知在信托登记的效力上，信托登记生效主义与信托登记对抗主义体现了不同的立法理念，因此对于各方当事人的利益具有不同的影响。具体而言，两种不同的效力模式体现了如下重大差异。

（一）国家公权力介入的程度不同

在信托登记生效主义立法模式下，国家公权力对于信托法律

关系的介入较早。此种模式下，对于应登记的财产权，当事人一旦决定成立信托，国家公权力便开始介入其中，在信托成立之后即面临着公权力的审核，不将信托财产进行信托登记的，则信托便不能生效。此种做法的好处是可以督促人们在设立信托时去办理信托登记，有利于国家公权力对于财产归属的真实状况及信托法律关系状况进行统计和监督；而且设置较前的登记制度也有利于信托财产独立性的维持，有利于减少日后的纠纷。

在信托登记对抗主义立法模式下，国家公权力对于信托法律关系的介入相对较迟。此种模式下，对于应登记的财产权，当事人决定设立信托时只要符合信托的成立要件便可以使信托法律关系生效，当事人之间便可以按照信托文件的约定行事，履行义务、享受权利，国家公权力对此并不介入和干涉。只有当有关信托财产的交易涉及第三人时，为了保护交易秩序和受益人的权利，国家公权力才介入信托法律关系，对财产是否办理信托登记作出对抗或不对抗善意第三人的判断。

国家公权力介入私法主体间法律关系的不同程度，在实质上体现了国家对市场经济的不同干预程度。虽然在现代工商社会中，政府有必要对市场经济进行一定的甚至是积极的干预，但此种干预主要限于涉及公共福利的领域，对于较为纯粹的私人事务则并无干预的必要，而且公权力的行使也需要付出相应的行政成本支出，干预得越早、程度越深，则相应的成本就越高。为了实现行政效率的最大化，政府应当在有必要介入的时间点去介入市场经济活动。对于信托而言，基本上是当事人的私人事务，因此在生效之初，国家公权力实无介入的过多必要，当信托财产的交易涉及第三人时，第三人需要与受托人发生交易、评估其财产状况，由于第三人代表着市场交易秩序，此时公权力的介入方为必要。从这一点而言，对于信托登记的效力采取登记对抗主义是符合现代市场规律的，也符合现代社会国家公权力在市场经济中运作的规律。

（二）当事人意思自治的程度不同

在信托登记生效主义立法模式下，当事人意思自治的程度相对较低。在此种模式下，当事人能够进行意思自治的范围仅限于成立信托法律行为，但是如前所述，法律行为不生效在实际效果上等于行为未成立，因此当事人的意思自治范围较小、程度较低。

在信托登记对抗主义立法模式下，当事人意思自治的程度相对较高一些。在此种模式下，当事人可以自行决定设定信托法律关系，该法律关系在设定之后便生效，各方当事人都要受到信托文件中约定条款的约束，信托财产便开始由受托人经营管理，受益人便可以开始受益。只要受托人未超越权限处分信托财产，也未受到债权人的追索，则信托财产未办理信托登记也对他人利益不产生负面作用，不影响已发生的法律关系的有效存续。因此当事人的意思自治范围较大、程度较高。

尊重并保护当事人的意思自治是现代私法的主要目标之一。市民社会中对民事主体的假设是理性人，人们有能力为自己的事务自主作出安排，并对自己行为的后果承担责任，所以法律应当赋予人们意思自治的空间，并保护人们意思自治的结果。信托登记生效主义压缩了信托当事人意思自治的空间，忽视了信托法律关系的特质和多样性，因此有悖于现代私法精神，不利于私法主体对于私人事务的处理。例如，某人以自己的一套房屋为自己的一名亲戚设立信托，要求受托人将房屋出租，租金定期交给受益人，并在受益人参加工作并结婚后，将房屋彻底移转给受益人。那么在信托登记生效主义模式下，房屋属于应当登记的财产，未办理信托登记则该信托对于委托人、受托人、受益人都不能生效，即便受托人已经依照约定将房屋对外出租，并将租金定期转付给受益人，但是该信托由于未进行登记而不能生效，则受益人取得这些租金利益也缺乏依据。可见，登记生效主义不利于当事人对自己的财产权进行自由安排和处分，有学者指出："设立信托采取不登记不生效制度，似使之过严，也是对委托人设立信托的意图的最大打击。以如此强烈的公权干预，挫败私人设立信托的自由意志，是否有必要，无论从法理上还是实践效果看，都值得研究。"①

相比较而言，信托登记对抗主义则赋予私法主体处理自己事务的自治空间，只有当受托人对信托财产的处理超越权限、涉及第三人时，为了保护交易秩序和受益人的权利法律才对信托财产的登记状况做出区分，赋予已登记的信托法律关系更强大的效力，让受益人享有撤销权和追及权以对抗第三人；而未登记的信托法律关系在当事人之间仍然有效存续，当事人都必须遵守信托文件的

① 何宝玉:《信托法原理研究》，中国政法大学出版社 2005 年版，第 107 页。

约定，只有当受托人对信托财产的处分超越权限变成无权处分时，交易第三人因不知情而有权依交易而取得信托财产，此时受益人就不能对其行使撤销权和追及权。

第三节　我国《信托法》第10条存在的问题

我国《信托法》第10条规定："设立信托，对于信托财产，有关法律、行政法规规定应当办理登记手续的，应当依法办理信托登记。未依照前款规定办理信托登记的，应当补办登记手续；不补办的，该信托不产生效力。"该条是关于信托登记的规定，但对于如何理解信托登记的相关问题，则相当含糊，不甚明了，在《信托法》实施之后一直招致学术界和实务界的批评，再加上配套的登记制度一直未能完善，统一登记制度的进展也较为迟缓，导致信托登记制度在理论和实践中长期处于滞后的状态。该条规定主要存在如下几方面的问题。

一、立法机关理论认识上的误区

据立法者介绍，我国进行信托立法时之所以采取信托登记生效主义主要是基于两个方面的考虑："一是依照法律、行政法规的规定，对重要的信托财产办理法定的登记手续，是合法权利成立的要件。二是依法办理信托登记是关于信托关系成立的法定的公示方式。因此，依法办埋信托登记，对信托关系的成立和信托当事人权利义务关系的确定，有重要的意义。”[①]笔者认为，从这两个理由可以看出，我国立法者在立法时对于信托登记制度的理解存在如下理论认识上的误区：

第一，误以为所有设立信托的行为都是要物行为。立法者认为依法对信托财产办理权利移转或设定的登记手续是合法权利成立的要件，这种观点误以为所有设立信托的行为都是要物行为、都需要办理财产权移转或设定手续才能成立，忽视了我国《信托法》第8条的规定。根据第8条规定，设立信托的方式有信托合同、遗嘱或者直接依据法律、行政法规的规定等数种方式。在这些方式中，信托的成立必须伴随着财产权的移转或设定，是通过合同设立信托的方式，而不能包括遗嘱信托、宣言信托等设立信托的方式。

以合同的方式设立信托，由于其属于要物行为，因此其成立要件包括：合格的信托关系当事人、合法的信托财产和信托财产权利的移转或设定。但是，以遗嘱的方式设立信托，却并非要物行为，因为遗嘱在遗嘱人死亡之后才开始生效，所设定信托的遗产“必须于遗嘱人死亡，遗嘱发生效力后，才由遗嘱执行人或遗产继承人，完成信托财产所有权移转，或其他物权设定行为”[②]。因此，不可能要求遗嘱信托在设立的同时便完成财产权的移转或设定。例

① 卞耀武主编：《中华人民共和国信托法释义》，法律出版社2002年版，第66页。

② 林炫秋：《论遗嘱信托之成立与生效》，载《兴大法学》第2期（2007年11月）。

如，宣言信托的设立同样不是要物行为，因为宣言信托的委托人亲自担任受托人，信托财产本身便是受托人的财产，因此不存在财产的转移或设定行为，只需委托人对外宣称自己为了某一目的而在自己的某部分财产之上设立信托，信托即可成立。因此，立法者如果认为既然信托的成立都伴随着权利的移转或设定登记，那么再增加一个信托登记的要求也是理所当然之事，则是对信托设立方式多样性的忽视，是一种理论认识上的误区。

第二，忽视了以登记作为对抗效力的财产权的存在。在我国的财产权登记制度中，并非全部都是登记生效主义，立法者认为对重要的信托财产办理法定的登记手续是合法权利成立的要件，忽视了我国法律中还存在许多以登记作为对抗效力的财产权的存在。例如，我国 1992 年通过的《海商法》的第 9 条和第 13 条分别规定了船舶所有权和船舶抵押权登记的效力是“未经登记的，不得对抗第三人”。又如，我国 1995 年通过的《民用航空法》第 14 条和第 16 条分别规定民用航空器所有权和抵押权登记的效力同样是“未经登记的，不得对抗第三人”。事实上，《民法典》沿袭了《物权法》关于这些特殊动产登记效力的规定，在第 225 条规定：“船舶、航空器和机动车等的物权的设立、变更、转让和消灭，未经登记，不得对抗善意第三人。”这就在基本民事法律中统一规定了特殊动产的登记对抗效力。

那么，对于这些需要进行登记但并不以登记作为权利生效要件的财产，当权利人在它们之上设立信托时，这些财产权无需办理登记就已经有效转让给了受托人，但如果不办理信托登记的话信托关系尚不能成立，那么此时，一方面，受托人无需办理财产权移转登记便可以有效取得该财产权，并可以在实质上对信托财产进行管理和处分，除非委托人又将财产权转让给善意第三人并办理登记，否则这种事实上的信托关系可以运行无碍；另一方面，由于没有办理信托登记，不能发生信托效力，信托关系完全还未成立。如此则出现了《信托法》的规定与现实脱节的现象。其实早在 1946 年，史尚宽先生就曾指出："苟当事人以设定信托之意义，已为权利设定或移转之登记，纵未为信托之登记，亦不妨许其基于当事人间仍成立信托关系，惟对于第三人则不得主张其信托之成立。况在我国，船舶商标专用权及著作权等之设定移转，亦系采登记对抗主义，则此等权利设定信托，势难另采登记要件主义，故将来立法，仍以采用登记对抗主义为宜。"[①]

第三，未能区分信托登记与财产权登记的不同功能。对于应登记的财产权而言，其具有对世的强大效力，因此登记是财产权利生效或产生对抗效力的要件，对于前者，办理财产权变动的登记才能使受让人取得财产权，对于后者，办理财产权变动的登记才能使受让人的权利获得对世效力。应登记的财产权主要是物权，"为了确保物权人的支配，也就是确保物权人能够以独断的意思行使权利，同时确保物权人行使权利时不至于对第三人造成损害，故在物权变动之时，应该将这一变动的事实向社会公开展示，以

---

① 史尚宽:《信托法论》，台北"商务印书馆"股份有限公司 1972 年版，第 24 页。

期得到社会的承认和法律的保护”[①]。所以财产权登记的主要功能是为了保护交易第三人的利益，维护交易安全。

而对于信托而言，信托在成立之后受托人已经是信托财产的所有人，信托财产已经移转或设定到其名下并进行了登记，交易第三人可以查询到受托人是财产的所有权人，因此在受托人与第三人从事交易时，第三人的利益已经受到财产权登记公信力的保护。而进行信托登记之后，受托人同样是信托财产的所有权人，但信托登记会记明信托法律关系、信托目的和受托人的权限等事项，为受托人和第三人的交易设置一些限制，其目的主要不是保护第三人的利益和交易安全，而是保护受益人的权利。因为受益人既不是信托财产的名义所有权人，也不占有信托财产，仅凭信托文件对受托人的约束来保障其受益权显然不够，因此在办理信托登记之后，受益人对于受托人信托财产超越权限的处分行为便享有撤销权，通过追回、保全信托财产的方式来保护其受益权。当然，通过信托登记也可以使受托人可能的债权人对于受托人的财产状况有所了解，不至于以为受托人名下所有的财产都是未来债权的责任财产。可见，财产权登记重在保护交易第三人的安全，而信托登记则重在保护受益人的权利，两者的主要功能有所不同。

二、立法文义上的模糊不清

《信托法》第 10 条规定：“设立信托，对于信托财产，有关法律、

① 孙宪忠:《中国物权法总论》(第二版)，法律出版社 2009 年版，第 271 页。

行政法规规定应当办理登记手续的，应当依法办理信托登记。未依照前款规定办理信托登记的，应当补办登记手续；不补办的，该信托不产生效力。”可以看出，该条在立法态度上明显采取了回避的策略，试图将信托的登记事项转致其他法立法的规定。但其他法律法规长期并未做出相关规定，因此，人们在进行信托登记的实际操作时，不得不回到《信托法》第10条本身来寻求答案。然而，对该条进行解释时就会发现，其存在文义上的模糊不清，在一些重要概念上未能进行明确规定，导致理解起来困难重重、歧义丛生，进而导致了实践的混乱。

（一）该条的“登记手续”是指财产权登记还是信托登记？

《信托法》第10条要求在设立信托时，如果有关法律、行政法规规定相应的信托财产应当办理登记手续的，则应当依法办理信托登记。那么这里的“登记手续”是指财产权登记手续还是信托登记手续？第一种观点是将之理解为财产权登记手续，即凡是需要登记的财产，如果被作为信托财产，则应当办理信托登记；第二种观点是将之理解为信托登记手续，即凡是其他法律法规规定应当进行信托登记的财产，则应当进行信托登记。

应当说，这两种理解都有一定道理，第一种理解是强调需要登记的财产权在信托关系中应当办理信托登记，这也符合信托的公示要求；第二种理解则较为保守一些，将信托登记的事项完全交由其他法律法规进行规定，而只是在信托法中予以了强调和确认。这种立法表达也是常见的，例如《民法典》第11条就规定：

“其他法律对民事关系有特别规定的，依照其规定。”这也是对其他法律的相关规定在民法典中予以了确认，赋予其民事基本法律的效力。

但这两种理解在我国的法制背景下，都存在一些现实的障碍。首先，按照第一种理解，信托登记紧随着财产权登记而进行，例如不动产物权的设立需要进行登记，那么不动产作为信托财产时就应当伴随着信托登记。但是如何对不动产进行信托登记？登记的主体、客体、内容分别是什么？国务院 2014 年颁布、2019 年修订的《不动产登记暂行条例》并没有对信托登记做出规定。直至 2019 年由自然资源部修正的《不动产登记暂行条例实施细则》中，仍然在第 106 条规定：“不动产信托依法需要登记的，由自然资源部会同有关部门另行规定。”可见，伴随着应登记财产进行信托登记，在实践中缺乏法律依据。其次，按照第二种理解，将信托登记事项完全交由其他法律法规进行规定，但现实是其他的法律法规并没有关于信托登记的规定。至今专门规定信托登记的，仍然只有原银监会 2017 年制定的《信托登记管理办法》，但这个规范性文件在效力层级上只属于部门规章，达不到法律或行政法规的层级，因此无法作为《信托法》第 10 条所转致的信托登记依据。

可见，无论是将《信托法》第 10 条的“登记手续”理解为财产权登记还是信托登记，在实践中都无法操作，登记机构没有信托登记的业务类型，法律法规层面也没有相关的规定，所以将应登记财产作为信托财产在我国设立信托，就面临着公示方式缺失的问题，一旦出现纠纷，就很容易被否定其信托属性。这也是我国民事信托发展异常迟缓的重要原因。

（二）如何理解“应当”？

根据《信托法》第 10 条的规定，其他有关法律法规规定应当办理登记的财产，就需要办理信托登记。那么这里的“应当”，确实可以排除完全不需要登记、只需要交付的财产类型，即一般的动产，因为《民法典》第 224 条规定：“动产物权的设立和转让，自交付时发生效力，但是法律另有规定的除外。”但是，对于一般动产之外的、以登记作为公示方法的其他财产，这里的“应当”究竟是指实行登记生效主义的财产权类型，还是指实行登记对抗主义的财产权类型？抑或两者都包括？从该条中并不能得出清晰的答案。

我国《民法典》第 209 条规定：“不动产物权的设立、变更、转让和消灭，经依法登记，发生效力；未经登记，不发生效力，但是法律另有规定的除外。依法属于国家所有的自然资源，所有权可以不登记。”根据这一规定，不动产物权的变动，也可以由当事人自己选择是否进行登记，如果不登记，则不能发生不动产物权变动的效果。对于国家所有的自然资源，甚至不进行登记也可以确认所有权。《民法典》第 225 条还规定：“船舶、航空器和机动车等的物权的设立、变更、转让和消灭，未经登记，不得对抗善意第三人。”此外，《民法典》还规定土地承包经营权、流转期限为五年以上的土地经营权、地役权等，也属于登记对抗主义的财产权类型。

那么无论是采取登记生效主义的不动产，还是采取登记对抗主义的特殊动产及部分用益物权，立法对其登记事项均未采取“必须”“应当”之类的强制性规定，而是将登记与不登记的效果交由当事人自行权衡并作出决定。就此而言，何为“应当”登记的财产权，确实需要斟酌。此外，如果将采登记生效主义的财产类型作为应当登记的权利类型，要求必须进行信托登记，将采登记对抗主义的财产类型作为无需登记的权利类型，不要求进行登记，那是不是意味着《信托法》第 10 条对信托登记的效力同时采取了登记生效主义和登记对抗主义的双重多元模式？

如果将一般动产之外的、立法规定了登记的公示方法的其他财产全部都作为应当登记的权利类型，无论其是登记对抗还是登记生效，都意味着除了一般动产之外的其他财产作为信托财产需要进行信托登记，否则信托无效。这无疑将会模糊登记生效主义与登记对抗主义的财产权类型，导致设立信托的要求较之财产权买卖的要求更为严格，这会极大地提高信托设立的门槛，导致立法与社会实践脱节。

（三）如何理解“信托不产生效力”？

《信托法》第 10 条规定，应登记的信托财产未办理信托登记的，信托不产生效力。那么此处的不产生效力，是指信托关系不产生对抗第三人的效力，还是信托不能有效设立？该条规定并不明确，在理解上也容易产生分歧。

在域外的相关规定中，一般都是明确表明应登记的信托财产如果不进行信托登记，则不能产生对抗第三人的效力，而非简单地规定不产生效力。例如韩国《信托法》第 3 条规定："关于应登记或注册之财产权的信托，可以其登记或注册对抗第三者。关于有价证券之信托，依内阁命令之规定，证券即表示信托财产之事实。关于股票与公司债券，可以股东名簿或公司债名簿上所记载信托财产之事实，对抗第三者。"我国台湾地区"信托法"第 4 条也规定，以应登记或注册之财产权为信托者，非经信托登记，不得对抗第三人。以有价证券为信托者，非依目的事业主管机关规定于证券上或其他表彰权利之文件上载明为信托财产，不得对抗第三人。以股票或公司债券为信托者，非经通知发行公司，不得对抗该公司。

我国自 2007 年《物权法》开始，便规定了物权变动的效力与基础合同的效力相区分的区分原则，《民法典》沿袭了这一规定，其第 215 条规定："当事人之间订立有关设立、变更、转让和消灭不动产物权的合同，除法律另有规定或者当事人另有约定外，自合同成立时生效；未办理物权登记的，不影响合同效力。"据此，未办理物权登记的，并不影响基础合同的效力，只不过当事人不能取得预期的物权，除此之外，当事人之间的权利义务关系，仍然可以依照合同的约定来确定。

我国《信托法》第 8 条第 3 款规定："采取信托合同形式设立信托的，信托合同签订时，信托成立。采取其他书面形式设立信托的，受托人承诺信托时，信托成立。"这是关于信托成立时间的规定，而该法第 10 条则可以理解为关于信托生效时间的规定。

一般而言，合同成立之时，就是其生效之时，但法律和法规也可以做出不同的限制性规定。对此，《民法典》第 502 条第 1 款、第 2 款规定："依法成立的合同，自成立时生效，但是法律另有规定或者当事人另有约定的除外。依照法律、行政法规的规定，合同应当办理批准等手续的，依照其规定。未办理批准等手续影响合同生效的，不影响合同中履行报批等义务条款以及相关条款的效力。应当办理申请批准等手续的当事人未履行义务的，对方可以请求其承担违反该义务的责任。"那么，《信托法》第 10 条关于办理信托登记的规定，是否属于《民法典》第 502 条"合同应当办理批准等手续"的情形？从文义解释上看，完全存在这种可能性，即不办理信托登记的，信托合同不生效。

由此，对于"信托不产生效力"的表述，便存在三种可能的理解路径：第一，不办理信托登记的，信托合同有效，信托能够设立，但不能产生对抗第三人的效力；第二，不办理信托登记，信托合同有效，但受托人不能取得信托财产所有权，信托不能有效设立；第三，不办理信托登记，信托合同不生效，信托也就不能设立。

这三种理解，对于信托当事人的限制，是一个由宽松到严格的渐变层次。第一种理解，无疑遵循了信托登记对抗主义的思路，信托不登记也可以设立，只不过不能对抗第三人，第三人一般都特指善意第三人；第二种理解，遵循了信托登记生效主义的思路，并且遵守了区分原则，信托不登记则不能生效，但保留了基础信托合同的效力；第三种理解，无疑最为严苛，不仅遵循了信托登记生效主义的思路，而且抛弃了区分原则，信托不登记，则信托合同都无效。

由于《民法典》允许“法律另有规定”的存在，而《信托法》在效力层级上又属于法律，那么上述三种理解路径都是可行的，并不存在对错之分。由于三种不同的理解方式对于信托当事人乃至第三人的影响甚大，《信托法》第10条的这一不清晰的表述无疑增加了信托实践的法律风险。

（四）补办手续之前信托的效力如何？

《信托法》第10条允许当事人补办信托登记手续，不补办的，信托不产生效力。根据反面解释，只要补办了信托登记手续，信托就产生效力。这难免带来一些疑问，即允许当事人在多长的时间内补办信托登记手续？在信托合同成立之后到补办信托登记手续之前的期间内，该信托是否已经有效设立？如此等等。

相对于《民法典》第502条关于报批手续的规定，《信托法》第10条关于补办登记的规定就比较粗糙简陋。根据《民法典》第502条的规定，需要履行报批手续的合同，在批准之前，合同成立但未生效，当事人有权依照约定请求对方履行报批义务，并有权追究对方违反这一义务的责任。

如果补办手续之后，信托就产生效力，那么信托的效力是否能够追溯到补办手续之前的阶段？如果可以，那么这又将与信托登记生效主义相冲突；如果不可以追溯，那么就不应当叫作补办，因为不办理登记就不能生效，从办理登记时才生效，不存在“补”

的问题。由此可见，围绕《信托法》第 10 条中“补办”的规定，同样令人疑窦丛生。

总之，在《信托法》制定过程中，立法者已经认识到了信托的公示问题，并且认可“依法办理信托登记是关于信托关系成立的法定的公示方式”，但囿于当时的立法水平的局限，以及民事基本法律的不完善，《信托法》第 10 条模糊不清的表述，仍然留下了文义解释和体系融入上的诸多问题，给实践带来了极大困扰，这也表明信托法关于信托登记的规定必须尽快修改。

三、配套的信托登记制度付之阙如

（一）财产权登记制度的不完善致使许多财产之上无法设立信托

自改革开放以来，我国有关财产权登记的制度长期不够完善，既缺乏较高层次的立法，又缺乏明确的登记机关，因此长期存在法律依据零散、登记机构零乱的现象。直到 2007 年，《物权法》第 10 条第 2 款才规定：“国家对不动产实行统一登记制度。统一登记的范围、登记机构和登记办法，由法律、行政法规规定。”自此 7 年之后，国务院于 2014 年 11 月 24 日颁布了《不动产登记暂行条例》，自 2015 年 3 月 1 日起施行，该条例规定，国务院国土资源主管部门负责指导、监督全国不动产登记工作，不动产所在地的县级人民政府不动产登记机构负责办理不动产登记。到了 2016 年，负责不动产登记的国土资源部（现为自然资源部）才出台了《不动产登记暂行条例实施细则》和《不动产登记操作规范（试行）》，逐步将《不动产登记暂行条例》的相关规定予以具体落实，但仍然留下许多遗漏。

可见，从《信托法》颁布的2001年到《不动产登记暂行条例（试行）》颁布的2014年，不动产统一登记立法在十余年的时间里处于空缺状态，财产权登记制度长期处于不完善的局面。以不动产登记为例，在较长的时期内，我国法律法规有较为明确的登记制度的主要是建设用地使用权、房屋所有权、不动产抵押权等少数几个方面，而针对“现实生活中广泛存在的土地租赁权、地役权、承包经营权、地上权、采矿权、空间利用权等诸多不动产权利却没有被列入登记范围，使有些物权不经法定登记方式也可获得……另一方面又使合法获得的物权无法登记而得不到保护”[①]。由于财产权从委托人到受托人之间的移转才能设立信托，而大量的财产权属于应登记的范围却又没有明确的登记制度，因而难以完成财产权的移转，影响了在这些财产权之上设立信托。

当然，伴随着国务院大部制改革的推进，不动产统一登记机构也在不断整合，现在已经完成了由国务院自然资源部下设的自然资源确权登记局来负责不动产及自然资源登记工作的改革任务。《不动产登记暂行条例实施细则》第27条规定：“因下列情形导致不动产权利转移的，当事人可以向不动产登记机构申请转移

---

① 汪其昌：《不动产信托登记问题研究》，载《信托周刊》第20期（2009年8月31日）。

登记：（一）买卖、互换、赠与不动产的；（二）以不动产作价出资（入股）的；（三）法人或者其他组织因合并、分立等原因致使不动产权利发生转移的；（四）不动产分割、合并导致权利发生转移的；（五）继承、受遗赠导致权利发生转移的；（六）共有人增加或者减少以及共有不动产份额变化的；（七）因人民法院、仲裁委员会的生效法律文书导致不动产权利发生转移的；（八）因主债权转移引起不动产抵押权转移的；（九）因需役地不动产权利转移引起地役权转移的；（十）法律、行政法规规定的其他不动产权利转移情形。”

而根据《不动产登记操作规范（试行）》的规定，自然资源确权登记局负责登记的权利范围包括土地所有权、国有建设用地使用权、宅基地使用权、集体建设用地使用权、土地承包经营权、林地使用权、海域使用权、无居民海岛使用权、房屋所有权、构筑物所有权、森林 / 林木所有权、森林 / 林木使用权、抵押权、地役权等；在登记事项上则包括首次登记、转移登记、变更登记、注销登记、更正登记、异议登记、预告登记、查封登记等。

此外，中国人民银行于 2019 年发布了《应收账款质押登记办法》，国家市场监督管理总局于 2019 年发布了《动产抵押登记办法》，国务院于 2020 年年底发布了《关于实施动产和权利担保统一登记的决定》，这表明我国已经开始完善不动产的统一登记，并且开始探索并统一实施动产和权利的登记工作，未来我国财产权的登记制度必将进一步完善，逐步弥补长期存在的缺陷。

（二）信托登记制度尚未建立，许多信托关系因难以登记而无法生效

我国《信托法》第10条仅规定了信托登记生效主义的原则，并未对信托登记作出更为详细的规定。“有关中央主管部门既未获明确授权，对信托制度又缺乏深入了解，对信托业界面临的信托登记困境也缺乏深刻理解，加上长期形成的权力意识，缺乏政府机关制度供给的义务观念，倾向于把制定规则只当成一种权力而不是一项义务。”[①] 因此，在《信托法》通过之后，立法机关和中央行政机关也一直长期未能制定相应的配套法律法规，使信托登记制度无法落实，而已有的财产权登记制度又没有进行信托登记的空间，信托登记从登记机关到登记程序全部都不明确，信托登记制度处于尚未建立的状况，极大地影响了我国信托制度的推广运用。甚至2019年修正的《不动产登记暂行条例实施细则》第106条仍然规定：“不动产信托依法需要登记的，由自然资源部会同有关部门另行规定。”可见，即便在部门规章层面，信托登记中最为重要的不动产信托登记制度，仍然处于空白状态，需要等待有权机关将之正式纳入立法工作计划，才有望逐步推出。

因此，在长期缺乏信托登记制度的情况下，“信托当事人签署信托合同之后，无法依据信托合同直接办理标的物过户手续，双方只能再签署一份买卖合同，依据买卖合同办理过户。这种做法

① 何宝玉：《信托登记：现实困境与理想选择》，载刘俊海主编：《中国资本市场法治评论》（第2卷），法律出版社2009年版，第167页。

无法区分普通的商业行为与信托行为"[①]。有的信托当事人因无法办理信托登记而不得不将信托文件进行公证，试图以此获得对抗效力，其景况窘迫不堪。一些信托公司甚至不得不自发成立一家民间的"上海信托登记中心"，试图依靠自身力量来办理信托业务的登记。[②] 该登记中心后来成为中国信托登记有限责任公司，并经过《信托登记管理办法》的确认，成为该规章所规定的信托机构的信托产品及其受益权信息的登记机构。

长期以来，"我国信托登记制度在法律规定上太原则，且与之相应的配套法律规范又不完善，从而导致信托登记处于一种有法可循却无法可依的局面。在民事信托及信托公司开展信托业务之时均会面临各种困难，导致目前的信托产品品种单一，多为资金信托，而较少财产类信托产品"[③]。凡此种种实践操作中的问题，均极大地影响了信托登记的进行，再加上《信托法》关于信托登记生效主义的规定，使得大量的信托在现实中无法生效，这对于信托制度的推广、信托业的发展都起着极大的负面作用，对此，司法机关在审理涉及信托登记的案件时，也深感不便。例如，最高人民法院在"中信信托有限责任公司、青岛II商业管理有限公司

---

① 罗杨:《信托登记制度启示录：设计思路与法律建议（下）》，载《信托周刊》第11期（2009年3月25日）。

② 相关详细报道请参见尚今:《上海拟成立信托登记中心》，载《金融时报》2006年5月1日，第4版；于婷婷:《上海信托登记中心业务铺向全国》，载《第一财经日报》2007年6月20日，第B02版。

③ 徐刚:《信托登记制度研究》，法律出版社2018年版，第33页。

追偿权”一案的二审判决书中，就颇具学理性地指出：

“信托法第十条对信托财产的登记及其法律效力作出了规定，但配套的信托财产登记制度并未建立。实践中为了实现信托财产的控制与隔离，有的采用权属过户的方式，有的采用对目标财产抵押或质押的方式。上述两种方式能够部分实现信托财产的控制与隔离效果，但又各有不足。反映在本案中，案涉股权过户固然能够实现受托人控制股权的目的，但是由于过户登记在外观上并不具备信托财产的标识，隔离效果无法得到保障。且由于此类因信托目的引起的股权变动兼具股权交易与股权信托的双重特征，还引发了应当适用信托法还是公司法的争议。信托法与公司法在该问题上如何协调，不仅关系到个案中当事人权利的平衡与保护，也关系到信托行业的健康发展，是一个难以取舍的现实难题。”①

第四节　我国信托登记的效力应当与既有财产权登记的效力保持一致

对于信托登记的效力，一个理想化的方案是统一采取登记对抗主义的立法模式，对《信托法》进行修改。因为登记对抗主义

① 最高人民法院（2016）最高法民终475号民事判决书。

赋予了当事人更大的意思自治空间，能够更好地兼顾当事人之间的私法自治与第三人的保护。也就是说，如果采取登记对抗主义，在信托成立之后未办理信托登记的，“仅系不得以信托对抗第三人，至于在信托关系人间，信托纵然未经公示，只要为信托标的物的财产权移转或其他处分有效，信托财产的受让人当然可主张其为受托人，亦即信托关系不因未办理信托登记而受影响”[①]。如果采取信托登记对抗主义，《信托法》第 10 条就应该修改为：“设立信托，对于信托财产，有关法律、行政法规规定应当办理登记手续的，应当依法办理信托登记，未办理信托登记的，该信托不得对不知情的第三人产生效力。”

然而，这一理想化的方案在我国当今的法治环境下未必能够取得最佳效果。因此，笔者认为，信托登记制度必须融入我国既有的财产权登记体系，并且应当和我国既有财产权登记的效力相一致、相匹配、相协调，否则在实践中必将产生诸多抵牾，徒增制度成本。主要理由在于：

第一，将信托之上的权利束拆分为我国现有的财产权类型，有利于信托制度的落地生根。由于信托制度是源自英美法系的独特法律制度，在融入大陆法系时必然面临诸多挑战。学者固然可以坚持呼吁信托制度的“原汁原味”、强调信托的特殊性和对大陆法系财产权体系的冲击，但这必将对信托制度融入大陆法系的进

① 江隆蒲：《台湾现行不动产信托登记之种类与问题分析》，載《信托周刊》第 20 期（2009 年 8 月 31 日）。

程造成阻碍。因此，放弃信托制度中过于突出的英美法系的特质并适当地进行改造，通过大陆法系既有的概念对其解释，尽可能将之纳入既有的法律制度中，才是信托制度尽快“打开市场”“融入当地”的现实路径。因此，在我国的法治环境下，完全可以将信托受托人的权利解释为大陆法系的所有权，将委托人和受托人的权利解释为债权。虽然在解释中存在一些小的障碍，但总体来说是没有问题的。毕竟信托财产需要移转给受托人，受托人的这种权利只有解释为所有权才最接近。信托设立后，委托人和受益人都是依照信托合同、信托目的以及信托法律来对受托人享有权利，这种权利与债权高度相似，解释为债权是完全可行的。

第二，将信托登记制度设计得与既有财产权登记制度尽量匹配相容，有利于信托登记制度尽快成型，并且减少因信托登记带来的制度成本。如果希望打造一个完全独立于既有财产权登记体系之外的信托登记制度，那么不仅需要制定相关的法律，还需要建立一套登记机构，这无疑需要花费许多的人、财、物，而且当事人在设立信托时，还需要为这一登记体系付出相应的时间成本和金钱成本，因此并非上策。诚如学者所言：“信托登记制度的建立对大陆法系的基本物权公示制度——物权登记制度有着强烈的制度惯性和路径依赖。”[①] 因此，遵循既有的财产权登记体系，在此基础上建构信托登记制度，是最为切实可行的方式。

第三，信托登记的效力应当根据我国可登记财产的权利变动

① 徐刚:《信托登记制度研究》，法律出版社 2018 年版，第 81 页。

效力来进行分类设置，呈现效力多元化的样态。我国对于可登记财产的物权变动效力，并非简单的某一种模式，而是根据财产种类的不同、对交易安全和社会公共利益影响的不同而有所不同。总体而言，对于不动产物权一般采取登记生效主义的立法模式，包括建设用地使用权、居住权等用益物权；而对于商标权和专利权，同样是采取登记（注册）生效的立法模式；对于船舶、航空器和机动车这些特殊动产，则采取登记对抗主义的立法模式；对于土地承包经营权、5 年以上的土地经营权、地役权等用益物权，也是采取登记对抗主义的立法模式；对于有限责任公司股权，也是采取登记对抗主义的立法模式。那么信托登记也应当根据法律法规关于这些可登记财产的不同登记效力，来规定对应财产作为信托财产时登记的效力，分别采取登记生效主义和登记对抗主义的多元化模式。

第四，区分设立信托的效力和信托基础文件的效力。根据《信托法》第 8 条的规定，设立信托，应当采取书面形式，包括信托合同、遗嘱或者法律、行政法规规定的其他书面文件等。在判断设立信托的效力时，应当类推适用《民法典》第 215 条关于“未办理物权登记的，不影响合同效力”的规定。当然，更优的做法是在修改《信托法》时，增加一个同类规定的条款，即未办理信托登记的，不影响信托文件的效力。

总之，要想在大陆法系国家引入信托制度，妥善处理信托上的权利与传统物权债权的关系是绕不过去的话题。同样，对于信托登记的制度建设，最为现实稳妥的方案，是与我国既有财产权登记的效力保持一致，在既有可登记财产的登记事项上，增加一个信托登记的种类，在登记的效力上，与其既有的登记效力保持一致，根据财产的类型不同而分别采取登记生效主义或登记对抗主义，如此则可以以最小的成本和最为便捷的方式构建我国的信托登记制度。

第七章　信托登记规范论

07

CHAPTER

第一节　信托登记的内容

一、应登记的信托财产范围

如前所述，信托公示的方法一般可以根据信托财产的主要类别而分为三种，即依法应登记的财产权的信托公示方法为登记；有价证券的信托公示方法为在有价证券上载明其为信托财产；其他财产权则无有效的信托公示方法，主要是移转占有。我国《信托法》第 10 条关于应当办理登记的信托财产的规定，具有三个方面的含义。

第一，对于财产权登记的要求，仅限于法律和行政法规的规定。法律是指全国人民代表大会及其常委会行使立法权而制定的规范性文件，行政法规是指国务院根据宪法和法律的授权而制定的规范性文件。只有当对财产权登记的要求是在这两个层面的立法中提出时，在该财产权之上设立信托才需要办理信托登记。其他的规范性文件如地方性法规、自治条例、单行条例、国务院部门规章、地方政府规章中即便规定了必须登记的财产权，也不能成为信托财产必须办理信托登记的依据。

例如，关于海域使用权，全国人大常委会在 2001 年 10 月 27

日通过的《海域使用管理法》第19条中规定："海域使用申请经依法批准后，国务院批准用海的，由国务院海洋行政主管部门登记造册，向海域使用申请人颁发海域使用权证书；地方人民政府批准用海的，由地方人民政府登记造册，向海域使用申请人颁发海域使用权证书。海域使用申请人自领取海域使用权证书之日起，取得海域使用权。"可见海域使用权的取得是经审批的结果，该条中的登记只是政府的登记管理造册行为，而不是海域使用权的公示方法，其公示方法应该是政府机关的公告，因为该法第21条第1款规定："颁发海域使用权证书，应当向社会公告。"而国家海洋局于2006年10月13日颁布的部门规章《海域使用权登记办法》第3条第1款则规定："海域使用权及他项权利的取得、变更、终止应当依照本办法进行登记。依法登记的海域使用权及他项权利受法律保护，任何单位和个人不得侵犯。"该规章将《海域使用管理法》中由行政机关在批准海域使用权时应当主动进行的登记造册发证行为，变成了海域使用权申请人的义务。那么该规章中关于海域使用权必须登记的规定，就不能成为海域使用权作为信托财产必须进行信托登记的依据，即以海域使用权作为信托财产的，并非必须进行信托登记。

第二，法律法规关于财产权登记的规定，应当是将登记作为财产权的公示方式，是对该权利的产生、变动或消灭事项的规定，而不是行政机关内部为了归档整理而进行登记造册的登记。例如，《民法典》第333条规定："土地承包经营权自土地承包经营权合同生效时设立。登记机构应当向土地承包经营权人发放土地承包经营权证、林权证等证书，并登记造册，确认土地承包经营权。”那么该条中的登记行为就不属于土地承包经营权权利本身产生、变动或消灭的登记，而是政府为了方便进行土地权利管理所进行的整理归档记录，因为土地承包经营权自合同生效时就自动设立。类似于这类规定中的登记造册，就不属于权利变动的公示方式，“只是政府出于管理需要而对土地承包经营权的确认。登记并不是基于当事人的申请而发生的，而是政府依法作出的一种职权行为”①。

第三，由于该条规定中使用了“应当”一词，从文义上看，此处指的是法律法规规定的应登记财产权，而不是可登记财产权。也就是说，《信托法》第 10 条要求的必须登记的信托财产，对应的财产权的登记必须是法律法规的强制性规定，即登记是当事人必须进行而非可以自由选择的程序。例如，《民法典》第 374 条规定：“地役权自地役权合同生效时设立。当事人要求登记的，可以向登记机构申请地役权登记；未经登记，不得对抗善意第三人。”该条中虽然也出现了对地役权登记的规定，但此处的登记只是任意性规定，为当事人可以自由选择的事项，其权利的产生、变动和消灭并不必须经过登记，只是不经登记不得产生对抗效力。如果以

---

① 王利明：《物权法研究（修订版）》（下卷），中国人民大学出版社 2007 年版，第 67 页。

地役权作为信托财产设立信托的话，也并不需要进行信托登记，但是善意第三人可以从受托人处继受取得该财产权。当然，正如本书第六章第三节所分析的，《信托法》第 10 条的表述含混不清，如何理解其中的“应当”并不容易，因为即便是采取登记生效主义的财产权类型，立法用语也并未体现出强制登记的含义，而只是告诉当事人不登记的后果。当然，如果简单地从字面意思上理解，对该条做文义解释，则很容易将应当登记的财产权理解为适用登记生效主义立法模式的财产权类型，如一般的不动产物权、专利权、商标权等。

因此，凡是依照我国有关法律和行政法规的规定，其产生、变动和消灭需要办理登记的财产权在成为信托财产时，就需要以登记为信托公示方法，办理信托登记。目前在我国，各种法律法规所规定的应登记的财产权种类较多，既包括以登记作为生效要件的财产权，如常见的建设用地使用权、房屋所有权等，还包括商标权、专利权等需要登记的知识产权；也包括以登记作为对抗要件的财产权，如船舶、航空器、机动车辆等动产物权以及土地承包经营权、地役权等用益物权。由于信托登记的客体既包括信托财产，又包括信托法律关系，因此信托登记的内容也应当包括信托财产和信托法律关系两个方面的内容。下面，笔者以表格的形式将常见的可登记的财产权进行列举，以明确应登记的信托财产的范围。

表 1 可登记的财产权种类

序	财产权名称	登记的效力	法律法规名称	具体规定
1	不动产物权	登记生效	《民法典》（2020 年 5 月 28 日通过，2021 年 1 月 1 日起施行）	第 209 条："不动产物权的设立、变更、转让和消灭，经依法登记，发生效力；未经登记，不发生效力，但是法律另有规定的除外。依法属于国家所有的自然资源，所有权可以不登记。"
2	特殊的动产物权：①船舶物权 ②航空器物权 ③机动车物权	登记对抗	《民法典》	第 225 条："船舶、航空器和机动车等的物权的设立、变更、转让和消灭，未经登记，不得对抗善意第三人。"
3	土地承包经营权	登记对抗	《民法典》	第 335 条："土地承包经营权互换、转让的，当事人可以向登记机构申请登记；未经登记，不得对抗善意第三人。"
4	流转期限为五年以上的土地经营权	登记对抗	《民法典》	第 341 条："流转期限为五年以上的土地经营权，自流转合同生效时设立。当事人可以向登记机构申请土地经营权登记；未经登记，不得对抗善意第三人。"
5	建设用地使用权	登记生效	《民法典》	第 349 条："设立建设用地使用权的，应当向登记机构申请建设用地使用权登记。建设用地使用权自登记时设立。登记机构应当向建设用地使用权人发放权属证书。"

续表

序	财产权名称	登记的效力	法律法规名称	具体规定
6	居住权	登记生效	《民法典》	第 368 条："居住权无偿设立，但是当事人另有约定的除外。设立居住权的，应当向登记机构申请居住权登记。居住权自登记时设立。"
7	地役权	登记对抗	《民法典》	第 374 条："地役权自地役权合同生效时设立。当事人要求登记的，可以向登记机构申请地役权登记；未经登记，不得对抗善意第三人。"
8	不动产抵押权： ①建筑物和其他土地附着物抵押权 ②建设用地使用权抵押权 ③海域使用权抵押权 ④正在建造的建筑物抵押权	登记生效	《民法典》	第 402 条："以本法第三百九十五条第一款第一项至第三项规定的财产或者第五项规定的正在建造的建筑物抵押的，应当办理抵押登记。抵押权自登记时设立。"
9	动产抵押权	登记对抗	《民法典》	第 403 条："以动产抵押的，抵押权自抵押合同生效时设立；未经登记，不得对抗善意第三人。"
10	无权利凭证的权利质权： ①汇票质权 ②本票质权 ③支票质权 ④债券质权 ⑤存款单质权 ⑥仓单质权 ⑦提单质权	登记生效	《民法典》	第 441 条："以汇票、本票、支票、债券、存款单、仓单、提单出质的，质权自权利凭证交付质权人时设立；没有权利凭证的，质权自办理出质登记时设立。法律另有规定的，依照其规定。"

续表

序	财产权名称	登记的效力	法律法规名称	具体规定
11	①基金份额质权 ②股权质权	登记生效	《民法典》	第443条第1款："以基金份额、股权出质的，质权自办理出质登记时设立。"
12	知识产权质权： ①注册商标专用权质权 ②专利权质权 ③著作权质权	登记生效	《民法典》	第444条第1款："以注册商标专用权、专利权、著作权等知识产权中的财产权出质的，质权自办理出质登记时设立。"
13	应收账款质权	登记生效	《民法典》	第445条第1款："以应收账款出质的，质权自办理出质登记时设立。"
14	土地经营权的担保物权	登记对抗	《农村土地承包法》（2018年修正）	第47条第2款："担保物权自融资担保合同生效时设立。当事人可以向登记机构申请登记；未经登记，不得对抗善意第三人。"
15	①探矿权 ②采矿权	登记生效	《矿产资源法》（2009年修正）	第3条第3款："勘查、开采矿产资源，必须依法分别申请、经批准取得探矿权、采矿权，并办理登记；但是，已经依法申请取得采矿权的矿山企业在划定的矿区范围内为本企业的生产而进行的勘查除外。国家保护探矿权和采矿权不受侵犯，保障矿区和勘查作业区的生产秩序、工作秩序不受影响和破坏。"

续表

序	财产权名称	登记的效力	法律法规名称	具体规定
16	①船舶所有权 ②船舶抵押权	登记对抗	《海商法》	第9条："船舶所有权的取得、转让和消灭，应当向船舶登记机关登记；未经登记的，不得对抗第三人。" 第13条第1款："设定船舶抵押权，由抵押权人和抵押人共同向船舶登记机关办理抵押权登记；未经登记的，不得对抗第三人。"
17	①民用航空器所有权 ②民用航空器抵押权 ③民用航空器承租人的占有权	登记对抗	《民用航空法》（2018年修正）	第14条第1款："民用航空器所有权的取得、转让和消灭，应当向国务院民用航空主管部门登记；未经登记的，不得对抗第三人。" 第16条："设定民用航空器抵押权，由抵押权人和抵押人共同向国务院民用航空主管部门办理抵押权登记；未经登记的，不得对抗第三人。" 第33条："民用航空器的融资租赁和租赁期限为六个月以上的其他租赁，承租人应当就其对民用航空器的占有权向国务院民用航空主管部门办理登记；未经登记的，不得对抗第三人。"
18	注册商标专用权	登记（公告）生效	《商标法》（2019年修正）	第42条第4款："转让注册商标经核准后，予以公告。受让人自公告之日起享有商标专用权。"

续表

序	财产权名称	登记的效力	法律法规名称	具体规定
19	①专利申请权 ②专利权	登记生效	《专利法》（2020 年修正）	第 10 条第 3 款："转让专利申请权或者专利权的，当事人应当订立书面合同，并向国务院专利行政部门登记，由国务院专利行政部门予以公告。专利申请权或者专利权的转让自登记之日起生效。"
20	有限责任公司的股权	登记对抗	《公司法》（2018 年修正）	第 32 条第 3 款："公司应当将股东的姓名或者名称向公司登记机关登记；登记事项发生变更的，应当办理变更登记。未经登记或者变更登记的，不得对抗第三人。"

（资料来源：本研究自行整理）

二、信托财产

信托登记的内容，首先是要对信托财产的客观状况做出准确的记录，即对信托财产的物理状况、事实情况及已有的权利负担等进行客观而全面的描述，尽量符合该财产在现实生活中和法律上的原貌。例如，《不动产登记暂行条例》第 8 条第 3 款规定："不动产登记簿应当记载以下事项：（一）不动产的坐落、界址、空间界限、面积、用途等自然状况；（二）不动产权利的主体、类型、内容、来源、期限、权利变化等权属状况；（三）涉及不动产权利限制、提示的事项；（四）其他相关事项。"

从上文表1中可见，应登记的财产权主要是不动产所有权、特殊的动产所有权、用益物权、抵押权、质权、知识产权、股权这几大类。因此，这些财产权作为信托财产进行登记时，首先就应该将这些权利的标的物的客观状况进行记载和描述。

第一，记载信托财产的客观状况。对于信托财产客观状况的记载，可以参考该财产在进行其自身的权利登记时的记载要求，一般需要对财产的位置、界限、范围、大小、期限等作出记载。例如，就不动产而言，需要以基本单位来进行登记，包括宗地、宗海、房屋等。《不动产登记暂行条例》第8条规定，“不动产以不动产单元为基本单位进行登记”。《不动产登记暂行条例实施细则》第5条对此进一步解释道：“《条例》第八条规定的不动产单元，是指权属界线封闭且具有独立使用价值的空间。没有房屋等建筑物、构筑物以及森林、林木定着物的，以土地、海域权属界线封闭的空间为不动产单元。有房屋等建筑物、构筑物以及森林、林木定着物的，以该房屋等建筑物、构筑物以及森林、林木定着物与土地、海域权属界线封闭的空间为不动产单元。前款所称房屋，包括独立成幢、权属界线封闭的空间，以及区分套、层、间等可以独立使用、权属界线封闭的空间。”因此，如果以不动产作为信托财产进行信托登记时，就应当详细记载不动产的坐落、面积、用途、权利类型等情况。

第二，还应当记明信托财产之上已存在的其他权利情况。例如，以不动产所有权作为信托财产设立信托的，在登记时除了记载和描述不动产的客观状况以外，还应当载明该不动产之上存在的抵押权、地役权等其他权利。

三、信托法律关系

除了对信托财产进行客观描述之外，信托登记还必须载明财产之上的信托法律关系。“我国《信托法》第10条的规定似乎只规定了对信托财产的公示。但是，由于信托财产的复杂性，对信托财产的公示方法和公示机关并不相同，此时第三人似乎并不能得知信托财产之法律状态的全貌。因此，还应公示信托关系。”[①] 因此，信托法律关系也应当进行登记，而对于信托法律关系的记载，应当集中于当事人、信托目的和权限三个方面。“登记内容应尽量能呈现信托法律关系的全貌，又能方便第三人查阅从而更加明确受托人的权限和受益人的权利。”[②]

首先，信托登记应当根据申请人提供的身份证明材料载明委托人、受托人和受益人的身份信息，如姓名或名称、住所或营业场所等。如果受益人尚不能具体确定的，如公益信托，则需要记明受益人的范围。当然，考虑到信托目的和类型的不同，有些信托受益权需要频繁流转，每次都详细记载受益人的姓名等信息过于繁琐，因此对于商事信托在必要时可以对受益人进行概括性描述，而不记载具体个人信息。对此，日本在修改信托法时就对特定类型的信托做出了不同的规定，“关于不动产作为信托财产时的登记

---

① 赵廉慧:《信托法解释论》，中国法制出版社2015年版，第244页。

② 谢哲胜:《信托法》，元照出版有限公司2009年版，第106页。

中的登记事项，以前的不动产登记法将‘受益人的姓名或名称及住所’作为必须记载的事项，而新信托法在引入担保权信托等之际，对其作了修改。具体而言，在‘存在受益人代理人时，其姓名或名称及住所’以及‘受益证券发行信托中的’登记时，不需要登记‘受益人的姓名或名称及住所’。这是因为可能会频繁变换受益人的不动产流动化以及担保权信托中，每次都必须经过信托登记的手续太过于繁琐，因此排除了这些实务上的障碍”[①]。

其次，应当载明设立信托的目的。登记机关通过对信托目的登记时的审查，可以判断信托的设定是否符合法律法规和公序良俗。根据《信托法》第 11 条的规定，信托目的违反法律、行政法规，或者损害社会公共利益，或者专以诉讼或者讨债为目的的信托，均不能有效设立。对于信托目的的载明还有利于判断受托人的处分行为是否超越权限，当仅根据信托合同对受托人权限的约定难以判断其行为是否越权时，便可以结合信托的目的来进行解释和判断。

最后，应当载明受托人的权限。受托人对信托财产享有何种管理权限，是否具有处分的权限，这些都是保护交易第三人利益的重要内容，交易第三人在交易前通过查询财产的登记就可以知悉信托关系的存在及受托人的权限。如果受托人与第三人的交易超越了信托登记上载明的权限，例如禁止受托人处分信托财产的，

---

① ［日］新井诚：《信托法》（第 4 版），刘华译，中国政法大学出版社 2017 年版，第 308 页。

则受益人有权撤销受托人与第三人之间关于移转信托财产所有权的交易。

四、信托文件

信托文件即记载当事人设立信托时的意思表示的文件，如信托合同或信托遗嘱。《民法典》第 1133 条第 4 款规定："自然人可以依法设立遗嘱信托。"那么在信托登记时，除了要将信托财产和信托法律关系进行记载以外，还需要将信托文件作为附件附在其后，以备权利人进行查询，知悉有关该信托的详细情况。这样可以避免信托登记较为简略而无法详细记录和公示信托法律关系的缺陷。

在日本信托法上，作为附件的信托文件也称为信托原簿，在我国台湾地区信托相关规定上也称为信托专簿。在日本法信托上，申请信托登记时"必须附上记载信托目的等法定事项之书面。该书面即为信托原簿，视为登记簿的一部分"[①]。我国台湾地区相关规定指出："信托登记，除应于登记簿所有权部或他项权利部登载外，并于其他登记事项栏记明信托财产、委托人姓名或名称，信托内容详信托专簿。前项其他登记事项栏记载事项，于办理受托人变更登记时，登记机关应予转载。"因此，其所言的信托专簿实质上也就是当事人之间的信托文件，"不过是将当事人的信托文件编号

① 日本三菱日联信托银行编著:《日本信托法制与实务》，信托业商业同业公会审订，台北金融研训院 2009 年版，第 61 页。

作为登记的附件，信托条款并非经审查整理后而登载，即未将信托文件整理，只供第三人查阅申请的资料文件而已，信托内容如有变更，当事人提出申请后，也是将信托内容变更文件一并放入原信托文件中”[①]。

信托文件作为附件保存在信托登记之中，主要是方便权利人知悉信托法律关系的详细情况，有利于其作出受托人是否超越权限不当处理信托财产的判断。为了保护信托法律关系当事人之间的隐私，对于信托文件的查询应当仅限于信托法律中的权利人或有权国家机关才能进行，如信托受益人、监护人、继承人、受遗赠人等，或者清算组、破产管理人、财产代管人等，不应轻易对一般的利害关系人公开。对此，权利人应当证明身份，而国家机关工作人员也需要出具相关证明材料。此外，由于将信托文件作为登记的附件将会导致信托文件的全盘公开，对此有些信托当事人不愿意将彼此之间秘密约定的细节全部向外公开，因此实践中也有当事人仅提供一个简略的信托文件作为登记附件的，而真实的、详细的信托文件则仍在当事人之间保存。对于这种行为，法律难以也没有必要进行严格限制，只要信托登记在主体内容上完成了关于信托财产、当事人、信托目的、受托人权限诸事项的登记，即便当事人提供的信托文件比较简略，也不妨碍信托登记的完整性和真实性。

---

① 谢哲胜:《信托法》，元照出版有限公司 2009 年版，第 104 页。

第二节 信托登记系统的电子化

一、信托登记系统电子化的必要性

改革开放以来，我国财产权登记系统的电子化程度普遍不够高，大部分仅处于将登记簿的内容输入电脑、存储到电子媒介上的初级阶段。进入21世纪之后，我国土地和房产登记部门一直强调要加强信息系统的建设，2007年《物权法》提出要建立统一的登记系统，但尚未将登记系统的电子化列为建设目标。在当时不动产登记系统的电子化建设水平较低，查询也不方便，“一些登记机关的物权登记信息仅停留在简单的电脑录入和单机存储，缺乏科学、合理的分类、索引以及联网共享，电子化信息更新速度慢；不同登记机关以及同一登记机关的不同地区分支机构之间，缺乏必要的信息交流和共享”[①]。

由于我国对于应登记的财产长期实行分散登记，不同的财产归属于众多的登记机构进行登记，如果不同登记机关的登记系统不能实现有效沟通和连接的话，对于公众而言，要进行财产状况的查询仍然不够方便，因为不同的财产权利还需要通过不同的登记系统进行查询，而有些财产权的登记机构之间还存在分工不明

---

① 汪其昌：《不动产信托登记问题研究》，载《信托周刊》第20期（2009年8月31日）。

或重叠的现象，这为财产的查询带来了一定的障碍。

由于信托财产具有独立性，应登记的信托财产在登记之后便具有对抗第三人的效力，而信托法律关系本身又涉及三方当事人，因此，信托登记系统也必须实现电子化、全国统一平台化，如此才有利于维护各方当事人的利益和交易安全。

第一，信托登记系统的电子化有利于当事人进行设立信托的登记。实现登记系统的电子化之后，当事人在设立信托时，可以通过网络将信托财产和信托法律关系的内容进行填写和登记，在信托的内容发生变更时也可以通过网络申请进行登记内容的更改，减少了当事人的时间成本和亲自前往登记机关办理登记的交通费用。

第二，有利于减少登记机关的登记错误。实现信托登记系统的电子化之后，需要登记的基本信息都由当事人自行填写，登记机关可以通过审核并确认的形式进行保存，或者通过转载的形式加以保存，省去了从当事人书面申请誊抄撰写到登记簿上的环节，因此有利于减少登记机关发生错误或疏漏的概率，有利于维护登记的正确性和公信力。

第三，信托登记系统的电子化有利于交易相对人的查询。当事人以外的第三人与从事与信托财产有关的交易时，可以通过电子系统对该财产之上的法律关系进行查询，进而可以得知该财产为信托财产以及受托人对该财产的处分权限，还可以通过网络远程查阅当事人上传的信托文件，整个过程非常便利，极大地实现了信托财产的公示。当第三人欲与受托人发生交易时，可以通过查询受托人名下的财产状况而得知其名下属于信托财产的比例，从而知悉受托人的自有财产状况，对其偿债能力作出真实的评价，并进而决定是否与其发生债权债务关系。

第四，信托登记系统的电子化有利于强化信托财产的独立地位，维护受益人利益。信托财产在受托人的经营管理过程中，必然会发生财产形式的变化，在实现登记系统的电子化之后，受托人对信托财产的重大变化可以及时作出记录并变更登记的内容，从而明晰了其对信托财产的管理过程，避免了信托财产与其自有财产发生混同或抵销的可能性，确保了受益人的利益。

二、我国财产权登记系统电子化的进展

在电子化时代的今天，财产权的登记应当实现电子化以便利利害关系人的查询，更好地实现权利的公示。我国政府也已经意识到登记系统电子化在信息时代的重要性，并开始加强此方面的建设，在十余年的时间内取得了飞速的进展。

在登记系统的电子化建设上，中国人民银行征信中心为履行《物权法》第 228 条赋予其对应收账款质押的登记职责而建设的应收账款质押登记公示系统是较早进行电子化建设的一个登记系统，并且效果良好，为后续其他登记系统的电子化提供了参考。该系统于 2007 年 10 月 1 日上线运行，是我国第一个基于现代动产担保登记理念建设的登记系统，具有登记、查询和登记文件验证三大功能。该系统向社会公众开放，任何个人或机构都可以注册为系统的用户而进行登记和查询。当事人可以通过网络进行应收账款的登记，将出质人、质权人、应收账款的状况、登记期限等信

息进行登记，并将财产质押的协议进行扫描或照相之后，将其作为图片格式的附件上传，这样在登记信息之外，第三人还可以查阅到当事人之间的具体约定。同时在进行当事人或质押财产的变更时，当事人也随时可以登录登记系统进行相关内容的修改。

在 2007 年国土资源部发布的《土地登记办法》(已失效)中，其第 15 条第 3 款规定："土地登记簿采用电子介质的，应当每天进行异地备份。"其第 71 条还规定："县级以上人民政府国土资源行政主管部门应当加强土地登记结果的信息系统和数据库建设，实现国家和地方土地登记结果的信息共享和异地查询。"可见，在当时已经具有采用电子介质的土地登记簿，但还是以纸质登记簿为主，同时，登记系统的电子化也属于加强建设的目标。

到了 2014 年，《不动产登记暂行条例》规定的登记簿中，电子介质的登记簿已经与纸质介质的登记簿并重了。该条例第 12 条规定："不动产登记机构应当指定专人负责不动产登记簿的保管，并建立健全相应的安全责任制度。采用纸质介质不动产登记簿的，应当配备必要的防盗、防火、防渍、防有害生物等安全保护设施。采用电子介质不动产登记簿的，应当配备专门的存储设施，并采取信息网络安全防护措施。"同时，《不动产登记暂行条例》中，登记系统的电子化建设已经完成，进一步的目标是建立全国统一的不动产登记信息管理基础平台，实现不动产登记有关信息与住房城乡建设、农业、林业、海洋等部门审批信息、交易信息实时互通共享，实现国土资源、公安、民政、财政、税务、工商、金融、审计、统计等部门不动产登记有关信息的互通共享。

到了 2016 年,《不动产登记暂行条例实施细则》已经不再规定纸质介质登记簿，其第 7 条规定："不动产登记机构应当配备专门的不动产登记电子存储设施，采取信息网络安全防护措施，保证电子数据安全。任何单位和个人不得擅自复制或者篡改不动产登记簿信息。"同时，统一的不动产登记信息管理基础平台已经基本建成，该细则第 95 条提出下一步的任务是"按照统一的不动产登记信息管理基础平台建设要求和技术标准，做好数据整合、系统建设和信息服务等工作，加强不动产登记信息产品开发和技术创新，提高不动产登记的社会综合效益"。其第 96 条提出应当使"不动产登记机构、不动产交易机构建立不动产登记信息与交易信息互联共享机制，确保不动产登记与交易有序衔接"。可见，我国不动产登记的电子系统已经基本建成，并且开始将登记信息与交易信息相连通，这为登记和查询都提供了极大的便利。

因此，在网络时代，信托登记系统的电子化也必须和互联网结合起来，使当事人的登记、变更和第三人的查询都能够通过网络异地实现，这样才能够真正实现信托登记公示效果的最大化。目前我国已经开展的信托登记业务电子化方面的进展与不动产登记系统电子化的进展大体相当。2007 年上海信托登记中心自成立伊始，就建立了电子化的登记系统,《上海信托登记中心信托登记业务守则》第 4 条规定："如无特别规定，本中心设立电子化登记簿记系统；信托登记人的登记事实依据电子登记簿记系统记录结果确认。"

根据原银监会 2017 年制定的《信托登记管理办法》第 6 条，

信托公司应当“建立独立、安全、高效的信托登记系统及相关配套系统，强化信息技术保障，切实保护信托当事人及其他相关方的合法权益”。2018年《中国信托登记有限责任公司信托登记管理细则》第3条规定：“本细则所称信托登记系统是指信托登记公司建设的用于接收信托机构信托登记申请和定期报送数据、办理信托登记业务及开展信息核对等相关系统的统称。”

可见，在原银监会的主导下，有关信托产品的登记早已实现了电子化，其登记系统的电子化建设也已完成。结合不动产登记系统的电子化建设进度，在我国全部可登记财产上实现登记的电子化目标已经基本实现，在此基础上实现信托登记系统的电子化也是水到渠成之事。

第三节　信托登记机构的设置

一、我国财产权登记机构的现状

信托登记机构是对应登记的财产设立信托时的登记机构。如前所述，应登记的财产具有多样性，种类较多而且差异较大。虽然自《物权法》颁布以来，我国在推进不动产统一登记方面取得了较大进展，不仅实现了土地和房屋权利的统一登记，而且陆续将林地、草原、海域等不动产权利也整合到了统一的不动产登记机构职权范围之内。但是，现实生活中的财产权种类繁多，即便是可登记的财产权，也远非不动产物权一类，因此，即便实现了不动产的统一登记，从现实的角度考虑，也很难由单一的登记机构对所有的信托财产进行登记，而只能根据具体应登记信托财产的种类而交由不同的登记机构进行登记。

目前我国自然资源部整合了不动产的登记事项之后，依照法律法规应登记的各类财产权仍然存在多个登记机关。具体情况请见表2。

表2 应登记财产权的登记机关

序	登记机构	财产权名称	法律法规依据
1	不动产登记机构（主管机关为自然资源部的自然资源确权登记局和矿业权管理司）	集体土地所有权；国有建设用地使用权及房屋所有权；宅基地使用权及房屋所有权；集体建设用地使用权及建筑物、构筑物所有权；土地承包经营权；林地使用权；海域使用权；无居民海岛使用权；森林、林木所有权；森林、林木使用权；地役权；建设用地使用权抵押权；建筑物和其他土地附着物抵押权；海域使用权抵押权；土地经营权抵押权；正在建造的建筑物抵押权；其他不动产抵押权；探矿权、采矿权	《民法典》《不动产登记暂行条例》《土地管理法》《城市房地产管理法》《矿产资源法》
2	草原行政主管部门（主管机关为国家林业和草原局）	国有草原使用权、集体草原所有权	《民法典》《草原法》

续表

序	登记机构	财产权名称	法律法规依据
3	中国人民银行征信中心（具体为动产融资统一登记公示系统）	动产抵押权、应收账款质权、存款单、仓单、提单质权，以及其他动产和权利担保物权	《民法典》
4	市场监督管理部门（主管机关为国家市场监督管理总局）	动产抵押权、股权	《民法典》《公司法》《公司登记管理条例》
5	国家知识产权局商标局	商标专用权、商标专用权质权	《民法典》《商标法》《商标法实施条例》
6	国家知识产权局	专利权、专利权质权	《民法典》《专利法》《专利法实施细则》
7	国家版权局	著作权质权	《民法典》《著作权法》
8	中国证券登记结算公司	基金份额质权、上市公司股权质权	《民法典》《证券投资基金法》
9	海事局	船舶所有权、船舶抵押权	《民法典》《海商法》
10	国务院民用航空主管部门（民航总局）	民用航空器所有权、民用航空器抵押权、民用航空器优先权、民用航空器承租人的占有权	《民法典》《民用航空法》
11	公安机关交通管理部门（主管机关为公安部交通管理局）	机动车所有权、机动车抵押权	《道路交通安全法》《道路交通安全法实施条例》

（资料来源：本研究自行整理）

二、关于信托登记机构的两种思路：统一或分散

关于信托登记机构的设置，国内理论界和实务界有两种不同的思路，一种思路为统一模式，即设置统一的信托登记机构；另一种思路则为分散模式，即根据信托财产种类的不同而分别设置信托登记机构。

（一）统一信托登记机构的思路

设置信托登记机构的统一模式也称为理想模式，即主张我国应建立统一的信托登记机构，不再区分信托财产的不同而统一由一个登记机构进行登记。这种思路看到了我国目前各种财产权分散登记带来的重复登记、查询不易等弊端，认为建立一种统一的信托登记机构，可以克服目前登记状况的弊端，实现信托登记和查询的便利。

这种观点得到了一些政府部门的支持。例如，原银监会曾于2008年6月16日印发的《信托登记管理办法（征求意见稿）》中就采取了此种思路，该意见稿的第2条为："在中华人民共和国境内申请办理信托登记，适用本办法。"第4条更是规定："信托登记采取全国集中统一的登记方式，由信托登记机构依法集中统一办理。"但是在2017年正式发布的《信托登记管理办法》中，则改变了这一思路，将其登记范围仅限于信托机构的信托产品及其受益权信息等。

（二）分别设置信托登记机构的思路

分别设置信托登记机构的思路即为分散模式，也称为现实模式，即在我国现有财产权登记机构的基础上，增加其对各种财产权作为信托财产的登记职能即可，不必再重新建立一个新的统一登记机构。按照此种思路，应当在目前我国不动产登记机构、草原行政主管部门、市场监督管理部门、国家知识产权局、国家知识产权局商标局、国家版权局、中国证券登记结算公司、中国人民银行征信中心、海事局、国务院民用航空主管部门、公安机关交通管理部门各自的财产权登记职责范围内，增设信托登记的职责，由此实现信托财产的登记。

此种观点也得到一些政府部门的响应。例如，住房和城乡建设部曾经在2007年起草的《房地产信托登记暂行办法》（草案）第3条就规定："房地产信托登记应当由房地产所在地的房地产登记机构办理。"按照这一思路，在房地产登记机构的工作范围内增设房地产信托登记的业务类型，以此实现房地产作为信托财产的信托登记业务。但由于其后国务院制定《不动产登记暂行条例》，并进行大部制改革，住建部负责房屋登记的职权范围被划分到国土资源部，随后又整合进入自然资源部，故房地产信托登记的部门立法工作便被搁置。2016年《不动产登记暂行条例实施细则》第106条仍然规定："不动产信托依法需要登记的，由自然资源部会同有关部门另行规定。"从这一规定尚难看出自然资源部对于信托登记是准备采取与其他部门建立统一登记系统的方式，还是准备沿袭分散登记的思路。

原银监会在 2017 年发布的《信托登记管理办法》中，改采分散登记的思路，规定由中国信托登记有限责任公司负责信托机构的信托产品及其受益权信息的登记，在信托产品（主要是集合资金信托计划）方面率先实现了信托分散登记，在规范信托机构的信托产品登记方面起到了积极作用，“通过信登公司的平台，对信托产品进行统一、集中登记，发放唯一产品编码，可以达到产品公示的效力；而通过信托受益权账户的开设及对信托受益人所持信托受益权的电子化簿记管理，进而构建信托发行、交易流转市场，很大程度上解决了信托受益权的登记确权问题”[①]。

（三）两种思路的比较

应当说，统一登记和分散登记两种模式各有利弊。统一登记机构思路的优点是能够实现信托登记的集中化，并可以建立高效率的电子化登记系统，当事人在查询时极为便利，能够节省交易成本。但是，此种思路的弊端是难以克服目前财产权登记机构设置的现状限制，因为信托登记不能完全脱离权利本身的登记，如果重新设置一个统一的登记机构，则势必要求原有的财产权登记机构做出改变甚至被撤销，如此则难度太大。而如果不改变财产权登记机构设置的现状，则新的统一登记机构难以

① 王玉国：《再谈信托登记体系设计：由此岸到彼岸》，载《财新》2017 年 3 月 23 日。

有效利用原有登记机构的信息，如果一个财产设置信托，统一登记机构不能利用原有登记机构的信息的话，就必须重新建立有关财产权的资料库，如此则极大地增加了登记机构的运行成本，得不偿失。

而分散登记的优势在于实现起来较为容易，因为无需对现有登记机构作出重大调整，只需在已有登记机构的基础上增加有关信托登记的业务内容即可，操作起来难度不大，因此可以尽快实现信托登记制度的构建。但是此种思路的弊端在于没有对现有登记机构过于分散而导致分工不明、查询不易的状况作出改变，所以有可能仍会沿袭这些弊端。

相比较而言，笔者更赞同分散登记的模式，因为目前信托登记制度缺失的状况给实践带来了极大的不便，如果等待统一登记模式的实现，则势必耗费许多时日，导致信托实践的发展停滞不前。更重要的是，笔者认为信托登记虽然在理论上是一个独立的登记制度，但在具体操作上，却应当融入各项具体财产权的登记制度中，在具体财产权的登记事项上增加一类信托登记的事项，在登记的效力上附和该项财产权既有的登记效力。

所以分散登记机构的思路是目前唯一可行的思路，这也是原银监会在试图统一整合各类财产权信托登记之后，不得不采取分散登记现实做法的原因。进行分散登记可以分轻重缓急，逐步推进，即“信托业主管部门可以选择当前信托业界最迫切需要的一些财产登记，如土地登记、股权登记等，在国务院法制部门的协调下，与有关主管部门协商配合，积极推进，先制定出土地、股权等信托登记规则，以解信托经营机构的燃眉之急”[①]。当然，为了避免财产权进行信托登记时出现重复、交叉的状况，在各个登记机构增设信托登记业务时，应当从两个方面着手作出改进：一是将各类信托财产的登记机构作为明确的划分，既不出现应登记财产权的遗漏，又不出现重复和交叉登记的情况；二是应当同步推进信托登记系统的电子化，不仅在各个登记机构内部实现登记系统的电子化，还应当尽快实现各个登记机构的登记系统之间的资源共享和同一平台连接，从而解决全国范围内监管难、查询难的问题。

三、信托登记机构的具体设置

鉴于我国目前对于应登记财产权存在多个登记机构，包括不动产登记机构、市场监督管理部门、国家知识产权局、国家知识产权局商标局、国家版权局、中国证券登记结算公司、中国人民银行征信中心、海事局、国务院民用航空主管部门、公安机关交通管理部门，那么在建立信托登记制度时，信托登记机构实际上也就是这些登记机构，为这些机构增加信托登记的业务即可，无需再单独在这些机构内部设立信托登记部门。

当然，伴随着我国政治经济的发展，未来如果中央机构改革对相关登记机构进行了调整，则信托登记机构也就随之调整。如果根据财产权利的属性进行划分，目前应登记或可登记的财产权

---

① 何宝玉：《信托登记：现实困境与理想选择》，载刘俊海主编：《中国资本市场法治评论》（第2卷），法律出版社2009年版，第167—168页。

大体上可以分为不动产财产权、应登记动产财产权、其他财产权利三大类。

（一）不动产财产权信托的登记机构

在自然资源部整合诸多不动产权利登记部门并建立了统一的不动产登记系统之后，不动产财产权信托的登记也应当由自然资源部负责进行，需要在其负责的不动产登记业务类型上增设不动产信托登记的类型。

在信托发展史上，不动产财产权向来是最为重要的信托财产种类之一，因为不动产自身的特点使其成为极为重要的信托财产类型，如土地所有权、房屋所有权等。因为不动产不易损耗，可以服务于较长期限的信托目的，而且不动产的利用方式多种多样，增值升值的空间大，容易实现财富的增长，所以历来是人们设立信托的优先选择。"古老时代，对不动产之观念，只限于'占有''所有'，现代对不动产之新观念，已演变成为'所有'之真正含义在于'能高度有效利用''能如商品真正货畅其流通'。是以土地信托被誉为'明日信托之星'。"[①] 由于我国实行土地公有制，个人不能拥有土地所有权，因此房产所有权及其相关权利便成为私人财产中最重要的不动产权利。房地产价值巨大，且容易进行出租出售等利用，增值空间较大，适合作为信托财产设立

① 黄国精：《信托之时代》，载氏著：《信托论著集萃》（增订版），三民书局1994年版，第144页。

信托。因此，实践中人们要求当地产登记机构进行信托登记的需求较多，而信托登记制度的缺失则极大地阻碍了房地产信托的发展。

目前依照我国的法律和行政法规，需要登记的不动产财产权主要有集体土地所有权、国有建设用地使用权、房屋所有权、农村宅基地使用权、农村房屋所有权、集体建设用地使用权、土地承包经营权、林地使用权、海域使用权、无居民海岛使用权、森林和林木所有权及使用权、国有草原使用权、集体草原所有权、探矿权、采矿权、地役权、不动产抵押权。

在以这些不动产财产权作为信托财产进行登记时，以自然资源部为主的不动产登记机构应当在其登记职责上增加相关不动产财产权的信托登记业务。我们可以在目前不动产财产权登记机构的职责范围上增设信托登记一项，将信托登记纳入已有登记系统，依托已有的不动产权利资料储存，尽快实现不动产权利的信托登记。例如，不动产登记机构负责建设用地使用权的登记事项，那么当事人以建设用地使用权作为信托财产设立信托时，也应当到不动产权登记机构办理信托登记，由其进行审核并为受托人颁发不动产信托财产权属证书。

（二）应登记动产财产权的登记机构

目前，我国应登记的动产财产权主要集中在船舶、航空器和机动车辆这些价值较大且耐用的动产之上，如船舶所有权、船舶抵押权、民用航空器所有权、民用航空器抵押权、民用航空器优先权、民用航空器承租人的占有权、机动车所有权、机动车抵押权等。这些交通工具不仅是人们生活中的重要财产，能够为人们的生活提供极大的便利，而且在一定情况下还涉及国家利益，例如船舶、航空器可以在世界范围内进行航行，涉及国家的领土主权、关税、卫生等国家利益，而且在紧急时期国家还可能对这些交通工具进行管制或征收、征用，因此需要对这些动产加强管理、以登记作为权利变动的公示方法。

目前对这些交通工具的登记机构主要是海事局、国务院民用航空主管部门和公安机关交通管理部门。那么对于以这些动产财产权设立信托的，为了实现登记的便利，可以在这些部门的登记业务范围内增设相应交通工具的信托登记一项，如此则不影响国家对这些动产的管理秩序。

当然，伴随着动产担保统一登记的先行先试，未来的科技发展将为动产的登记提供更加稳定可靠的技术支撑，因此在生产设备、原材料、半成品、成品上进行信托登记也越来越具有可行性，未来甚至可以在一切动产之上实现信托登记。

（三）其他财产权利信托的登记机构

除了不动产权利和特殊动产权利之外，其他可登记或应登记的财产权利主要是知识产权、股权和一些权利质权。对于这些财产权利信托的登记，就可以在现有登记机构的基础上，为其增加各自负责登记的财产权的信托登记业务类型。

知识产权既包括人身性的权利如著作权中的署名权、修改权等，也包括财产性的权利如著作权中的邻接权、商标专用权等。对于人身性的知识产权，其并不能转让，不具有流通性，因此不能作为信托财产设立信托，但是对于财产性的知识产权，则可以与作者本人分开，可以授权他人使用，具有流通性并可以获取经济利益，因此完全可以作为信托财产设立信托。目前我国法律和行政法规规定应登记的知识产权包括专利申请权、专利权、著作权质权、注册商标专用权、注册商标专用权质权等。在国务院进行大部制改革之后，主要由国家知识产权局来负责知识产权的登记工作，但具体又包括国家知识产权局、国家知识产权局商标局和国家版权局来对应负责不同的知识产权登记工作。例如，国家知识产权局负责专利权和专利权质权的登记，国家知识产权局商标局负责商标专用权和商标专用权质权的登记，国家版权局负责著作权质权的登记。那么在这些知识产权之上设立信托的，应当仍分别由这些机构来负责办理相关的信托登记，进行审核并颁发证书。

第四节　信托登记机构登记错误的赔偿责任

一、信托登记机构登记错误对当事人的影响

登记错误是一种登记簿表现出的权利状况与真实权利状况不相符的客观情形。登记错误无疑会对真实权利人造成损害，有损害就应当有赔偿，即登记机构登记错误的赔偿责任。信托登记机

构在进行登记时，属于行政权力的行使，对当事人的利益影响甚大。因此，如果因为登记机构的登记错误而给当事人或第三人造成损害，则信托登记机构应当承担赔偿责任。“倘有因登记错误、遗漏或虚伪，致真实权利人蒙受损害者，并须确定其责任，而予受害人以赔偿，以填补其损失，亦即所谓损害赔偿。”[①]

信托是财产权利变动原因的一种，在进行信托登记之后，受托人将被记载于信托财产的所有人一栏，而委托人就此失去对信托财产的所有权，第三人在从事有关信托财产的交易时，根据信托登记的内容认定受托人为财产的权利人，并根据其登记的权限判断受托人在将要进行的交易中是否属于有权处分，因此，信托登记的内容将直接影响交易第三人的判断。如果登记的内容错误或者出现疏漏、虚假的情形，则第三人根据登记的公信力可以认定登记的内容对其具有确定的效力，此时信托受益人将无法撤销受托人超越权限的交易，从而失去信托财产并导致信托目的无法实现、受益人利益受损。因此，信托登记的内容正确与否，对当事人利益影响甚大，也决定着信托目的是否能够实现。

二、信托登记机构登记错误赔偿责任的性质

根据登记机构的不同，信托登记机构登记错误的赔偿责任也各不相同。当然，应登记财产权的登记机构主要是国家机关，只有少量财产权的登记机构不属于国家机关。因此，信托登记机构

---

① 李鸿毅：《土地法论》（修订18版），台北1993年自版，第268页。

登记错误的赔偿责任在性质上主要属于国家赔偿责任，虽然信托关系中受托人和委托人申请信托登记的行为属于民事法律行为，但是由于登记机关要对登记事项进行审核并决定是否予以登记，登记机关的行为基于其行政机关的地位而做出，是国家机关公权力的行使，因此是一种行政行为。这种行政行为作用于信托法律关系之上并产生相应的法律后果，因此，在出现登记错误时就应当承担赔偿责任，此种赔偿属于国家赔偿的一种。当然，追根溯源，不动产登记机构登记错误赔偿责任的性质界定，依附于登记行为的性质界定，两者是上游和下游的关系：如果将登记行为界定为私法行为，则赔偿责任便属于民事责任；如果将登记行为界定为公法行为，则赔偿责任便属于行政责任。

《国家赔偿法》第 2 条规定："国家机关和国家机关工作人员行使职权，有本法规定的侵犯公民、法人和其他组织合法权益的情形，造成损害的，受害人有依照本法取得国家赔偿的权利。本法规定的赔偿义务机关，应当依照本法及时履行赔偿义务。"国家赔偿责任在性质上属于侵权责任，国家赔偿法属于民法中有关侵权责任规定的特别法。《民法通则》第 121 条规定："国家机关或者国家机关工作人员在执行职务，侵犯公民、法人的合法权益造成损害的，应当承担民事责任。"可见，登记错误也是一种侵权行为，而侵权法正是保护自然人和法人的人身权和财产权不受他人非法侵犯的法律规范。"侵权行为的本质在于不法侵害他人权益，至于行为人是私人还是国家机关，行为发生在交易过程还是在执行职务过程，均非所问。换言之，无论是私人行为、行政行为还是司法行为，只要其符合侵权行为的法律构成，就会引发侵权损害赔偿责任。”①

《国家赔偿法》第 4 条规定：“行政机关及其工作人员在行使行政职权时有下列侵犯财产权情形之一的，受害人有取得赔偿的权利：……（四）造成财产损害的其他违法行为。”由此可知，如果因为信托登记机关的错误而造成登记信息错误，进而造成权利人财产权益的损害，则属于行政机关及其工作人员行使职权造成受害人财产损害的违法行为。因此，信托登记机构登记错误的赔偿属于行政机关应当赔偿的范围之内。

在信托登记机构登记错误的国家赔偿中，赔偿金的来源为政府的财政收入。《国家赔偿法》第 37 条第 1 款规定：“赔偿费用列入各级财政预算。”因此，无论何种国家赔偿责任，最终都是由各级政府从其财政收入中拨付经费来支付赔偿金。既然是用财政收入来承担赔偿责任，那就意味着由所有纳税人共同承担赔偿责任，因为财政收入由纳税人所纳税款构成，而财政收入一旦支付在国家赔偿之上，就意味着减少了可以用于其他公共物品提供的经费。对此也有学者认为，登记机构登记错误之后的赔偿责任由国家财政收入来支付的方式，对其他纳税人并不公平，因为“房屋登记申请人为了维护自己房产上的财产利益而申请办理房屋登记，但对于登记中产生的赔偿责任却需要全体纳税人承担，换句话说，从来没有申请办理房产登记的纳税人也要为房屋登记错误埋单，

---

① 常鹏翱：《不动产登记法》，社会科学文献出版社 2011 年版，第 247—248 页。

这有失公平”[①]。

对此，有不少学者建议登记机构设立一笔登记赔偿基金。虽然乐观者认为：“赔偿基金不仅为受害人提供了稳定的赔偿资金来源，也避免了登记工作人员面临巨额追偿所可能遇到的经济困境，这种制度设计相对更为公平合理。”[②]但是，笔者认为，从登记收费中提取一部分作为登记赔偿基金的做法固然有益，但并不能完全解决赔偿金的问题。因为目前我国各种财产的登记机构，在收取登记费用之后，同样要上缴国家财政，该笔收入同样构成财政收入的一部分，与提取部分登记费用设立赔偿基金并无本质区别。而且，登记收费毕竟不可能太高，提取其中的一部分（如 10%）设立赔偿基金，在面对数次赔偿错误之后的赔偿责任时，也未必能够充分赔偿受害人的损失。面对这一问题，还有学者大胆建议：“为了保证该基金数额的充足，分散登记机关赔偿责任的风险，减轻其无过错赔偿责任的负担，登记机关可以向相应的保险机构投保责任险。”[③]但可惜目前我国保险行业并没有针对登记机构的登记责任而开设的责任险，因此这一建议在现实中难以实现。应当说，登记机构赔偿责任的承担、权利人因登记错误而遭受损失

---

① 于海涌：《论实质审查与登记机关谨慎义务的边界——以〈房屋登记办法〉为中心》，载《暨南学报（哲学社会科学版）》2009 年第 1 期。

② 于海涌：《论实质审查与登记机关谨慎义务的边界——以〈房屋登记办法〉为中心》，载《暨南学报（哲学社会科学版）》2009 年第 1 期。

③ 李昊、常鹏翱、叶金强、高润恒：《不动产登记程序的制度构建》，北京大学出版社 2005 年版，第 424 页。

的赔偿，并非信托登记这一种登记所需要面对的难题，而是所有类型的登记都共同面对的难题。而这一难题的破解，需要相应的立法规定、政府政策和市场力量的综合协调与协助，才能得到妥善的解决。[①]

此外，在信托登记机构登记错误的赔偿范围上，《国家赔偿法》第36条第8项规定："对财产权造成其他损害的，按照直接损失给予赔偿。"因此，登记机构只赔偿权利人因为登记错误而造成的直接损失，即因登记错误而失去的财产权的损失，而不包括其他预期利益的损失。

三、信托登记机构承担登记错误赔偿责任的要件

信托登记决定着信托财产从委托人名下向受托人名下的权利变动以及信托法律关系的对外公示，在我国《信托法》的规定下，登记与否决定着信托的生效与否，因此登记机构的登记行为对信托当事人的影响甚大。此外，登记机构在进行登记时，还要收取当事人一定的登记费用。因此，为了维护权利义务的对等和平衡，信托登记机构在登记错误时应当承担损害赔偿责任。根据我国《国家赔偿法》第4条的规定，如果行政机关及其工作人员在行使行政职权时有造成他人财产损害的违法行为，则受害人有取得赔偿

---

① 更多的相关探讨，可参见拙文：《论不动产登记机构登记错误的赔偿责任——兼评〈不动产登记暂行条例（征求意见稿）〉相关规定》，载《政治与法律》2014年第12期。

的权利。

虽然我国现在尚未建立起较为完善的信托登记制度，因此也缺乏信托登记机构登记错误的赔偿责任规定，但是可以参照我国现有民事法律中关于不动产登记机构登记错误的规定，来构建信托登记机构登记错误赔偿责任的构成要件。《民法典》第 222 条第 1 款规定："当事人提供虚假材料申请登记，造成他人损害的，应当承担赔偿责任。"结合权利公示制度的相关理论，信托登记机构承担登记错误赔偿责任应包括如下几方面的构成要件。

（一）信托登记机构做出了错误的登记行为

信托登记机构做出错误的登记行为主要包括三类行为：

第一，登记内容记载错误，即当事人提供了正确的登记材料，如正确的身份信息、真实的产权证明、有效的信托文件等，但是由于登记机构工作人员的失误而进行了错误的记载。例如，将受托人的姓名写错而与他人弄混淆、将信托财产记载成与其相邻的他人财产等。当登记的内容记载错误时，第三人无法得知真实的情况，只能根据记载的内容与登记财产权利人进行交易，如果他人利用了登记错误而与第三人达成交易时，信托受益人将无法行使撤销权，第三人根据登记的公信力而有权保持交易的效力。

第二，登记内容出现疏漏，即信托登记机构的工作人员在进行登记时，虽然没有发生登记内容记载上的错误，但是由于失误而忽略了或者漏写了重要的信息。例如，当事人对于受托人的权限有特别的约定并提交了相应的信托文件，但是登记机构的工作人员却因疏忽大意忘记记载这一约定，从而导致交易第三人在与受托人交易时，通过查阅信托财产的登记状况也无法知晓受托人权利受限的情况，因此在受托人超越权限对信托财产作出处分时，第三人根据登记的公信力得以取得信托财产的权利，信托受益人的利益就受到侵害。

第三，做出虚假的登记，即登记机构的工作人员在不存在信托法律关系的情况下，编造信托登记的内容，做出虚假登记，从而导致他人财产权利的移转。虚假登记的作出一般是登记机构工作人员与他人串通勾结而进行的，目的是非法处分他人的财产，或者是以虚假过户来逃避国家的税收。此种虚假登记行为对于受害人和国家均存在极大的危害，相关责任人将会面临民事责任、行政责任甚至刑事责任。例如，《不动产登记暂行条例》第30条规定："不动产登记机构工作人员进行虚假登记，损毁、伪造不动产登记簿，擅自修改登记事项，或者有其他滥用职权、玩忽职守行为的，依法给予处分；给他人造成损害的，依法承担赔偿责任；构成犯罪的，依法追究刑事责任。"

（二）信托登记机构的错误登记行为造成了他人的损害

信托登记机构登记错误赔偿责任制度之设，其目的在于赔偿受害人的损失。因此，信托登记机构的登记错误只有在实际造成了他人的损害时，才需要登记机构承担赔偿责任。否则，仅是存在登记错误的事实，但是尚未给任何人造成实际的损害，则当事人可以通过更正登记的方式要求信托登记机构更正错误的登记来维护自己的权利。由于信托登记将造成信托财产权利从委托人向受托人的移转，当受托人成为信托财产的名义所有权人时，只发生有关信托财产的交易，如果登记机构的登记有误，第三人对此无法知情，受托人超越权限从事了有违信托目的的处分行为时，必将导致信托财产被非法处分、受益人权利受到侵害。受益人受益权的丧失便是真实的损害，此时受益人便可以向信托登记机构主张损害赔偿。

（三）损害与错误登记行为之间存在因果关系

因果关系的存在是确定登记机构承担赔偿责任的基础，如果登记机构存在登记错误的情况，但他人的损害却并非因此而发生，则登记机构无需承担他人的损害，而仅应尽快进行更正登记，避免因登记错误而引发损害的发生。

例如，登记机构对于受托人的权限登记发生疏漏，未能将委托人对受托人权限范围的限制进行记载，第三人在查阅登记之后与受托人发生交易，并受到损害，但事后查明该第三人的损害是因为受托人故意违约而导致了第三人利益受损，并非因为关于其权限范围的登记疏漏所致。此时第三人就不能主张登记机构承担其交易中的损失。

（四）损害不是因为受害人自身的原因而发生

如果登记机构登记错误造成了他人的损害，但经查明损害的发生正是因为受害人自身的原因所造成，则此时登记机构无需承担赔偿责任，而应当由受害人承受自己给自己所造成的损害。

例如，在自益信托中，委托人和受托人在办理信托登记时，将受托人的权限记载错误，委托人在办理完毕之后立即意识到此种错误的存在并告知登记机构自己将尽快进行更正，但是经登记机构催促之后，委托人却因事务繁忙而迟延办理更正，如果在此期间受托人根据记载错误的权限而对信托财产作出处分，则委托人不能主张登记机构赔偿其损失，因为此种登记错误并非登记机构有意为之，而是出于其自身的原因造成，其只能向受托人主张违反信托合同的责任，而不能主张登记机构承担登记错误的赔偿责任。

四、信托登记机构承担登记错误赔偿责任之后的追偿

我国《民法典》第 222 条第 2 款规定："因登记错误，造成他人损害的，登记机构应当承担赔偿责任。登记机构赔偿后，可以向造成登记错误的人追偿。"这就明确了登记机构向责任人的追偿权。《国家赔偿法》第 16 条也规定："赔偿义务机关赔偿损失后，应当责令有故意或者重大过失的工作人员或者受委托的组织或者个人承担部分或者全部赔偿费用。对有故意或者重大过失的责任人员，有关机关应当依法给予处分；构成犯罪的，应当依法追究刑事责任。"可见，在登记机构向受害人进行赔偿之后，其有权向应当承担责任的具体行为人追偿赔偿费用。

由于我国现行法律法规对于不动产权利的登记采取了较为严格的审查模式，同其道理，相关信托登记机构在办理登记时，也

应当对当事人提供的材料进行严格的审核，所以不能轻易以当事人提供虚假材料为由而要求受害人直接向登记申请人提出赔偿请求。登记机构应当对自己的审核行为承担责任，如果当事人提供了虚假的材料，则登记机构应当查明并拒绝办理登记。所以即便是因为当事人提供虚假的申请材料而导致信托登记机构登记错误，也应当由登记机构首先对他人承担登记错误的赔偿责任。在承担责任之后，登记机构才可以向提供虚假申请材料的申请人主张追偿，如此才能够维持登记机构的公信力。当申请人提供虚假材料的行为较为严重时，有可能还需要承担行政处罚责任甚至刑事责任。

另外，当登记错误是由于登记机构的工作人员造成时，登记机构对受害人进行赔偿之后，对内向发生错误的工作人员进行追偿。是否进行追偿，以及追偿份额的大小，应当根据登记机构工作人员的过错程度来决定，“惟若不分过失轻重，概可求偿，将使登记人员遇事推拖，不敢勇于任事；如一概不予求偿，则将不足以督促登记人员善尽职守，甚或易启登记人员违法滥权之心，均非人民之福”[①]。因此，较为合理的做法是，当登记错误是由于登记机构工作人员的故意或重大过失而导致时，登记机构才有权向其进行追偿；当登记错误是出于登记机构工作人员的轻微过失而造成时，登记机构则不应再提出追偿要求。

---

① 温丰文：《土地法》（修订六版），台北1995年自版，第160—161页。

第八章　信托登记程序论

08

CHAPTER

第一节　信托登记的申请

一、信托登记的申请人

我国《信托法》第10条只规定以应登记的财产设立信托时应当依法办理信托登记，并未规定信托登记申请应由何人提起。就一般权利变动的登记而言，关于申请人有单方申请主义和双方申请主义之分，前者是指申请程序可以由当事人一方启动进行，后者是指申请程序必须由当事人双方共同启动进行。由于信托的类型众多，各具特色，所以难以一概而论。例如，美国《信托法重述》就规定了信托的众多创设方式：

“除（第69条）合并原则的限制以外，信托得通过下列方式创设：(a) 财产所有人通过遗嘱将财产移转给某人，使该人成为唯一受托人或受托人之一；或（b）财产所有人明示将财产移转给某人，使该人成为唯一受托人或受托人之一；或（c）财产所有人宣布自己为受托人，为他人利益而管领原本属于其所有的特定财产；或（d）享有指定权的人指定他人为了某人或某些人的利益而成为特定财产的受托人；或（e）权利人通过允诺或受益人指定而产生某种可执行的权利，并使现在或将要取得此种权利的人为他人利益而成为受托人，或者使依据此种权利会在事后取得财产的人为他人利益而成为受托人。”①

仅就最为常见的合同信托和遗嘱信托而言，两者登记的申请人就各不相同。所以信托登记的申请究竟是单方申请主义还是双方申请主义，要根据具体的信托类型才能确定。

在合同信托中，信托基于委托人和受托人之间的约定而产生。信托合同是一种要物合同，委托人作为财产的所有权人，需要将信托财产移转或设定给受托人才能使信托成立。因此，在合同信托中，信托登记应当由委托人和受托人双方共同启动进行，属于双方申请主义。例如日本的《不动产登记法》第 97 条规定，如果是以不动产所有权作为信托财产设立信托的，则“以受托人为登记权利人，以委托人为登记义务人，设定信托同时，应以相同的书面申请所有权移转登记予受托人及信托之登记，不得只申请信托登记，而与所有权移转登记分开申请”②。

遗嘱信托是一种历史悠久的民事信托。在遗嘱信托中，委托人便是遗嘱人，其以遗嘱的形式将自己的全部或部分财产设立信托，使受托人为了受益人的利益而管理和处分信托财产。继承人是未成年人时，设立遗嘱信托可以确保遗产得到有效的管理和

---

① The American Law Institute, *Restatement of the Law*, Third, Trusts, Vol 1: 3.

② 日本三菱日联信托银行编著:《日本信托法制与实务》，信托业商业同业公会审订，台北金融研训院 2009 年版，第 61 页。

运用，不至于因继承人的年幼无知而造成浪费或挥霍。委托人通过遗嘱的形式作出设立信托的意思表示，受托人应当对此作出接受与否的意思表示，如果其承诺出任受托人，则在委托人死亡后遗嘱便开始生效，信托正式成立，此即我国《信托法》第8条第3款所规定的“采取其他书面形式设立信托的，受托人承诺信托时，信托成立”。遗嘱信托成立之后，由于遗产尚未分割，所以无法立即完成财产的移转或设定，只有等遗产办理继承登记之后，才能办理遗产的信托登记，即“遗嘱若有指定遗嘱执行人时，应先办理遗嘱执行人与继承登记后，由遗嘱执行人会同受托人申请信托登记；若无遗嘱执行人时，则应由继承人办理继承登记后，会同受托人申请登记”[①]。因此，在办理遗嘱信托登记时，由于委托人已经死亡，一般是由遗嘱执行人和受托人一起启动登记的申请，此时如果从信托当事人来看，信托登记的启动只有受托人一方参与，因此可以将遗嘱信托的启动视为单方申请主义。

此外，较为特殊的是宣言信托的类型，在宣言信托中，委托人对外宣布为了特定目的或受益人的利益而设立信托并由自己担任受托人，因此，委托人与受托人的身份发生重合，信托财产也无需在两个主体之间进行移转。设立宣言信托因其法律关系较为

① 林炫秋：《论遗嘱信托之成立与生效》，载《兴大法学》第2期（2007年11月）。

简单，而且设立交易、可以节省交易成本，但是，“若委托人言而无信，则信托财产仍在委托人掌握之中，得以为所欲为，名为受益人之利益，实则谋本身之私利，事权未分，流弊滋多，虽百宣示，而与不宣示等，此则不可不预防也”①。因此，宣言信托成立之后，也必须办理信托财产的登记，才能确保信托财产的独立性和受益人的利益。在办理宣言信托的财产登记时，委托人与受托人的身份重合，而且无需移转财产，只需在其自有财产中将设立信托的财产部分进行登记，标明其为信托财产，并载明信托目的、信托法律关系等事项，即可完成信托登记。对于此种信托，同样难谓其属于单方申请主义抑或双方申请主义。

二、信托登记申请应提供的材料

由于我国《信托法》并未规定具体的信托登记制度，立法机关也未进行此方面的高位阶立法，导致我国信托登记制度中的重要内容一直不明确，对于信托登记申请人应提供的材料也缺乏明确的规定。根据《不动产登记暂行条例》《不动产登记暂行条例实施细则》《不动产登记操作规范（试行）》等规定所列举的申请登记材料，可知我国目前常见不动产权利变动登记申请应提交的材料如表 3 所示。

① 朱斯煌:《信托总论》，中华书局 1941 年版，第 36 页。

表 3　常见不动产权利登记申请应提供的材料

	建设用地使用权变更登记	房屋所有权变更登记	继承、受遗赠的不动产登记
应提交的申请材料	1. 不动产登记申请书； 2. 申请人身份证明； 3. 不动产权属证书； 4. 国有建设用地使用权变更材料，如权利人身份变更材料、土地面积或界址变更材料、土地用途变更材料、权利期限变更材料等； 5. 完税凭证； 6 . 其他材料	1. 不动产登记申请书； 2. 申请人身份证明； 3. 不动产权属证书； 4. 国有建设用地使用权及房屋所有权变更的材料，如权利人身份变更的材料等； 5. 其他材料	1. 不动产登记申请书； 2. 所有继承人或受遗赠人的身份证、户口簿或其他身份证明； 3. 被继承人或遗赠人的死亡证明； 4. 所有继承人或受遗赠人与被继承人或遗赠人之间的亲属关系证明； 5. 被继承人或遗赠人享有不动产权利的材料； 6. 被继承人或遗赠人生前的遗嘱或者遗赠扶养协议； 7. 被继承人或遗赠人生前与配偶有夫妻财产约定的，提交书面约定协议； 8. 其他材料

（资料来源：本研究自行整理）

那么参照目前我国常见不动产权利登记所需提交的申请材料，并结合信托制度自身的法律构造，当事人在申请信托登记时，一般应提交这些申请材料：委托人的身份信息、受托人的身份信息、受益人的身份信息或范围、信托监察人的身份信息（在公益信托中）、信托财产的权属证书、信托目的、委托人及受托人之间的信托合同或信托遗嘱及承诺、信托期间、信托关系消灭事由、信托财产的管理处分方式、信托关系消灭时信托财产的归属、信托成立的时间。

第二节　信托登记的审查

一、信托登记的审查标准概述

当事人在设立信托时，如果在信托登记机构办理登记，则信托登记机构应当对当事人的申请进行审查，因为一旦办理登记，该信托法律关系就取得对抗第三人的效力，因此，信托登记机构在进行登记之前应当对当事人的申请进行审查。根据登记机构审查的范围不同，可以分为形式审查和实质审查两类。

形式审查是指信托登记机构仅对当事人所提交的登记申请进行审查，而不审查当事人之间关于权利变动的基础法律行为。如果登记机构认为当事人所提交的申请文件在形式上真实、有效，就同意办理信托登记。例如，信托登记机构经过审查，认为当事人所提交的财产权属证明真实有效，信托合同的内容完整，信托目的合法等，便予以办理信托登记。

实质审查是指登记机构不仅审查当事人的登记申请，还要审查当事人之间权利变动的基础法律行为。例如，设立信托的意思表示是否真实、信托财产是否准确存在、财产范围和性质的描述是否与事实相符、申请人主体身份是否适格等。实质审查往往需要登记机构实地查看信托财产的客观状况，并要求当事人提交更多的证明材料以证明其基础法律关系真实存在、意思表示真实等。

二、我国目前关于不动产登记的审查标准

从我国目前有关不动产权利变动的法律法规的内容上看，对于登记审查的标准采取了一种复杂的态度：主要审查申请材料，但也可能探究当事人的基础法律关系和真意。总体而言，登记机构的审查标准较为严格，因为立法强调了登记机构负有在必要时进行实地查看的义务。

我国《物权法》虽然在基本民事法律层面首次系统规定了不动产的登记事项，但并未明确规定其究竟对不动产物权变动登记采取何种审查标准，只是在该法第12条规定："登记机构应当履行下列职责：（一）查验申请人提供的权属证明和其他必要材料；（二）就有关登记事项询问申请人；（三）如实、及时登记有关事项；（四）法律、行政法规规定的其他职责。申请登记的不动产的有关情况需要进一步证明的，登记机构可以要求申请人补充材料，必要时可以实地查看。"根据该条规定，有学者认为其实质上采取的是两者结合的审查标准，即"以形式审查作为原则，以实质审查作为辅助"[①]。

但事实上，我国对于不动产权利的登记采取了较为严格的审

① 孙宪忠：《中国物权法总论》（第二版），法律出版社2009年版，第336页。

查模式，此种审查模式究竟是实质审核还是形式审核为主、实质审核为辅，在学理上尚存在争议，因为自《物权法》开始就并未做出明确的规定。但《不动产登记暂行条例》第19条规定："属于下列情形之一的，不动产登记机构可以对申请登记的不动产进行实地查看：（一）房屋等建筑物、构筑物所有权首次登记；（二）在建建筑物抵押权登记；（三）因不动产灭失导致的注销登记；（四）不动产登记机构认为需要实地查看的其他情形。对可能存在权属争议，或者可能涉及他人利害关系的登记申请，不动产登记机构可以向申请人、利害关系人或者有关单位进行调查。不动产登记机构进行实地查看或者调查时，申请人、被调查人应当予以配合。"《不动产登记暂行条例实施细则》第16条则进一步强调："不动产登记机构进行实地查看，重点查看下列情况：（一）房屋等建筑物、构筑物所有权首次登记，查看房屋坐落及其建造完成等情况；（二）在建建筑物抵押权登记，查看抵押的在建建筑物坐落及其建造等情况；（三）因不动产灭失导致的注销登记，查看不动产灭失等情况。"

由此可见，我国法律法规要求登记机构在办理不动产登记时应仔细核查当事人提供的权属证明和其他必要材料，在必要时还应当进行实地查看，并列明重点应当查看的内容和情况，要求"登记机构应当根据自己的能力尽可能地尽到审慎的审查职责"[①]。这就表明我国对于登记机构的审查绝非停留在形式审查上，可以说采

---

① 住房和城乡建设部政策法规司、住宅与房地产业司、村镇建设办公室编：《房屋登记办法释义》，人民出版社2008年版，第75页。

取了形式审查与实质审查并重的审查标准，因此可知登记机构的审核义务较重，审核标准比较严格，这也是为了防止登记机构的审查流于形式，避免发生登记错误从而损害相关主体合法权利的现象。

不同于不动产登记较为严格的审查标准，我国对于动产和其他财产权利的登记审查，则主要采取形式审查的标准。这也是不同财产属性不同带来的必然要求，因为不动产价值较大且固定不变，方便进行实地查看，而动产或者其他权利则难以进行实地查看，甚至无法查看。

例如，国家市场监督管理总局 2019 年发布的《动产抵押登记办法》对于动产抵押的设立就采取了形式审查的标准，其第 8 条规定："当事人办理动产抵押登记的设立、变更、注销，提交材料齐全，符合本办法形式要求的，登记机关应当予以办理，在当事人所提交的《动产抵押登记书》《动产抵押登记变更书》《动产抵押登记注销书》上加盖动产抵押登记专用章，并注明盖章日期。当事人办理动产抵押登记的设立、变更、注销，提交的材料不符合本办法规定的，登记机关不予办理，并应当向当事人告知理由。"可见其对于动产抵押登记采取了完全的形式审查标准。而中国人民银行 2019 年发布的《应收账款质押登记办法》第 11 条则规定："质权人应当将填写完毕的登记内容提交登记公示系统。登记公示系统记录提交时间并分配登记编号，生成应收账款质押登记初始登记证明和修改码提供给质权人。"这一登记系统甚至完全不负责审查，而是交由质权人、出质人或其他利害关系人、查询人去查验登记是否属实，通过提出异议登记等方式来进行纠正。

国务院2020年12月发布的《关于实施动产和权利担保统一登记的决定》则对于动产和权利的担保登记明确规定采取形式审查的标准。该办法强调，由当事人“对登记内容的真实性、完整性和合法性负责。登记机构不对登记内容进行实质审查”。由此可见，我国对于动产和权利的登记采取形式审查的态度，这也会成为今后动产和权利登记立法的基本做法。

三、我国信托登记应基于信托财产种类采取不同的审查标准

在赋予登记以公信力的模式下，登记机构不能只是消极地记载当事人的申请事项，而必须查验当事人所提交各种材料的真伪，以确保登记事项的真实性，否则难以维护登记机构的公信力。因此，我国目前关于不动产权利的变动需要审核的材料范围较广，而且审核较为严格，应当说是一种兼采形式主义与实质主义的综合审查态度。但与此同时，动产权利和其他财产权利的登记则一般采取更为宽松的形式主义审查态度。

信托登记对当事人的影响极大，而且其同样具有公信力，所以必须慎重对待，严加审核，登记机构应当在可能的范围内保证登记事项的真实性。但是由于信托登记制度应当融入各项应登记财产权固有的登记体系之中，所以对于信托登记的审查标准不可能另行制定一套审查标准，而必须与既有财产权登记的审查标准保持一致。总体而言，如果是在不动产权利之上设立信托，登记机构的审查标准要更为严格，兼采形式主义与实质主义的审查标准。而对

于动产权利或其他财产权利，则以形式审核为主。

此外，对于信托登记的审核，登记机关除了应当审核当事人所提交的权属证书是否真实、各方当事人的身份信息是否属实、委托人对于信托财产是否享有的处分权利、当事人是否具有与其所从事行为相应的行为能力以外，还必须审核信托设立的目的是否符合法律的规定。根据我国《信托法》第11条的规定，信托的目的不得违反法律、行政法规或者损害社会公共利益，也不得设立专以诉讼或者讨债为目的的信托。因此登记机构必须对设立信托的目的严加审核，对于目的不合法的信托则不允许其登记。

当然，从现实的角度来讲，要求登记机构真正实现对登记事项的实质审查其实是很难完全实现的，因为登记机构不可能保证信托财产的真实状况与登记的状况完全无异，也难以得知当事人设立信托的真实意图，甚至当事人可以对相关记载事项做出虚假的意思表示，登记机构则无法查实当事人的真实意思表示。还有学者认为："不动产物权登记制度采取实质审查对于行政机关来说，将是不堪重负的，是违背现代行政的专业化趋势和行政效率追求的。"[①]所以在某种意义上讲，实质审查其实是不太可能完全实现的。因此，实质审查在信托登记上的意义就在于登记机构为了维护登记的公信力而积极审查当事人所提交的登记申请，并查看权属证书以及设立信托的基础法律关系等，尽量筛选并排除不合法的信托。

① 张步峰、熊文钊：《行政法视野下的不动产物权登记行为》，载《行政法学研究》2009年第1期。

第三节 信托登记查询程序的构建

一、信托登记查询的主体

在信托登记做成之后，登记的内容便向社会大众进行公示，供不特定第三人查询，以彰显信托财产之上的法律关系，维护交易安全和信托受益人的权利。无论信托登记的效力是登记生效还是登记对抗，其一旦进行登记，就完成了权利的公示，此种公示因登记机构的公权机构地位而具有公信力，登记的内容成为可以信赖的对象。

（一）信托登记原簿查询的主体

如前文所述，信托登记除了登记簿上记载的内容之外，还包括附件，在日本和我国台湾地区，也将前者称为信托原簿，后者则称为信托专簿。信托登记原簿是信托登记的主体，是有关信托财产和信托当事人及信托目的、受托人权限等重要事项的记载。

由于信托登记的财产类型不同，相关法律法规对于查询的要求也不同，所以不宜一概而论，应当按照信托财产类型的不同来确定不同的查询主体，并且不同的查询主体所能够查询的登记内容也不同。例如，有些财产信息可以向社会不特定第三人公开查询，而有的财产信息则仅限于利害关系人甚至权利人才能查询；有的主体能够查阅到简略的登记信息，而有的主体则能够查阅到详细的登记信息。总体而言，信托登记原簿查询的主体主要是权利人和利害关系人，前者是指对信托法律关系的当事人及其监护人等，后者是指信托财产之上的债权人，以及委托人和受托人的债权人。

例如，就动产抵押登记的查询而言，《动产抵押登记办法》第10条规定："有关单位和个人可以登录国家企业信用信息公示系统查询有关动产抵押登记信息，也可以持合法身份证明文件，到登记机关查阅、抄录动产抵押登记档案。"

而就不动产权利的查询而言，《不动产登记暂行条例》第27条规定："权利人、利害关系人可以依法查询、复制不动产登记资料，不动产登记机构应当提供。有关国家机关可以依照法律、行政法规的规定查询、复制与调查处理事项有关的不动产登记资料。"《不动产登记暂行条例实施细则》第97条则进一步规定："国家实行不动产登记资料依法查询制度。权利人、利害关系人按照《条例》第二十七条规定依法查询、复制不动产登记资料的，应当到具体办理不动产登记的不动产登记机构申请。权利人可以查询、复制其不动产登记资料。因不动产交易、继承、诉讼等涉及的利害关系人可以查询、复制不动产自然状况、权利人及其不动产查封、抵押、预告登记、异议登记等状况。人民法院、人民检察院、国家安全机关、监察机关等可以依法查询、复制与调查和处理事项有关的不动产登记资料。其他有关国家机关执行公务依法查询、复制不动产登记资料的，依照本条规定办理。涉及国家秘密的不动产登记资料的查询，按照保守国家秘密法的有关规定执行。"

（二）信托登记附件查询的主体

信托登记机构在进行登记时，除了记载登记基本信息以外，还需要将当事人所提供的信托文件作为附件与信托登记原簿一起保存。此种信托登记的附件一般是当事人设立信托的书面合同，或者是遗嘱人设立信托的遗嘱书。信托文件是当事人设立信托的意思表示，其内容一般要比登记原簿更为详细，因此，当特定主体需要了解当事人信托法律关系的详细情况时，便需要查阅信托文件。

由于信托文件是当事人设立信托的意思表示，属于当事人之间的私人约定，为了保护当事人的隐私权，登记机构不应将信托文件公开，一般的利害关系人如委托人的债权人、受托人的债权人、受益人的债权人等利害关系人或者作为交易相对人的第三人等，通过查阅信托登记原簿便可以知悉信托财产之上的基本信托法律关系，也没有必要了解有关信托的详细情况。

只有信托法律关系的权利人才有权申请查阅信托文件，以深入了解信托的内容，尤其是受益人需要判断受托人对于信托财产的管理和处分行为是否符合信托目的，以决定是否行使撤销权时，就可能需要详细了解信托文件的细节，此时就存在查阅信托附件的需求。

无论是信托登记的原簿还是附件，其有权查询的主体都需要提供相关的证明材料，这些证明材料应当能够证明查询主体的身份，还要能够证明其确实具有法律上的利害关系。例如，《不动产登记资料查询暂行办法》第 8 条规定："不动产权利人、利害关系人申请查询不动产登记资料，应当提交查询申请书以及不动产权利人、利害关系人的身份证明材料。查询申请书应当包括下列内容：（一）查询主体；（二）查询目的；（三）查询内容；（四）查询结果要求；（五）提交的申请材料清单。”

二、信托登记簿查询的标准：信托财产和信托当事人双重标准

在担保物权的查询上，存在债务人和担保物两种查询的标准。就信托登记而言，虽然其登记的客体既包括信托财产又包括信托法律关系，但在查询时究竟是以信托财产为标准进行查询，还是以信托当事人为标准进行查询，则要结合信托登记簿的介质来判断。如果信托登记簿的介质是纸质，则只能通过信托财产来查询信托登记。纸质登记簿难以承载过大的信息量，这决定了其只能围绕应登记财产来进行登记。传统上，应登记的财产一般是不动产权利或特殊的动产及知识产权，这些财产或者地理较为固定，或者容易进行编号检索，因此登记的成本较低。如果信托登记仍然以纸质登记簿来进行，则势必也只能以信托财产为中心进行登记，所以在查询时，也只能以信托财产为标准来进行查询。例如，在信托登记机构备置纸质信托登记簿的条件下，查询人可以填写查询申请书，写明欲查询的财产，如位于某处的不动产，然后由登记机构检索并提供给查询人该处不动产之上的信托法律关系。

但我国现在已经全面进入登记系统电子化的时代，纸质登记簿的时代即将过去。电子化信托登记簿具有信息量大、登记方便、

查询便捷、容易保管等优势，其查询起来更为便捷，因此电子化的登记系统可以同时查询信托财产和信托当事人。

进入21世纪以来，我国各财产权登记机构无不致力于推进登记系统的电子化。例如，《土地登记办法》第71条规定："县级以上人民政府国土资源行政主管部门应当加强土地登记结果的信息系统和数据库建设，实现国家和地方土地登记结果的信息共享和异地查询。"《房屋登记办法》第29条也规定："县级以上人民政府建设（房地产）主管部门应当加强房屋登记信息系统建设，逐步实现全国房屋登记簿信息共享和异地查询。"2007年中国人民银行推出的应收账款质押登记系统就实现了登记系统的电子化，因此根据其向社会提供登记信息的查询服务，任何单位和个人均可以在注册为登记公示系统的用户后，查询应收账款质押登记信息。

由于信托登记系统应当融入现有财产权登记系统，因此必将同步实现信托登记的电子化，那么信托登记系统就不仅可以针对信托财产做出检索程序，而且可以将信托当事人的信息也做成检索程序，此时有权查询的主体不仅可以对信托登记情况进行远程异地查询，而且可以选择针对信托财产或信托当事人来进行查询。例如，受托人的债权人欲知悉受托人的真实责任财产状况，但是其并不知道哪一部分财产是受托人所管理的信托财产、哪一部分是其固有财产，那么债权人就可以以受托人为标准进行查询，从而可以知悉信托财产的范围，从而在判断受托人责任财产范围时将信托财产排除，了解受托人的真实偿债能力，避免自己的利益受损。

第九章 信托登记立法论

09

CHAPTER

第一节　信托登记立法的必要性

信托登记制度是信托公示制度的核心。我国《信托法》第10条赋予信托登记以生效主义的巨大影响力，但是未对信托登记做出更加详细的规定，而我国又一直缺乏信托登记的配套规定。《信托法》颁布至今已近20年，信托登记制度仍然未能建立起来，这给我国信托登记实践长期造成极大的负面影响。在现实生活中，“当事人以房地产、股权、知识产权、船舶、民用航空器等依法必须登记、注册的财产或财产权设立信托而依法申请登记时，有关登记机构只能以没有登记规则为由拒绝办理信托登记手续，导致信托登记‘有法可依，无法操作’”[①]。

一方面，信托法要求信托必须办理信托登记才能生效；另一方面，立法机关又未能提供有关登记的规则，导致信托登记的机构、登记的程序、登记的内容等全都处于不确定状态，在事实上不仅导致《信托法》第10条无法落实，甚至使《信托法》的这一规定成为信托实践发展的障碍。有学者指出：“《信托法》第二条和国内缺乏可操作性的信托登记则使《信托法》的实效性大大降低，

---

① 何宝玉：《信托登记：现实困境与理想选择》，载刘俊海主编：《中国资本市场法治评论》（第2卷），法律出版社2009年版，第150—151页。

现行信托法从出台的第一天起就注定了要被修改的命运。”[①]

法律尤其是私法应当为市场经济的运行提供交易安全和交易自由的保障，通过权利义务和责任的配置为人们的行为提供良好的指引，使私法主体的行为符合市场经济的规律，从而实现市民社会的良好生活秩序。但是由于信托登记规则的缺失，导致信托法未能具备私法所应具备的为人们的行为提供有益指引的功能。即便原银监会颁布了《信托登记管理办法》，这一规定在效力上仅为部门规章，而且所规定的登记事项仅为信托机构的信托产品。这也是我国信托法颁布之后，信托仍然主要是营业信托，而民事信托寥寥无几的原因之一。

缺乏登记规则导致信托财产之上的权利无法公示，因而带来诸多风险。人们在设立信托时，无法办理信托登记而不能使信托产生法律上的效力，只能通过信托合同来约束当事人之间的行为，同时国家公权力也无法通过登记制度来了解人们财产权利的真实存在和管理状况。实践中人们选择信托，更多的是将其作为资金融通的渠道，这远远未能发挥信托制度的潜能。正如学者所言："我国信托业的信托构成特点为：资金信托、融资类信托、'通道类'信托占比较大，最能发挥信托优势、体现信托创新能力的财产权信托、投资类信托、主动管理类信托占比较小。这恰恰说明我国的信托业展业质量不高，信托的制度优势尚未真正找到发挥

---

① 张军建、张雁辉：《第二届中国（长沙）信托国际论坛综述》，载《河南省政法管理干部学院学报》2006年第6期。

领域。”[①] 因此，我国迫切需要进行信托登记的立法，进而建立和完善信托登记制度，以此促进我国信托行业的健康发展，使信托制度在我国得到良好的发展机遇。

第二节 信托登记的立法模式

一、统一立法模式

信托登记的立法模式可以分为统一立法模式和分散立法模式两种。统一立法模式是指在一部法律中对所有应登记财产权的信托登记事项作出集中规定，根据该部法律确定信托的登记机构及登记程序、登记内容、登记的查询、登记机构的责任等事项，从而实现信托登记的可操作性。

统一立法的模式又可以通过两种途径实现，一种途径是修改《信托法》，在其中增加数条有关信托登记的规定，甚至专设一章或一节来规定信托的登记，从而在信托基本法的层面上实现信托登记制度的完善。

另一种途径则是由立法机关制定一部单独的《信托登记法》，在法律的效力层面上，以专门立法的形式对信托登记相关事项作出集中规定，使之成为各类信托财产进行信托登记的统一法律依据。

---

① 徐刚:《信托登记制度研究》，法律出版社 2018 年版，第 42 页。

二、分散立法模式

分散立法的模式是指既不在修改《信托法》时增加规定信托登记的规则，也不进行信托登记的单独立法，而是由负责各类财产权登记的不同登记机构的主管行政部门通过制定部门规章或提请国务院制定相应行政法规的方式，在各类应登记财产权的领域内各自分散地建立相应财产权的信托登记制度。

这种分散立法的模式最终也能够使各类应登记财产在作为信托财产设立信托时，都有进行信托登记的规范可供依循，也能够实现信托登记制度的建立和完善。

在我国信托登记制度缺失的严峻现实下，一些行政部门为了能够使其所主管的登记机构进行相应财产权的信托登记而开始尝试分散立法的模式。例如，住房和城乡建设部就曾经起草过《房地产信托登记暂行办法》，以解决房地产设立信托时登记制度缺失的问题。经国务院大部制改革后，有关不动产信托登记的事项仍然是自然资源部在《不动产登记暂行条例实施细则》第106条列明的待办事项。

《信托登记管理办法》是目前唯一付诸实践的分散信托登记的部委立法实践，通过中国信托登记有限责任公司来实现信托机构的信托产品及其受益权信息的登记。当然，仅仅针对信托产品的信托登记并非真正意义上涵盖全部信托财产权的信托登记，“原因在于，信托登记制度的建立可能涉及多个财产主管部门及信托主管部门，需要从制度及实务操作各层面建立衔接和协同机制，而这些部门间的协调亦非短期内可实现”[①]。

三、两种模式的比较与选择

（一）统一立法模式的优势与劣势

通过修改《信托法》增加信托登记的规定，或者进行信托登记的单独立法，其具有的优势首先在于立法的层级较高，可以对《信托法》中不完善的地方进行修改。《信托法》在效力级别上属于全国人民代表大会常务委员会制定的法律，因此如果自身进行修改或者由全国人民代表大会常务委员会制定单独的《信托登记法》，都可以对《信托法》中不完善的地方作出修改，而不至于出现下位法违反上位法规定的情形。

信托登记统一立法模式的劣势，就在于要为目前已有的财产权登记机构进行统一立法，对它们课以增加信托登记业务类型的义务，这在实现的过程中可能面临一些协调上的困难，因为信托登记不能脱离各类财产权自身的权利登记机构，而各类财产权的登记机构又分别隶属不同的中央行政部门。要进行统一立法，则势必要求在各个行政部门之间进行协调和磋商，征得各个部门的同意和配合，才能真正在立法层面上实行信托登记的统一立法。而由于各个行政部门具有各自的部门利益，要想通过一部让各方都满意的立法，其过程必定曲折漫长。

---

① 徐刚:《信托登记制度研究》，法律出版社 2018 年版，第 98 页。

（二）分散立法模式的优势与劣势

由已有各类财产权登记机构的主管部门单独制定相应财产权的信托登记规范，其优势正对应着统一立法模式的劣势，即分散立法模式所受的阻力较小，容易在短期内实现某类、某几类甚至全部已有应登记财产权的信托登记制度的构建。因为分散立法立足于各登记机构目前已有的权责范围，仅是在其业务范围上增加信托登记一项，对于部门利益的调整和影响并不大，而部门规章的立法程序相对较为简单，因此容易在短期内出台相应财产权的信托登记规则。

分散立法模式的劣势主要体现在两个方面：一是由于分散立法的立法层级较低，无法对《信托法》中的规定作出任何实质修改，因此不能改变信托登记的效力规定，所以即便建立起信托登记制度，其在基础理论上仍然存在缺陷，并将一直对实践产生不利的影响；二是分散立法有可能在沟通不同的登记机构之间存在一定的障碍，而登记系统的电子化和同一平台建设要求不同的登记系统实现资源的共享和互联，单独依靠不同的登记机构可能难以担负起协调不同登记机构的重任。

此外，分散的立法模式完全是现实主义的进路，不对目前的财产权登记状况作出任何改变，仅是各自增加信托登记的业务，那么有可能会面临有些财产权存在没有有效的登记机构或数个登记机构之间发生职权重复的现象。

（三）两种立法模式中的选择

事实上，要对这两种立法模式作出单一的选择并非易事，因为每一种信托登记的立法模式所具有的优劣势都存在于不同的角度上，因此难以将理论上的优劣势和现实中的优劣势进行比较并做出选择。

由于《信托法》第 10 条的对信托登记的效力采取登记生效主义的模式，忽视了信托制度自身的特性，也忽视了可登记财产或应登记财产的丰富多元性，导致与现实脱节，不利于当事人的意思自治和人们财产权的处分，因此需要在法律的层级上对此作出修改，而这只有通过法律层面的信托登记统一立法才能实现。

因此，笔者认为，还是应当采取统一立法的模式，由全国人民代表大会常务委员会修改《信托法》，增加信托登记的规则，或者单独起草一部《信托登记法》，对信托登记的相关程序和内容、信托登记的效力等关键问题做出系统规定。在法律的层面进行统一规定，最有利于从理论到制度上厘清信托登记上存在的问题，从而真正建立和完善我国信托登记制度，为信托实践的发展起到巨大的促进作用。

第三节　《信托法》的修改与信托登记制度的建立

自《信托法》颁布之后，我国信托业得到了蓬勃的发展，据中国信托业协会统计，截至 2019 年第 4 季度末，全国 68 家信托公司受托资产规模达到21.6万亿元。当然，对于信托业所管理的如此庞大的资产规模的状况，站在不同的角度也可以有不同的看法，既可以认为这表明信托行业已经发展壮大、朝气蓬勃，也可以认为信托行业所从事的仍然是资金通道业务为主，甚至扮演了“影子银行”的角色，真正的信托业务并不多。

客观地说，我国信托制度发展尚不够顺利，市面上的信托几乎都是营业信托，民事信托仍不多见，对老百姓的生活影响极小。慈善信托在2016年《慈善法》颁布后，也刚刚起步发展。对于信托制度的这一缓慢且不均衡的发展状况，《信托法》在立法上的不足是很重要的原因。其中，《信托法》对信托登记规定的含糊不清和规则的缺失，是一个重要的因素。诚如学者所诟病的，“《信托法》对于信托的登记机构、登记主体、登记内容、登记程序等问题均没有明确规定，现行财产登记机构一般以没有相关规定为由，对于相关信托活动的财产登记均不予办理，导致许多需要登记才能设立信托的财产和财产权，被排除在信托活动之外，严重抑制了信托功能的发挥和信托活动的开展”[①]。

因此，在《信托法》颁布近20年的时间，应当尽快启动修订工作，其中一个重要的任务就是修改和完善信托登记制度。在统一立法模式中，相对于制定单独的《信托登记法》，通过修改《信托法》来实现信托登记制度的建构更为简单可行。

其原因在于，一是伴随着《物权法》之后十余年的不动产统

① 陈琼:《适时修订信托法》，载《中国金融》2013年第7期。

一登记制度建设，目前我国不动产统一登记平台和电子化登记系统已经建立起来，这占据了应登记财产权的大半江山，为信托登记系统的推行奠定了坚实的基础。在不动产登记规则已经相当完善的情况下，制定一部详细的《信托登记法》的必要性就大大减弱，因为许多登记规则、登记事项和登记程序是相通的或者相似的，甚至是通用的，不必要进行重复立法。

二是在仍然存在不同的财产权登记机构和登记系统的情况下，效力层级更高的法律无疑更有利于协调不同的登记机构来共同实现信托登记制度的构建。《信托法》是由全国人大常委会颁布的一般法律，而非全国人大颁布的基本民事法律，那么为了落实《信托法》中的部分内容，一般很难再由同级立法机关制定一部单行法，所以很可能会下降一级，即由国务院制定《信托登记条例》，那么由行政法规来统一规定信托登记制度，在效力层级上自然不如由全国人大常委会制定的法律来直接规定更好。尤其是信托登记制度首先需要修改《信托法》第 10 条的规定，而这也不是下位法能够完成的任务。

因此，在立法机关启动《信托法》修改工作时，对于其中的信托登记制度以专章或专节的形式进行规定，通过修改现行条文并增加数条规定的方式，便可以建立起信托登记的制度，这是完全可行的，也是十分必要的。

《信托法》在修改时，应当规定信托财产的公示方式和公示的效力由信托财产的类型来决定，对于依法应当登记的财产权，信托登记的效力与财产权登记的效力相一致。《信托法》应当要求相关的财产权登记机构增加信托登记的登记种类，在登记簿上记载信托财产和信托法律关系的当事人、受托人的权限等事项，并规定信托登记簿查询的权利主体和权限等事项。

在操作层面，目前的各类财产权登记机构需要增加信托登记的业务类型，这需要不同的主管部门在信托法修改过程中及时展开相关业务准备，完善配套操作规范，使信托登记制度尽快在实践操作层面展开。这类似于《民法典》新增加了居住权的用益物权类型，并且规定居住权为登记生效主义，但不动产登记机构尚未展开居住权登记的业务，其同样需要在民法典生效之前完成相关的业务准备。信托登记制度的立法一旦启动，也同样需要不同的财产权登记机构尽快做好准备，迎接信托登记制度的到来！

参考文献

（以时间为序）

一、中文资料

（一）信托类著作

1. 朱斯煌:《信托总论》，中华书局 1941 年版。

2. 史尚宽:《信托法论》，台北“商务印书馆”股份有限公司 1972 年版。

3. 徐国香:《信托法研究》，五南图书出版股份有限公司 1988 年版。

4. 黄国精:《信托论著集萃》（增订版），台北三民书局 1994 年版。

5. 潘秀菊:《信托法之实用权益》，台北永然文化出版股份有限公司 1996 年版。

6. 周小明:《信托制度比较法研究》，法律出版社 1996 年版。

7. 高炳晖:《美国信托业之业务操作及其内部稽核制度之研究》，台北市存款保险公司 1997 年版。

8. 施天涛、余文然:《信托法》，人民法院出版社 1999 年版。

9. 何宝玉:《英国信托法原理与判例》，法律出版社 2001 年版。

10. 朱少平、葛毅主编:《中国信托法起草资料汇编》，中国检察出版社 2002 年版。

11. 卞耀武主编:《中华人民共和国信托法释义》，法律出版社 2002 年版。

12. 王淑敏、陆世敏主编:《金融信托与租赁》，中国金融出版社 2002 年版。

13. 赖源河、王志诚:《现代信托法论》(增订三版)，中国政法大学出版社 2002 年版。

14. 郭德香:《金融信托法律制度研究》，郑州大学出版社 2003 年版。

15. 谢哲胜:《信托法总论》，元照出版有限公司 2003 年版。

16. 霍玉芬:《信托法要论》，中国政法大学出版社 2003 年版。

17. 吴弘、贾希凌、程胜:《信托法论——中国信托市场发育发展的法律调整》，立信会计出版社 2003 年版。

18. 许兆庆:《信托法律适用及承认公约》，台北嘉义地方法院 2003 年初次印行。

19. 方嘉麟:《信托法之理论与实务》，中国政法大学出版社 2004 年版。

20. 钟瑞栋、陈向聪:《信托法》，厦门大学出版社 2004 年版。

21. 徐孟洲主编:《信托法学》，中国金融出版社 2004 年版。

22. 张天民:《失去衡平法的信托——信托观念的扩张与中国〈信托法〉的机遇和挑战》，中信出版社 2004 年版。

23. 许兆庆:《美国信托法第三新编之研究》,台北嘉义地方法院 2004 年初次印行。

24. 何宝玉:《信托法原理研究》,中国政法大学出版社 2005 年版。

25. 唐义虎:《信托财产权利研究》,中国政法大学出版社 2005 年版。

26. 陈雪萍:《信托在商事领域发展的制度空间——角色转换和制度创新》,中国法制出版社 2006 年版。

27. 夏扬:《上海道契:法治变迁的另一种表现》,北京大学出版社 2007 年版。

28. 何旭艳:《上海信托业研究(1921—1949 年)》,上海世纪出版集团、上海人民出版社 2007 年版。

29. 余辉:《英国信托法:起源、发展及其影响》,清华大学出版社 2007 年版。

30. 邢建东:《衡平法的推定信托研究——另一类的物权性救济》,法律出版社 2007 年版。

31. 关景欣编著:《中国信托法律操作实务》,法律出版社 2008 年版。

32. 康锐:《我国信托法律制度移植研究》,上海财经大学出版社 2008 年版。

33. 陈雪萍、豆景俊:《信托关系中受托人权利与衡平机制研究》,法律出版社 2008 年版。

34. 汤淑梅:《信托受益权研究:理论与实践》,法律出版社 2009 年版。

35. 谢哲胜:《信托法》，元照出版有限公司 2009 年版。

36. 张军建:《信托法基础理论研究》，中国财政经济出版社 2009 年版。

37. 孙毅:《近代中国经济体制变迁中的信托业》，经济科学出版社 2009 年版。

38. 刘正峰:《美国商业信托法研究》，中国政法大学出版社 2009 年版。

39. 戴庆康:《国际信托的法律冲突与法律适用》，东南大学出版社 2009 年版。

40. 刘金凤、许丹、何燕婷等:《海外信托发展史》，中国财政经济出版社 2009 年版。

41. 王志诚:《信托法》，五南图书出版股份有限公司 2009 年版。

42. 于海涌:《英美信托财产双重所有权在中国的本土化》，中国政法大学出版社 2011 年版。

43. 周小明:《信托制度: 法理与实务》，中国法制出版社 2012 年版。

44. 马丽娟主编:《信托与租赁》，东北财经大学出版社 2012 年版。

45. 孙书元:《信托探究》，中国经济出版社 2012 年版。

46. 郝琳琳:《信托所得课税法律问题研究》，法律出版社 2013 年版。

47. 周勤:《信托的发端与展开——信托品格和委托人地位的法律规制》，知识产权出版社 2013 年版。

48. 何宝玉:《信托法原理与判例》，中国法制出版社 2013 年版。

49. 蒲坚、张继胜等:《论信托》，中信出版社 2014 年版。

50. 徐光磊、张继胜:《信托化——第三次金融革命——复杂性科学视角下的金融进化》，中国金融 2014 年版。

51. 中铁信托博士后创新实践基地:《信托前沿问题研究》，中国金融出版社 2014 年版。

52. 李智仁、张大为:《信托法制案例研习》，元照出版有限公司 2015 年版。

53. 赵廉慧:《信托法解释论》，中国法制出版社 2015 年版。

54. 谢哲胜:《信托法》(第 5 版)，元照出版有限公司 2016 年版。

55. 徐刚:《信托登记制度研究》，法律出版社 2018 年版。

56. 史志磊:《罗马法中的信托制度研究》，法律出版社 2019 年版。

(二)其他著作

1. 李鸿毅:《土地法论》(修订十八版)，台北 1993 年自版。

2. 周枏:《罗马法原论》(下册)，商务印书馆 1994 年版。

3. 温丰文:《土地法》(修订六版)，台北 1995 年自版。

4. 何勤华主编:《英国法律发达史》，法律出版社 1999 年版。

5. 史尚宽:《民法总论》，中国政法大学出版社 2000 年版。

6. 郑云鹏:《公证法新论》，元照出版有限公司 2000 年版。

7. 王泽鉴:《民法总则》(增订版)，中国政法大学出版社 2001 年版。

8. 程汉大主编:《英国法制史》，齐鲁书社 2001 年版。

9. 谢怀栻:《谢怀栻法学文选》，中国法制出版社 2002 年版。

10. 芮沐：《民法法律行为理论之全部》，台北 2002 年自版。

11. 许明月、胡光志等：《财产权登记法律制度研究》，中国社会科学出版社 2002 年版。

12. 渠涛主编：《中日民商法研究》（第一卷），法律出版社 2003 年版。

13. 李红海：《普通法的历史解读——从梅特兰开始》，清华大学出版社 2003 年版。

14. 李宜琛：《日耳曼法概说》，中国政法大学出版社 2003 年版。

15. 谢在全：《民法物权论》（上）（修订二版），作者 2003 年自版发行。

16. 王利明：《民法总则研究》，中国人民大学出版社 2003 年版。

17. 薛波主编：《元照英美法词典》，法律出版社 2003 年版。

18. 叶金强：《公信力的法律构造》，北京大学出版社 2004 年版。

19. 米健等：《罗马法基础》（修订本第三版），中国政法大学出版社 2004 年版。

20. 钱弘道：《英美法讲座》，清华大学出版社 2004 年版。

21. 李昊、常鹏翱、叶金强、高润恒：《不动产登记程序的制度构建》，北京大学出版社 2005 年版。

22. 常鹏翱：《物权程序的构建与效应》，中国人民大学出版社 2005 年版。

23. 谢哲胜：《财产法专题研究》（五），台北财产法暨经济法研究协会 2006 年版。

24. 高富平、吴一鸣：《英美不动产法：兼与大陆法比较》，清华大学出版社 2007 年版。

25. 于海涌:《论不动产登记》, 法律出版社 2007 年版。

26. 王利明:《物权法研究(修订版)》(上卷), 中国人民大学出版社 2007 年版。

27. 王利明:《物权法研究(修订版)》(下卷), 中国人民大学出版社 2007 年版。

28. 林诚二:《民法总则》(下册), 法律出版社 2008 年版。

29. 住房和城乡建设部政策法规司、住宅与房地产业司、村镇建设办公室编:《房屋登记办法释义》, 人民出版社 2008 年版。

30. 谢在全:《民法物权论(中)》(增订四版), 台北 2009 年自版。

31. 高圣平:《动产担保交易制度比较研究》, 中国人民大学出版社 2008 年版。

32. 陈华彬:《物权法研究》(修订版), 法律出版社 2009 年版。

33. 孙宪忠:《中国物权法总论》(第二版), 法律出版社 2009 年版。

34. 谢哲胜:《民法物权》(增订二版), 三民书局 2009 年版。

35. 王涌:《私权的分析与建构: 民法的分析法学基础》, 北京大学出版社 2020 年版。

(三)信托类译著

1. [日] 川崎诚一:《信托》, 刘丽京、许泽友译, 中国金融出版社 1989 年版。

2.《最新不列颠法律袖珍读本: 信托法》, 文杰译, 武汉大学出版社 2003 年版。

3.［英］D.J. 海顿：《信托法》（第 4 版），周翼、王昊译，法律出版社 2004 年版。

4.［日］藤仓皓一郎、木下毅、高桥一修、樋口范雄主编：《英美判例百选》，段匡、杨永庄译，北京大学出版社 2005 年版。

5.［日］中野正俊：《信托法判例研究》，张军建译，中国方正出版社 2006 年版。

6.［英］F.W. 梅兰特：《国家、信托与法人》，樊安译，北京大学出版社 2008 年版。

7.［日］能久善见：《现代信托法》，赵廉慧译，姜雪莲、高庆凯校，中国法制出版社 2011 年版。

8. 葛伟军编译：《英国信托法：成文法汇编》，法律出版社 2012 年版。

9. 刘明炜：《信托制度的经济结构》，汪其昌译，上海世纪出版股份有限公司远东出版社 2015 年版。

10.［日］新井诚：《信托法》（第 4 版），刘华译，中国政法大学出版社 2017 年版。

11.［日］樋口范雄：《信托与信托法》，朱大明译，法律出版社 2017 年版。

12.［美］爱德华 · C. 哈尔巴赫：《吉尔伯特信托法》，张雪梅译，法律出版社 2017 年版。

13.［英］大卫 · 约翰斯顿：《罗马法中的信托法》，张淞纶译，法律出版社 2017 年版。

14. [日] 田中和明、田村直史:《信托法理论与实务入门》,丁相顺、赖宇慧等译,中国人民大学出版社 2018 年版。

15. [英] 威廉·斯威林主编:《特殊目的信托: Quistclose 信托的争议评述》,季奎明译,法律出版社 2019 年版。

16. [英] 阿拉斯泰尔·哈德逊:《衡平法与信托的重大争论》,沈朝晖译,法律出版社 2020 年版。

17. 何锦璇、李颖芝主编:《亚洲大陆法系国家和地区中的信托法》,查松译,法律出版社 2020 年版。

18. [英] 斯蒂芬·加拉赫:《衡平法与信托法:数世纪的结晶》,冷霞译,汪其昌校,法律出版社 2020 年版。

（四）其他译著

1. [日] 四宫和夫:《日本民法总则》,唐晖、钱孟珊译,朱柏松校订,五南图书出版股份有限公司 1995 年版。

2. [英] F.H. 劳森、B. 拉登:《财产法》(第二版),施天涛、梅慎实、孔祥俊译,中国大百科全书出版社 1998 年版。

3. [英] S.F.C. 密尔松:《普通法的历史基础》,李显东、高翔、刘智慧、马呈元译,中国大百科全书出版社 1999 年版。

4. [英] 巴里·尼古拉斯:《罗马法概论》,黄风译,法律出版社 2000 年版。

5. [英] R.C. 范·卡内冈:《英国普通法的诞生》,李红海译,中国政法大学出版社 2003 年版。

6. [德] K. 茨威格特、H. 克茨:《比较法总论》,潘汉典等译,法律出版社 2003 年版。

7.［德］卡尔·拉伦茨:《德国民法通论》（下册），王晓晔、邵建东、程建英、徐国建、谢怀栻译，法律出版社 2003 年版。

8.［英］沃克:《牛津法律大辞典》，李双元等译，法律出版社 2003 年版。

9.［德］鲍尔、施蒂尔纳:《德国物权法》（上册），张双根译，法律出版社 2004 年版。

10.［意］彼德罗·彭梵得:《罗马法教科书》，黄风译，中国政法大学出版社 2005 年版。

11.［英］约翰·哈德森:《英国普通法的形成——从诺曼征服到大宪章时期英格兰的法律与社会》，刘四新译，商务印书馆 2006 年版。

12.［德］克里斯蒂安·冯·巴尔、乌里希·德罗布尼希主编:《欧洲合同法与侵权法及财产法的互动》，吴越、王洪、李兆玉等译，法律出版社 2007 年版。

13.［英］靳克斯:《英国法》，张季忻译，陈融勘校，中国政法大学出版社 2007 年版。

14.［英］威廉·布莱克斯通:《英国法释义》（第一卷），游云庭、缪苗译，上海人民出版社 2006 年版。

15.［英］丹尼斯·基南:《英国法》（第 14 版）（上册），陈宇、刘坤轮译，法律出版社 2008 年版。

16.［法］弗朗索瓦·泰雷、菲利普·泰勒尔:《法国财产法》（上），罗结珍译，中国法制出版社 2008 年版。

17.[日]我妻荣:《新订民法总则》,于敏译,中国法制出版社2008年版。

18.[英]梅特兰:《普通法的诉讼形式》,王云霞、马海峰、彭蕾译,商务印书馆2009年版。

(五)论文

1. 陈春山:《信托法关系之设定——信托法草案之规范》,载《万国法律》第82期(1995年8月)。

2. 杨崇森:《信托之基本观念——信托法研究之一》,载《中兴法学》第8期(1973年12月)。

3. 周小明等:《建构大陆的信托法制的若干设想》,载《政法论坛》1993年第6期。

4. 陈争平、左大培:《"民十信交风潮"的教训》,载《经济导刊》1994年第3期。

5. 周小明等:《论中国的信托立法》,载《中国法学》1994年第6期。

6. 陈春山:《我国信托法制之发展》,载《月旦法学杂志》第7期(1995年11月)。

7. 詹森林:《信托之基本问题——"最高法院"判决与信托法规定之分析比较》,载《律师通讯》第204期(1996年9月号)。

8. 张天民:《论信托财产上权利义务的冲突与衡平——信托的合同基础与中国继受信托法》,载梁慧星主编:《民商法论丛》(第9卷),法律出版社1998年版。

9. 林志宏:《由信托继受立法论物权绝对性于债权相对性》，台北东吴大学法律系研究所 1999 年硕士学位论文。

10. 王利明:《试论我国不动产登记制度的完善（上）》，载《求索》2001 年第 5 期。

11. 王利明:《试论我国不动产登记制度的完善（下）》，载《求索》2001 年第 6 期。

12. 胡大展:《论信托法的源流》，载《法学家》2001 年第 4 期。

13. 张昕、龙梅:《英国信托法的晚近发展与评述——兼论对中国〈信托法〉适用的参考意义》，载赵海峰、张小劲主编:《欧洲法通讯》（第三辑），法律出版社 2002 年版。

14. 李群星:《所有权的变奏——信托财产权权利研究》，载王利明主编:《物权法专题研究（上）》，吉林人民出版社 2002 年版。

15. 朱柏松:《论受托人违反信托本旨处分信托财产之效力》，载《月旦法学》第 82 期（2002 年 3 月）。

16. 谢哲胜:《从商业信托的概念论投资信托的法律架构》，载《月旦法学》2002 年第 3 期（总第 82 期）。

17. 王文宇:《从信托法原理论共同基金之规范》，载《月旦法学》2002 年第 3 期（总第 82 期）。

18. 方嘉麟:《利害关系人交易问题探讨》，载《月旦法学》2002 年第 11 期（总第 90 期）。

19. 王文宇:《信托法制与资产管理业务之规范》，载《月旦法学》2002 年第 11 期（总第 90 期）。

20. 王志诚:《信托财产运用同意权之探讨》，载《月旦法学》

2002 年第 11 期（总第 90 期）。

21. 谢哲胜:《信托业管理信托财产的权限》，载《月旦法学》2002 年第 11 期（总第 90 期）。

22. 王文宇:《信托之公示机制与对世效力》，载《月旦法学杂志》2002 年第 91 期。

23. 王志诚:《信托：私法体系之水上浮油？（上）》，载《台北本土法学》2003 年第 5 期。

24. 王志诚:《信托：私法体系之水上浮油？（下）》，载《台北本土法学》2003 年第 6 期。

25. 谢哲胜:《债权确保与信托制度的平衡》，载《月旦法学杂志》2003 年第 93 期。

26. 冯军:《列支敦士登信托法介评》，载《当代法学》2003 年第 9 期。

27. 何旭艳:《信托业在中国的兴起——兼论"信交风潮"中的信托公司》，载《近代史研究》2005 年第 4 期。

28. 李智仁:《日本信托业法之修法趋势及启发》，载《玄奘法律学报》2006 年第 5 期。

29. 夏扬:《洋商挂名道契与近代信托制度的实践》，载《比较法研究》2006 年第 6 期。

30. 马长林:《近代上海城市发展的见证——道契》，载《世纪》2006 年第 5 期。

31. 马栩生:《登记公信力：基础透视与制度建构》，载《法商研究》2006 年第 4 期。

32. 张军建、张雁辉：《第二届中国（长沙）信托国际论坛综述》，载《河南省政法管理干部学院学报》2006年第6期。

33. 曾邑伦：《信托公示之研究》，台北中正大学法律学研究所2006年硕士学位论文。

34. 林炫秋：《论遗嘱信托之成立与生效》，载《兴大法学》第2期（2007年11月）。

35. [日]能见善久：《日本新信托法的理论课题》，赵廉慧译，载《比较法研究》2008年第5期。

36. 汤淑梅：《信托登记制度的构建》，载《法学杂志》2008年第6期。

37. 王涌：《论信托法与物权法的关系——信托法在民法法系中的问题》，载《北京大学学报（哲学社会科学版）》2008年第6期。

38. [比]迪尔克·赫尔鲍特：《封建法：欧洲真正的财产共同法——我们应当重新引入双重所有权？》，张彤译，载王洪亮、张双根、田士永主编：《中德私法研究》（第4卷），北京大学出版社2008年版。

39. 李世刚：《论〈法国民法典〉对罗马法信托概念的引入》，载《中国社会科学》2009年第4期。

40. 罗杨：《信托登记制度启示录：设计思路与法律建议（下）》，载《信托周刊》2009年第11期。

41. 江隆蒲：《台湾现行不动产信托登记之种类与问题分析》，载《信托周刊》2009年第20期。

42. 汪其昌：《不动产信托登记问题研究》，载《信托周刊》

2009 年第 20 期。

43. 谢哲胜:《信托的成立——法院相关判决评释》，载《法令月刊》2009 年第 60 卷第 11 期。

44. 何宝玉:《信托登记: 现实困境与理想选择》，载刘俊海主编:《中国资本市场法治评论》(第 2 卷)，法律出版社 2009 年版。

45. 陈维铠:《罗马法上之信托概念与现代信托》，台北东华大学财经法律研究所 2009 年硕士学位论文。

46. 张建文:《俄罗斯信托法制的本土化路径——从“信托所有”到“信托管理”》，载《月旦民商法杂志》2009 年第 25 期。

47. 吕富强:《论法国式信托——一种对本土资源加以改造的途径》，载《比较法研究》2010 年第 2 期。

48. 刘迎霜:《论信托的本质——兼与“信托异化论”商榷》，载《法学评论》2011 年第 1 期。

49. 徐卫:《中国〈信托法〉逻辑自洽性的不足与修正》，载《北京理工大学学报(社会科学版)》2014 年第 5 期。

50. 朱圆:《论信托的性质与我国信托法的属性定位》，载《中外法学》2015 年第 5 期。

51. 吴至诚:《英国法传统中信托受益权的性质》，载《北方法学》2015 年第 5 期。

52. 王涌:《财产权谱系、财产权法定主义与民法典〈财产法总则〉》，载《政法论坛》2016 年第 1 期。

53. 陈雪萍:《论我国〈信托法〉对信托有效要件规定之完善——以英美信托法信托有效设立的“三个确定性”要件为借鉴》，

载《政治与法律》2018 年第 8 期。

54. 张淞纶：《民法典时代信托融入的路径选择》，载《交大法学》2019 年第 2 期。

55. 季奎明：《中国式信托登记的困境与出路——以私法功能为中心》，载《政治与法律》2019 年第 5 期。

二、英文资料

（一）著作

1. The American Law Institute, *Restatement of the Law, Second, Trusts*, Vol 1.

2. The American Law Institute, *Restatement of the Law, Third, Trusts*, Vol 1.

3. The American Law Institute, *Restatement of the Law, Third, Trusts*, Vol 2.

4. Hague Convention, *Convention on the Law Applicable to Trusts and on their Recognition*, July 1 1985.

5. David Johnston, *the Roman Law of trusts*, Oxford University Press, 1988.

6. Maurizio Lupoi, *Trusts: A Comparative Study*, translated by Simon Dix, Cambridge University Press, 2000.

7. Graham Moffat et al, *Trusts law: text and materials* (*Third Edition*), LexisNexis Butterworths press, 2002.

8. Jesse Dukeminier & Stanley M. Johanson, *Wills, Trusts, and*

Estates（*Sixth Edition*），中信出版社 2003 年影印版。

9.Richard Edwards & Nigel Stockwell，*Trusts and Equity*（*5th Edition*），法律出版社 2003 年影印版。

10.Andrew Iwobi，*Essential Trusts*（*3rd Edition*），武汉大学出版社 2004 年影印版。

11.Gary Watt，*Briefcase on Equity & Trusts*（*3rd Edition*），武汉大学出版社 2004 年影印版。

12.Zentaro Kitagawa & Karl Riesenhuber Eds，*the Identity of German and Japanese Civil Law in Comparative Perspectives*，De Gruyter Rechtswissenschaften Verlags–Gmbh，2007.

13. National Conference of Commissioners on Uniform State Laws，*Uniform Trust Code*（*Last Revised or Amended in 2005*）.

14. National Conference of Commissioners on Uniform State Laws，*Uniform Trust Code*（*With Prefatory Note and Comments*）（*Last Revised or Amended in 2005*）.

15.A. J. Oakley，*the Modern Law of Trusts*（*9th Edition*），Sweet & Maxwell eds，2008.

16. Edward Ten Broeck Perine，*the Story of the Trust Companies*，［美］爱德华·坦·布洛克·佩林：《信托公司史》（西方金融经典名著原版选粹），经济科学出版社 2014 年影印版。

（二）论文

1. F.W.Maitland，*the Origin of Uses*，8 Harvard Law Review，127

(Oct., 1894).

2. James Barr Ames, *the Origin of Uses and Trusts*, 21 Harvard Law Review261, (1908).

3. Austin Wakeman Scott, *Fifty Years of Trusts*, 1 Harvard Law Review 50, (Nov., 1936).

4. H. G. Hanbury, *The American Law Institute's Restatement of Trusts*, The University of Toronto Law Journal, Vol. 2: 1 (1937).

5. David William Gruning, *Reception of the Trust in Louisiana: The Case of Reynolds V. Reynold* s, 57 Tulane University Law Review 89, (Nov., 1982).

6. Gregory S. Alexander, *the Dead Hand and the Law of Trusts in the Nineteenth Century*, 37 Stanford University Law Review 1189, (May, 1985).

7. Deborah A. Demott & *Beyond Metaphor: An Analysis of Fiduciary Obligation*, 1988 Duke Law Journal 879, (Nov., 1988).

8. Edward F. Martin, *Louisiana's Law of Trusts 25 Years after Adoption of the Trust Code*, 50 Louisiana Law Review 501, (Jan., 1990).

9. Payson R. Peabody, *A Proposal to Resolve the Trustee "Owner" Liability Quandary*, 8 Administrative Law Journal of the American University 405, (Summer, 1994).

10. John H. Langbein, *the Contractarian Basis of the Law of Trusts*, 105 Yale Law Journal 625, (Dec., 1995).

11. Avisheh Avini, *the Origins of the Modern English Trust Revisited*, 70 Tulane University Law Review 1139, (Mar., 1996).

12. Shael Herman & *Utilitas Ecclesiae: The Canonical Conception of the Trust*, 70 Tulane University Law Review 2239, (Jun., 1996).

13. Rohan Kelley, *Survey of Florida Law: Trusts and Estates: 1996 Survey of Florida Law*, 21 Nova Law Review 385, (Fall, 1996).

14. Michael K. Moyers, *Survey of Illinois Law: Trusts And Estates*, 20 Southern Illinois University Law Journal. 959 (Summer, 1996).

15. Janet A. Lemons, *Trust Law: Creating a Trust by Declaration Does Not Require the Settlor to Transfer Legal Title of the Trust Property to Himself as Trustee* [*Taliaferro v. Taliaferro, 921 P.2d 803* (*Kan. 1996*)], 36 Washburn Law Journal 511, (Summer, 1997).

16. John H. Langbein, *the Secret Life of the Trust: The Trust as an Instrument of Commerce*, 107 Yale Law Journal 165, (Oct., 1997).

17. Henry Hansmann, Ugo Mattei, *The Functions of Trust Law: A Comparative Legal and Economic Analysis*, 73 New York University Law Review 434, (May, 1998).

18. Thomas M. Griffin, *Investing Labor Union Pension Funds in Workers: How ERISA and the Common Law Trust May Benefit Labor by Economically Targeting Investment*, 32 Suffolk University Law Review 11, (1998).

19. Henry Hansmann & Ugo Mattei, *Trust Law in the United States. A Basic Study of Its Special Contribution*, 46 The American Journal of Comparative Law 133 (1998).

20. Joel C. Dobris, *Changes in the Role and the Form of the Trust at the New Millennium, or, We Don't Have to Think of England Anymore*, 62 Albany Law Review 543, (1998).

21. Ritchie W. Taylor, *Domestic Asset Protection Trusts: the "Estate Planning Tool of the Decade" n1 or a Charlatan?* 13 Brigham Young University Journal Public Law 163, (1998).

22. Jeremy M. Veit, *Self-Settled Spendthrift Trusts and the Alaska Trust Act: Has Alaska Moved Offshore?* 16 Alaska Law Review 269, (Dec., 1999).

23. Maurizio Lupoi, *the Recognition of Common Law Trusts and their Adoptions in Civil Law Societies the Civil Law Trust*, 32 Vanderbilt Journal Transnational Law 967, (Oct., 1999).

24. Michael A. Heller, *the Boundaries of Private Property*, 108 Yale Law Journal 1163, (Apr., 1999).

25. Thomas W. Merrill & Henry E. Smith, *Optimal Standardization in the Law of Property: The Numerus Clausus Principle*, 110 Yale Law Journal 1, (Oct., 2000).

26. Peter Creighton, *Certainty of Objects of Trusts and Powers: the Impact of McPhail v Doulton in Australia*, 22 Sydney Law Review 93, (Mar., 2000).

27. Edward C. Halbach, Jr, *Symposium on Law in the Twentieth Century: Uniform Acts, Restatements, and Trends in American Trust Law at Century's End*, 88 California Law Review 1877, (Dec., 2000).

28. David M. English, *The Uniform Trust Code (2000) and Its Application to Ohio*, 30 the Capital University Law Review 1 (2002).

29. Steven L. Schwarcz , *Commercial Trusts as Business Organizations: Unraveling the Mystery*, 58 the Business Lawyer 559, (Feb., 2003).

30. John H. Langbein, *Mandatory Rules in the Law of Trusts*, 98 Northwestern University Law Review 1105, (Spring, 2004).

31. Frances H. Foster, *Privacy and the Elusive Quest for Uniformity in the Law of Trusts*, 38 Arizona State Law Journal 713 (Fall, 2006).

32. John K. Eason, *Trust Law in the 21st Century: Policy, Logic, and Persuasion in the Evolving Realm of Trust Asset Protection*, 27 Cardozo Law Review 2621, (Apr., 2006).

33. Victoria Hasseler, *Trustee-Beneficiaries, Creditors, and New York's Eptl: The Surprises That Result and How the Utc Solves Them*, 69 Albany Law Review 1169, (2006).

34. John H. Langbein, *Why Did Trust Law Become Statute Law in the United States?* 58 Alabama Law Review 1069, (2007).

35. Dante Figueroa, *Civil Law Trusts in Latin America: is the*

Lack of Trusts an Impediment for Expanding Business Opportunities in Latin America? 24 Arizona Journal of International and Comparative Law 701（Fall, 2007）.

36. Megan J. Ballard, T*he Shortsightedness of Blind Trusts*, 56 Kansas Law Review 43,（Oct., 2007）.

37. Maurizio Lupoi, *The Hague Convention, the Civil Law and the Italian Experience*, Trust Law International, Vol.21：2（2007）.

38. Jeffrey A. Cooper, *Empty Promises: Settlor's Intent, the Uniform Trust Code, and the Future of Trust Investment Law*, 88 Boston University Law Review 1165,（Dec., 2008）.

39. Kristen A. Carpenter, Sonia K. Katyal, and Angela R. Riley, *In Defense of Property*, 118 The Yale Law Journal 1022,（Apr., 2009）.

40. David Horton, *Unconscionability in the Law of Trusts*, 84 Notre Dame Law Review 1675,（Apr., 2009）.

附　录

附件一：

中华人民共和国信托法

（2001年4月28日第九届全国人民代表大会常务委员会第二十一次会议通过 2001年4月28日中华人民共和国主席令第50号公布 自2001年10月1日起施行）

第一章 总 则

第一条 为了调整信托关系，规范信托行为，保护信托当事人的合法权益，促进信托事业的健康发展，制定本法。

第二条 本法所称信托，是指委托人基于对受托人的信任，将其财产权委托给受托人，由受托人按委托人的意愿以自己的名义，为受益人的利益或者特定目的，进行管理或者处分的行为。

第三条 委托人、受托人、受益人（以下统称信托当事人）在中华人民共和国境内进行民事、营业、公益信托活动，适用本法。

第四条 受托人采取信托机构形式从事信托活动，其组织和管理由国务院制定具体办法。

第五条 信托当事人进行信托活动，必须遵守法律、行政法规，遵循自愿、公平和诚实信用原则，不得损害国家利益和社会公共利益。

第二章 信托的设立

第六条 设立信托，必须有合法的信托目的。

第七条　设立信托，必须有确定的信托财产，并且该信托财产必须是委托人合法所有的财产。

本法所称财产包括合法的财产权利。

第八条　设立信托，应当采取书面形式。

书面形式包括信托合同、遗嘱或者法律、行政法规规定的其他书面文件等。

采取信托合同形式设立信托的，信托合同签订时，信托成立。采取其他书面形式设立信托的，受托人承诺信托时，信托成立。

第九条　设立信托，其书面文件应当载明下列事项：

（一）信托目的；

（二）委托人、受托人的姓名或者名称、住所；

（三）受益人或者受益人范围；

（四）信托财产的范围、种类及状况；

（五）受益人取得信托利益的形式、方法。

除前款所列事项外，可以载明信托期限、信托财产的管理方法、受托人的报酬、新受托人的选任方式、信托终止事由等事项。

第十条　设立信托，对于信托财产，有关法律、行政法规规定应当办理登记手续的，应当依法办理信托登记。

未依照前款规定办理信托登记的，应当补办登记手续；不补办的，该信托不产生效力。

第十一条　有下列情形之一的，信托无效：

（一）信托目的违反法律、行政法规或者损害社会公共利益；

（二）信托财产不能确定；

（三）委托人以非法财产或者本法规定不得设立信托的财产设立信托；

（四）专以诉讼或者讨债为目的设立信托；

（五）受益人或者受益人范围不能确定；

（六）法律、行政法规规定的其他情形。

第十二条 委托人设立信托损害其债权人利益的，债权人有权申请人民法院撤销该信托。

人民法院依照前款规定撤销信托的，不影响善意受益人已经取得的信托利益。

本条第一款规定的申请权，自债权人知道或者应当知道撤销原因之日起一年内不行使的，归于消灭。

第十三条 设立遗嘱信托，应当遵守继承法关于遗嘱的规定。

遗嘱指定的人拒绝或者无能力担任受托人的，由受益人另行选任受托人；受益人为无民事行为能力人或者限制民事行为能力人的，依法由其监护人代行选任。遗嘱对选任受托人另有规定的，从其规定。

第三章 信托财产

第十四条 受托人因承诺信托而取得的财产是信托财产。

受托人因信托财产的管理运用、处分或者其他情形而取得的财产，也归入信托财产。

法律、行政法规禁止流通的财产，不得作为信托财产。

法律、行政法规限制流通的财产，依法经有关主管部门批准后，可以作为信托财产。

第十五条 信托财产与委托人未设立信托的其他财产相区别。设立信托后，委托人死亡或者依法解散、被依法撤销、被宣告破产时，委托人是唯一受益人的，信托终止，信托财产作为其遗产或者清算财产；委托人不是唯一受益人的，信托存续，信托财产不作为其遗产或者清算财产；但作为共同受益人的委托人死亡或者依法解散、被依法撤销、被宣告破产时，其信托受益权作为其遗产或者清算财产。

第十六条 信托财产与属于受托人所有的财产（以下简称固有财产）相区别，不得归入受托人的固有财产或者成为固有财产的一部分。

受托人死亡或者依法解散、被依法撤销、被宣告破产而终止，信托财产不属于其遗产或者清算财产。

第十七条 除因下列情形之一外，对信托财产不得强制执行：

（一）设立信托前债权人已对该信托财产享有优先受偿的权利，并依法行使该权利的；

（二）受托人处理信托事务所产生债务，债权人要求清偿该债务的；

（三）信托财产本身应担负的税款；

（四）法律规定的其他情形。

对于违反前款规定而强制执行信托财产，委托人、受托人或者受益人有权向人民法院提出异议。

第十八条 受托人管理运用、处分信托财产所产生的债权，不得与其固有财产产生的债务相抵销。

受托人管理运用、处分不同委托人的信托财产所产生的债权债务，不得相互抵销。

第四章 信托当事人

第一节 委托人

第十九条 委托人应当是具有完全民事行为能力的自然人、法人或者依法成立的其他组织。

第二十条 委托人有权了解其信托财产的管理运用、处分及收支情况，并有权要求受托人作出说明。

委托人有权查阅、抄录或者复制与其信托财产有关的信托账目以及处理信托事务的其他文件。

第二十一条 因设立信托时未能预见的特别事由，致使信托财产的管理方法不利于实现信托目的或者不符合受益人的利益时，委托人有权要求受托人调整该信托财产的管理方法。

第二十二条 受托人违反信托目的处分信托财产或者因违背管理职责、处理信托事务不当致使信托财产受到损失的，委托人有权申请人民法院撤销该处分行为，并有权要求受托人恢复信托财产的原状或者予以赔偿；该信托财产的受让人明知是违反信托目的而接受该财产的，应当予以返还或者予以赔偿。

前款规定的申请权，自委托人知道或者应当知道撤销原因之日起一年内不行使的，归于消灭。

第二十三条 受托人违反信托目的处分信托财产或者管理运用、处分信托财产有重大过失的，委托人有权依照信托文件的规定解任受托人，或者申请人民法院解任受托人。

第二节 受托人

第二十四条 受托人应当是具有完全民事行为能力的自然人、法人。

法律、行政法规对受托人的条件另有规定的，从其规定。

第二十五条 受托人应当遵守信托文件的规定，为受益人的最大利益处理信托事务。

受托人管理信托财产，必须恪尽职守，履行诚实、信用、谨慎、有效管理的义务。

第二十六条 受托人除依照本法规定取得报酬外，不得利用信托财产为自己谋取利益。

受托人违反前款规定，利用信托财产为自己谋取利益的，所得利益归入信托财产。

第二十七条　受托人不得将信托财产转为其固有财产。受托人将信托财产转为其固有财产的，必须恢复该信托财产的原状；造成信托财产损失的，应当承担赔偿责任。

第二十八条　受托人不得将其固有财产与信托财产进行交易或者将不同委托人的信托财产进行相互交易，但信托文件另有规定或者经委托人或者受益人同意，并以公平的市场价格进行交易的除外。

受托人违反前款规定，造成信托财产损失的，应当承担赔偿责任。

第二十九条　受托人必须将信托财产与其固有财产分别管理、分别记账，并将不同委托人的信托财产分别管理、分别记账。

第三十条　受托人应当自己处理信托事务，但信托文件另有规定或者有不得已事由的，可以委托他人代为处理。

受托人依法将信托事务委托他人代理的，应当对他人处理信托事务的行为承担责任。

第三十一条　同一信托的受托人有两个以上的，为共同受托人。

共同受托人应当共同处理信托事务，但信托文件规定对某些具体事务由受托人分别处理的，从其规定。

共同受托人共同处理信托事务，意见不一致时，按信托文件规定处理；信托文件未规定的，由委托人、受益人或者其利害关系人决定。

第三十二条　共同受托人处理信托事务对第三人所负债务，应当承担连带清偿责任。第三人对共同受托人之一所作的意思表示，对其他受托人同样有效。

共同受托人之一违反信托目的处分信托财产或者因违背管理职责、处理信托事务不当致使信托财产受到损失的，其他受托人应当承担连带赔偿责任。

第三十三条 受托人必须保存处理信托事务的完整记录。

受托人应当每年定期将信托财产的管理运用、处分及收支情况，报告委托人和受益人。

受托人对委托人、受益人以及处理信托事务的情况和资料负有依法保密的义务。

第三十四条 受托人以信托财产为限向受益人承担支付信托利益的义务。

第三十五条 受托人有权依照信托文件的约定取得报酬。信托文件未作事先约定的，经信托当事人协商同意，可以作出补充约定；未作事先约定和补充约定的，不得收取报酬。

约定的报酬经信托当事人协商同意，可以增减其数额。

第三十六条 受托人违反信托目的处分信托财产或者因违背管理职责、处理信托事务不当致使信托财产受到损失的，在未恢复信托财产的原状或者未予赔偿前，不得请求给付报酬。

第三十七条 受托人因处理信托事务所支出的费用、对第三人所负债务，以信托财产承担。受托人以其固有财产先行支付的，对信托财产享有优先受偿的权利。

受托人违背管理职责或者处理信托事务不当对第三人所负债务或者自己所受到的损失，以其固有财产承担。

第三十八条 设立信托后，经委托人和受益人同意，受托人可以辞任。本法对公益信托的受托人辞任另有规定的，从其规定。

受托人辞任的，在新受托人选出前仍应履行管理信托事务的职责。

第三十九条 受托人有下列情形之一的，其职责终止：

（一）死亡或者被依法宣告死亡；

（二）被依法宣告为无民事行为能力人或者限制民事行为能力人；

（三）被依法撤销或者被宣告破产；

（四）依法解散或者法定资格丧失；

（五）辞任或者被解任；

（六）法律、行政法规规定的其他情形。

受托人职责终止时，其继承人或者遗产管理人、监护人、清算人应当妥善保管信托财产，协助新受托人接管信托事务。

第四十条 受托人职责终止的，依照信托文件规定选任新受托人；信托文件未规定的，由委托人选任；委托人不指定或者无能力指定的，由受益人选任；受益人为无民事行为能力人或者限制民事行为能力人的，依法由其监护人代行选任。

原受托人处理信托事务的权利和义务，由新受托人承继。

第四十一条 受托人有本法第三十九条第一款第（三）项至第（六）项所列情形之一，职责终止的，应当作出处理信托事务的报告，并向新受托人办理信托财产和信托事务的移交手续。

前款报告经委托人或者受益人认可，原受托人就报告中所列事项解除责任。但原受托人有不正当行为的除外。

第四十二条 共同受托人之一职责终止的，信托财产由其他受托人管理和处分。

第三节 受益人

第四十三条 受益人是在信托中享有信托受益权的人。受益人可以是自然人、法人或者依法成立的其他组织。

委托人可以是受益人，也可以是同一信托的唯一受益人。

受托人可以是受益人，但不得是同一信托的唯一受益人。

第四十四条 受益人自信托生效之日起享有信托受益权。信托文件另有规定的，从其规定。

第四十五条 共同受益人按照信托文件的规定享受信托利益。信托文件对信托利益的分配比例或者分配方法未作规定的，各受益人按照均等的比例享受信托利益。

第四十六条 受益人可以放弃信托受益权。

全体受益人放弃信托受益权的，信托终止。

部分受益人放弃信托受益权的，被放弃的信托受益权按下列顺序确定归属：

（一）信托文件规定的人；

（二）其他受益人；

（三）委托人或者其继承人。

第四十七条 受益人不能清偿到期债务的，其信托受益权可以用于清偿债务，但法律、行政法规以及信托文件有限制性规定的除外。

第四十八条 受益人的信托受益权可以依法转让和继承，但信托文件有限制性规定的除外。

第四十九条 受益人可以行使本法第二十条至第二十三条规定的委托人享有的权利。受益人行使上述权利，与委托人意见不一致时，可以申请人民法院作出裁定。

受托人有本法第二十二条第一款所列行为，共同受益人之一申请人民法院撤销该处分行为的，人民法院所作出的撤销裁定，对全体共同受益人有效。

第五章 信托的变更与终止

第五十条 委托人是唯一受益人的，委托人或者其继承人可以解除信托。信托文件另有规定的，从其规定。

第五十一条　设立信托后，有下列情形之一的，委托人可以变更受益人或者处分受益人的信托受益权：

（一）受益人对委托人有重大侵权行为；

（二）受益人对其他共同受益人有重大侵权行为；

（三）经受益人同意；

（四）信托文件规定的其他情形。

有前款第（一）项、第（三）项、第（四）项所列情形之一的，委托人可以解除信托。

第五十二条　信托不因委托人或者受托人的死亡、丧失民事行为能力、依法解散、被依法撤销或者被宣告破产而终止，也不因受托人的辞任而终止。但本法或者信托文件另有规定的除外。

第五十三条　有下列情形之一的，信托终止：

（一）信托文件规定的终止事由发生；

（二）信托的存续违反信托目的；

（三）信托目的已经实现或者不能实现；

（四）信托当事人协商同意；

（五）信托被撤销；

（六）信托被解除。

第五十四条　信托终止的，信托财产归属于信托文件规定的人；信托文件未规定的，按下列顺序确定归属：

（一）受益人或者其继承人；

（二）委托人或者其继承人。

第五十五条　依照前条规定，信托财产的归属确定后，在该信托财产转移给权利归属人的过程中，信托视为存续，权利归属人视为受益人。

第五十六条 信托终止后，人民法院依据本法第十七条的规定对原信托财产进行强制执行的，以权利归属人为被执行人。

第五十七条 信托终止后，受托人依照本法规定行使请求给付报酬、从信托财产中获得补偿的权利时，可以留置信托财产或者对信托财产的权利归属人提出请求。

第五十八条 信托终止的，受托人应当作出处理信托事务的清算报告。受益人或者信托财产的权利归属人对清算报告无异议的，受托人就清算报告所列事项解除责任。但受托人有不正当行为的除外。

第六章 公益信托

第五十九条 公益信托适用本章规定。本章未规定的，适用本法及其他相关法律的规定。

第六十条 为了下列公共利益目的之一而设立的信托，属于公益信托：

（一）救济贫困；

（二）救助灾民；

（三）扶助残疾人；

（四）发展教育、科技、文化、艺术、体育事业；

（五）发展医疗卫生事业；

（六）发展环境保护事业，维护生态环境；

（七）发展其他社会公益事业。

第六十一条 国家鼓励发展公益信托。

第六十二条 公益信托的设立和确定其受托人，应当经有关公益事业的管理机构（以下简称公益事业管理机构）批准。

未经公益事业管理机构的批准，不得以公益信托的名义进行活动。

公益事业管理机构对于公益信托活动应当给予支持。

第六十三条 公益信托的信托财产及其收益，不得用于非公益目的。

第六十四条 公益信托应当设置信托监察人。

信托监察人由信托文件规定。信托文件未规定的，由公益事业管理机构指定。

第六十五条 信托监察人有权以自己的名义，为维护受益人的利益，提起诉讼或者实施其他法律行为。

第六十六条 公益信托的受托人未经公益事业管理机构批准，不得辞任。

第六十七条 公益事业管理机构应当检查受托人处理公益信托事务的情况及财产状况。

受托人应当至少每年一次作出信托事务处理情况及财产状况报告，经信托监察人认可后，报公益事业管理机构核准，并由受托人予以公告。

第六十八条 公益信托的受托人违反信托义务或者无能力履行其职责的，由公益事业管理机构变更受托人。

第六十九条 公益信托成立后，发生设立信托时不能预见的情形，公益事业管理机构可以根据信托目的，变更信托文件中的有关条款。

第七十条 公益信托终止的，受托人应当于终止事由发生之日起十五日内，将终止事由和终止日期报告公益事业管理机构。

第七十一条 公益信托终止的，受托人作出的处理信托事务的清算报告，应当经信托监察人认可后，报公益事业管理机构核准，并由受托人予以公告。

第七十二条 公益信托终止，没有信托财产权利归属人或者信托财产权利归属人是不特定的社会公众的，经公益事业管理机构批准，受托人应当将信托财产用于与原公益目的相近似的目的，或者将信托财产转移给具有近似目的的公益组织或者其他公益信托。

第七十三条　公益事业管理机构违反本法规定的，委托人、受托人或者受益人有权向人民法院起诉。

第七章　附　则

第七十四条　本法自 2001 年 10 月 1 日起施行。

附件二：

信托登记管理办法

第一章　总　则

第一条　为规范信托登记活动，保护信托当事人的合法权益，促进信托业持续健康发展，根据《中华人民共和国信托法》、《中华人民共和国银行业监督管理法》等法律法规，制定本办法。

第二条　本办法所称信托登记是指中国信托登记有限责任公司（简称信托登记公司）对信托机构的信托产品及其受益权信息、国务院银行业监督管理机构规定的其他信息及其变动情况予以记录的行为。

本办法所称信托机构，是指依法设立的信托公司和国务院银行业监督管理机构认可的其他机构。

第三条　信托机构开展信托业务，应当办理信托登记，但法律、行政法规或者国务院银行业监督管理机构另有规定的除外。

第四条　信托登记活动应当遵守法律、行政法规和国务院银行业监督管理机构的有关规定，遵循诚实信用原则，不得损害国家利益和社会公共利益。

第五条　信托登记公司以提供信托业基础服务为主要职能，应当坚持依法合规、稳健经营的原则，忠实履行信托登记和其他相关职能。

第六条　信托登记公司应当具有与信托登记活动及履行其他职能

相适应的场所、设施和安全防范措施，建立独立、安全、高效的信托登记系统及相关配套系统，强化信息技术保障，切实保护信托当事人及其他相关方的合法权益。

第七条 国务院银行业监督管理机构依法对信托登记及相关活动实施监督管理。

第二章 信托登记申请

第八条 信托登记由信托机构提出申请，但法律、行政法规或者国务院银行业监督管理机构另有规定的除外。

第九条 信托登记信息包括信托产品名称、信托类别、信托目的、信托期限、信托当事人、信托财产、信托利益分配等信托产品及其受益权信息和变动情况。

第十条 信托机构应当在集合资金信托计划发行日 5 个工作日前或者在单一资金信托和财产权信托成立日 2 个工作日前申请办理信托产品预登记（简称信托预登记），并在信托登记公司取得唯一产品编码。

申请办理信托预登记的，应当提交下列文件：

（一）信托预登记申请书，包括信托产品名称、信托类别、拟发行或者成立时间、预计存续期限、拟发行或者成立信托规模、信托财产来源、信托财产管理或者运用方向和方式、交易对手、交易结构、风险提示、风控措施、清算方式、异地推介信息、关联交易信息、保管人信息等内容；

（二）法律、行政法规、国务院银行业监督管理机构要求的其他文件。

信托产品在信托预登记后 6 个月内未成立或者未生效的，或者信托机构未按照本办法办理信托初始登记的，信托机构已办理的信托预登记自动注销，无需办理终止登记。

信托机构办理信托预登记后，信托登记信息发生重大变动的，应当重新申请办理信托预登记。

第十一条 信托机构应当在信托成立或者生效后 10 个工作日内申请办理信托产品及其受益权初始登记（简称信托初始登记）。

申请办理信托初始登记时，应当提交下列文件：

（一）信托初始登记申请书；

（二）加盖公章的信托文件样本；

（三）法律、行政法规、国务院银行业监督管理机构要求的其他文件。

第十二条 信托存续期间，信托登记信息发生重大变动的，信托机构应当在相关事项发生变动之日起 10 个工作日内就变动事项申请办理信托产品及其受益权变更登记（简称信托变更登记）。

申请办理信托变更登记时，应当提交下列文件：

（一）信托变更登记申请书；

（二）证明发生变更事实的文件；

（三）法律、行政法规、国务院银行业监督管理机构要求的其他文件。

第十三条 信托终止后，信托机构应当在按照信托合同约定解除受托人责任后 10 个工作日内申请办理信托产品及其受益权终止登记（简称信托终止登记）。

申请办理信托终止登记的，应当提交下列文件：

（一）信托终止登记申请书；

（二）受托人出具的清算报告；

（三）法律、行政法规、国务院银行业监督管理机构要求的其他文件。

第十四条 信托机构发现信托登记信息错误需要更正的，应当在发现之日起 10 个工作日内申请办理信托产品及其受益权更正登记（简称信托更正登记）。

申请办理信托更正登记的，应当提交下列文件：

（一）信托更正登记申请书；

（二）证明发生需要更正事实的文件；

（三）法律、行政法规、国务院银行业监督管理机构要求的其他文件。

第十五条 信托机构应当对所提供的信托登记相关文件和信息的真实性、准确性、完整性和及时性负责。

第三章 信托登记办理

第十六条 信托登记公司接受信托机构提出的信托登记申请，依法办理信托登记业务。

第十七条 信托机构申请办理信托登记，应当根据本办法和信托登记公司的规定，通过信托登记公司的信托登记系统提交信托登记信息，并上传相关文件。

信托登记公司与信托机构应当建立专用网络，实现系统对接，确保信托登记信息和相关文件报送安全、高效。

第十八条 信托机构提交的登记申请文件齐全且符合规定的形式要求的，信托登记公司在收到登记申请文件时应当出具受理凭证，该受理凭证的出具日为受理日。

信托机构提交的登记申请文件不齐全或者不符合规定的形式要求

的，信托登记公司应当书面告知补正要求，并在收到完整的登记申请文件时出具受理凭证，该受理凭证的出具日为受理日。

第十九条 信托登记公司对信托机构提供的信托登记信息及相关文件进行形式审查。

信托登记和本办法第三十八条规定的信息公示不构成对信托产品持续合规情况、投资价值及投资风险的判断或者保证。

第二十条 对于符合登记条件的，信托登记公司应当自受理之日起2个工作日内完成审查，并准予办理信托登记。对于不符合登记条件的，信托登记公司应当自收到登记申请文件之日起2个工作日内一次性告知信托机构需要补正的全部内容，并自收到完整补正材料之日起2个工作日内完成审查。

第二十一条 信托登记公司应当在完成信托登记当日向信托机构出具统一格式的信托登记证明文书。

第四章 信托受益权账户管理

第二十二条 信托受益权账户是信托登记公司为受益人开立的记载其信托受益权及其变动情况的簿记账户。

委托人或者受益人根据自愿原则申请开立信托受益权账户。

第二十三条 任一民事主体仅可以开立1个信托受益权账户，国务院银行业监督管理机构另有规定的除外。

任一信托产品或者其他承担特定目的载体功能的金融产品仅可以开立1个信托受益权账户，户名应当采用作为管理人的金融机构全称加金融产品全称的模式。

第二十四条 信托受益权账户由信托登记公司集中管理。

第二十五条 委托人或者受益人可以委托信托公司等金融机构代

办信托受益权账户开立业务。信托公司可以代办信托受益权账户开立业务；其他金融机构代办信托受益权账户开立业务的，由信托登记公司依申请评估确定。

委托人或者受益人应当向信托登记公司或者代理开户机构提交开户信息，且保证所提交的信息真实、准确、完整。代理开户机构应当核实并向信托登记公司提交委托人或者受益人的开户信息。

第二十六条　信托登记公司为符合条件的受益人开立信托受益权账户，配发唯一账户编码，并出具开户通知书。

信托登记公司和信托受益权账户代理开户机构应当对所知悉的委托人或者受益人开户信息以及信托受益权账户信息依法保密。

第二十七条　信托受益权账户采用实名制，不得出租、出借或者转让。

第二十八条　受益人可以依法查询其信托受益权账户中记载的信托受益权信息。

第二十九条　受益人可以申请注销或者委托代理开户机构代为申请注销其信托受益权账户。当受益人出现民事行为能力丧失等情形时，信托财产法定继承人或者承继人等利害关系人，可以凭具有法律效力的证明文件，申请注销或者委托代理开户机构代为申请注销其信托受益权账户。

无信托受益权份额的信托受益权账户方可办理注销。

第五章　信托登记信息管理和使用

第三十条　信托登记公司负责管理和维护信托登记信息，确保有关信息的安全、完整和数据的依法、合规使用。

第三十一条　信托登记信息受法律保护，信托登记公司应当对信托登记信息及相关文件依法保密。

除法律、行政法规或者国务院银行业监督管理机构规定可以公开的情形外，任何单位或者个人不得查询或者获取信托登记信息。

第三十二条 除法律、行政法规规定或者国务院银行业监督管理机构同意的情形外，信托登记公司不得将由信托登记信息统计、分析形成的有关信息进行披露或者对外提供。

第三十三条 信托登记公司应当依据有关法律法规，建立保密制度，加强保密教育，采取相应的保密措施。

第三十四条 信托登记公司应当根据法律、行政法规、国务院银行业监督管理机构的规定以及信托文件约定的信托登记信息保密要求，设置不同级别的查询权限：

（一）委托人、受益人仅可以查询与其权利、义务直接相关且不违背信托文件约定的信托登记信息。当委托人、受益人出现民事行为能力丧失等情形时，信托财产法定继承人或者承继人等利害关系人，仅可以凭具有法律效力的证明文件申请查询与其权利、义务直接相关的信托登记信息。

（二）信托机构仅可以查询与其自身业务直接相关的信托登记信息。

（三）银行业监督管理机构和其他有权机关仅可以在法定职责范围内，依法查询相关信托登记信息。

向信托登记公司申请信托登记信息查询的，应当提交有效身份证明文件、授权文件和相关证明材料，并书面说明查询目的。

除法律明确规定或者授权外，任何单位或者个人不得查询受益人的个人基本信息。

第三十五条 信托登记公司应当妥善保存信托登记信息及相关文

件，自信托终止之日起至少保存 15 年。

第三十六条　信托登记公司应当按月向国务院银行业监督管理机构报告信托登记总体情况、信托业运行情况等信息，并按照国务院银行业监督管理机构的要求定期或者不定期报告其他有关信息。

第三十七条　对信托机构未按规定办理信托登记或者在信托登记中存在信息严重错报、漏报的行为，信托登记公司应当及时将有关情况报告银行业监督管理机构。

第六章　监督管理

第三十八条　集合资金信托计划的信托登记基本信息应当在信托初始登记后 5 个工作日内在信托登记公司官方网站公示。

前款所称信托登记基本信息包括集合资金信托计划名称、登记时间、产品编码、信托类别、受托人名称、预计存续期限、信托财产主要运用领域等内容，国务院银行业监督管理机构另有规定的除外。

财产权信托进行受益权拆分转让或者对外发行受益权的，参照集合资金信托计划进行公示。

第三十九条　银行业监督管理机构对信托产品的发行、公示和管理履行日常监管职责，可以根据信托公司监管评级、净资本状况、风险及合规情况等采取必要的监管措施。

履行法人监管职责的银行业监督管理机构发现信托产品存在违法违规情形的，应当立即依法进行处理。

第四十条　信托公司应当按照监管要求，定期更新并向信托登记公司报送有关的信托业务信息，以满足信息披露和持续监管的需要。

第四十一条　信托登记公司、信托机构违反本办法有关规定的，银行业监督管理机构应当责令限期改正；逾期未改正的，或者其行为严重危及信托机构的稳健运行、损害受益人合法权益的，银行业监督管理机构可以依据《中华人民共和国银行业监督管理法》等法律法规，采取相应的监管措施。

第四十二条 信托机构或者其工作人员伪造、变造登记申请文件，或者提交的登记申请文件存在重大错误给当事人或者利害关系人造成损失的，应当依法承担相应法律责任。

第四十三条 信托机构或者其工作人员伪造、变造信托登记证明文件的，应当依法承担相应法律责任。

第四十四条 信托登记公司或者其工作人员违反本办法规定，导致信托登记错误或者泄露保密信息的，信托登记公司应当采取内部问责措施，信托登记公司或者有关责任人员应当依法承担相应法律责任。

第七章 附 则

第四十五条 信托登记公司应当根据相关法律法规以及本办法制定信托登记业务细则，报国务院银行业监督管理机构批准后实施。

第四十六条 本办法由国务院银行业监督管理机构负责解释。

第四十七条 本办法自 2017 年 9 月 1 日起施行。

附件三：

词条索引

后　记

在信托法的诸多制度中，信托登记并不是引人注目的一项。在常见的信托法教材中，信托登记至多会被置于信托财产公示一章中，以一小节的篇幅介绍。但我始终认为，源于英美法系的信托制度，无比的灵活机巧，相对于肃穆威严的大陆法系而言，就像一个调皮灵动的小精灵，经常惹出事端，所以始终并不讨巧。从大陆法系的眼光打量信托，就像一个威严的父亲打量精灵古怪的孩子，总觉得太调皮而不好管教，难堪重任。信托登记就是一个绝佳的契机，能够让信托制度契合大陆法系，通过对应登记信托财产的登记，让最主要的信托财产取得公示方式，从而获得稳定性和对世性，也较符合大陆法系处理财产权效力的做法。这虽然牺牲了信托的一些私密性和灵活性，但能够换来大陆法系的信任，因此是信托制度落地生根发芽最为现实的路径。

我国自2001年颁布《信托法》以来，走过了近二十年的历程，信托业务得到了飞速发展，信托行业所管理的资金日益增多，甚至达到海量。但平心而论，在这看似繁荣的信托业务背后，符合信托精神和实质的、真正的信托业务，其实并不多，甚至可以说很少。要看信托制度在一个国家的发展程度，最简单的就是看老百姓在日常生活中是否运用到信托，即普通的民事信托数量多不多。如果老百姓对于自己的财产、身后事都能够便捷地通过信托来打理，那么就说明信托制度确实生根发芽了。就这一点而言，我们国家信托制度的运用目前恐怕还是远远不够的。

正因如此，信托还需要更多的人去研究和推广。当然，近些年来关注和研究信托的人也越来越多，法学界对于信托制度的研究也在不断深入，出现了一批高质量的作品，如国民信托有限公司的石俊志先生主持的“外国信托法经典译丛”陆续出版，将一批国外经典的信托法专著引介到中国，这对于推动信托法学术的研究具有非常重要的作用。此外还有一批国内学者撰写的信托法教材和专著陆续出版，这些点滴努力都将为信托法的本土化发展注入源源不断的活力。

本书最初源于本人的博士毕业论文，在2010年写完，2012年以《信托登记制度研究》的书名出版。八年过去了，该书几已售罄，出版社也无意加印，但信托登记制度的立法依旧进展迟缓，对这一主题的研究依然值得继续深入下去。这些年来，我国的民事立法取得了巨大进展，《民法典》也已于2020年5月28日颁布，可以说，与信托法相关的民商事法律环境发生了很大的变化，财产权的登记制度也在不断完善，尤其是近几年随着我国对于营商环境的高度重视，对动产的登记制度开始大力推进，因此以前很多难以有效运用的法律制度都开始焕发出新的活力。有鉴于此，经与中国人民大学出版社法律分社郭虹社长商量，经她慨然同意，我将八年前的书稿进行全面修订，并以《信托登记论》的书名在中国法制出版社出版。本次对书稿做出全面修改，主要基于以下几个方面的原因：

一是作为国内信托登记制度唯一立法探索的《信托登记管理办法》，在2017年正式颁布时，大幅度修改了2009年征求意见稿中的调整范围，因此书稿必须做出相应的修改。在当时银监会起草的《信托登记管理办法（征求意见稿）》中，其对于拟纳入调整的信托登记范围规定为我国境内所有的信托登记，这明显超出了银监会设立的信托登记机构的业务能力范围，必将“力不从心”。在之前的书稿中，我就对此表示了担忧，认为不具有现实可行性。2017年，银监会经过多次修改和征求意见的《信托登记管理办法》终于颁布，其对于信托登记的调整范围已经缩小到了“信托产品及其受益权信息”，这比较符合其设立的信托登记机构的定位和能力，终于理顺了理想与现实的关系。

二是国内对于动产和不动产物权的登记制度也经历了快速的发展，尤其是物权法提出的“国家对不动产实行统一登记制度”的任务逐渐得到落实，登记制度逐渐完善。并且，伴随着国务院大部制改革、农村土地“三权分置”的改革、营商环境的打造等一系列法律与政策的重大变革，不仅使得原住建部制定房地产信托登记部门规章的想法搁浅，也使原书稿中许多内容变得陈旧、脱离实际，因此必须做出修改。

三是我本人对于信托登记的效力有了进一步思考。在《物权法》颁布之前，学界对于不动产物权变动的效力，认为以登记对抗主义为宜的观点较多，但《物权法》对不动产的物权变动采取了登记生效主义的规定，这一立法例无疑较为严格，对于当事人的注意义务要求较高。信托财产中需要登记的部分，其登记的效力应当与这些财产进行物权登记效力相同，否则将造成混乱。而随着《物权法》多年来的实施，不动产登记生效主义的观念逐渐深入人心，这方面的普法教育已经逐渐实现，因此对于信托登记的效力，也可以完全据此实现登记生效主义，由此不同于其他法域的做法。

四是《民法典》已经颁布，之前的民事单行法大多即将废止，因此书稿中引用的法律条文也需要按照《民法典》的规定进行修改。对此，我将书稿中引用的法律条文更改为《民法典》对应的条文，对《民法典》相关的新规定也一并进行了引用，以保持法律条文的有效性。2020 年 12 月底，在《民法典》即将生效实施前，最高人民法院密集发布了一大批司法解释，国务院也出台了一些新规定，有些与本书内容密切相关，因此在书稿付梓之前，我又进行了审阅修改，吸收了相关的新规内容。

最后就是我在书稿中吸收了近十年来新出版的信托法作品和新刊出的论文的一些研究成果，并且补充了近些年的一些典型案例，以进一步丰富本研究的内容。

在法学的大家庭中，信托法是个未被列为主干课的小法；相对于气势恢宏、博大浩瀚的民商法而言，信托法也只是不那么起

图书在版编目（CIP）数据

信托登记论 / 孟强著 .—北京：中国法制出版社，2021.1
ISBN 978-7-5216-1516-6

Ⅰ . ①信…　Ⅱ . ①孟…　Ⅲ . ①信托法—研究—中国
Ⅳ . ① D922.282.4

中国版本图书馆 CIP 数据核字（2020）第 250608 号

责任编辑：王雯汀　　封面设计：杨鑫宇

信托登记论

XINTUO DENGJI LUN

著者 / 孟　强

经销 / 新华书店

印刷 / 北京虎彩文化传播有限公司

开本 / 880 毫米 ×1230 毫米　32 开　　印张 / 11.25　字数 / 232 千

版次 / 2021 年 1 月第 1 版　　2021 年 1 月第 1 次印刷

中国法制出版社出版

书号 ISBN 978-7-5216-1516-6　　定价：49.00 元

北京西单横二条 2 号　邮政编码 100031　　传真：010-66031119

网址：http://www.zgfzs.com　　**编辑部电话：010-66060794**

市场营销部电话：010-66033393　　**邮购部电话：010-66033288**

（如有印装质量问题，请与本社印务部联系调换。电话：010-66032926）

眼的一个支干而已。所以国内研究信托法的力量仍显单薄，相对于其他部门法汗牛充栋的研究成果，信托法的研究仍然是贫瘠的。也正因如此，我不揣浅陋，愿意将信托登记这一问题继续研究下去，为信托法的发展积点滴之功、尽绵薄之力。

孟强

2020 年 12 月 27 日夜完稿

2021 年 1 月 10 日改定